COLLECTION MICHEL LÉVY

— 1 franc le volume —

HENRY MURGER

SCÈNES DE CAMPAGNE

— ADELINE PROTAT —

PARIS
MICHEL LÉVY FRÈRES, LIBRAIRES-ÉDITEURS
RUE VIVIENNE, 2 BIS

1856

ŒUVRES
D'HENRY MURGER

DU MÊME AUTEUR

SCÈNES DE LA VIE DE BOHÊME.	1	vol.
SCÈNES DE LA VIE DE JEUNESSE.	1	»
LE PAYS LATIN.	1	»
PROPOS DE VILLE ET PROPOS DE THÉATRE.	1	»
BALLADES ET FANTAISIES.	1	»
LE ROMAN DE TOUTES LES FEMMES. . . .	1	»
LES BUVEURS D'EAU.	1	»
LE DERNIER RENDEZ-VOUS.	1	»

SCÈNES DE CAMPAGNE

— ADELINE PROTAT —

PAR

HENRY MURGER

PARIS
MICHEL LÉVY FRÈRES, LIBRAIRES-ÉDITEURS
RUE VIVIENNE, 2 bis.
1856

L'auteur et les éditeurs se réservent le droit de traduction et de reproduction à l'étranger.

A

M. F. BULOZ

SCÈNES DE CAMPAGNE

ADELINE PROTAT

I

Le désigneux.

Chaque année, au retour de la belle saison, les peintres paysagistes s'abattent par essaims dans les environs de Fontainebleau. Le village de Barbizon, qui avoisine une des plus remarquables parties de la forêt connue sous le nom de *Bas-Bréau*, demeura longtemps le séjour favori des artistes, et leur présence annuelle dans ce pays a été une source de fortune pour deux ou trois aubergistes qui s'y étaient établis. L'une de ces hôtelleries est même comprise parmi les curiosités que les itinéraires désignent aux voyageurs, et ceux-ci ne manquent pas d'aller visiter son réfectoire, où beaucoup de peintres illustres ont laissé sur les murailles une trace de leur passage et formé ainsi une espèce de musée qui est une véritable richesse pour le propriétaire. Mais depuis quelque temps, Barbizon et Chailly ont trouvé des concurrents dans deux ou trois villages situés à l'extrémité de la forêt, sur des points où elle renferme des sites moins parcourus, et par conséquent moins exploités. Les nouvelles résidences préférées aujourd'hui par les colonies d'artistes nomades sont Bourron, Montigny, Marlotte et Recloses, bâti à pic sur un rocher élevé, duquel on découvre une immense étendue du pays.

Vers le milieu du mois d'août, à l'heure la plus chaude d'une brûlante journée de moisson, un jeune homme que la voiture qui fait le service entre Fontainebleau et Nemours venait de déposer au bas de la montagne de Bourron, s'engagea, après avoir traversé ce village, dans le chemin rural qui relie Bourron à Montigny. Le voyageur semblait accablé par la chaleur suffocante qui tombait du ciel incendié; la sueur ruisselait de son visage, et avait pénétré le feutre de son chapeau gris à larges bords. Pour assurer sa marche autant que pour alléger la pesanteur d'un sac qui paraissait bourré outre mesure, il s'appuyait sur un long bâton dont l'extrémité ferrée faisait jaillir des étincelles chaque fois qu'elle rencontrait du grès ou du pavé. Ce piéton, dont le costume et les allures indiquaient au premier examen un artiste touriste, s'appelait Lazare, et se rendait au village de Montigny, où il avait coutume d'habiter depuis deux années. Derrière lui, à quelque distance, cheminait, traînant le pied comme un gibier blessé, un jeune paysan qui paraissait âgé de douze à treize ans. Lui aussi ployait l'échine sous le poids d'une lourde boîte sur laquelle étaient bouclés un chevalet de campagne et un de ces grands parasols en toile blanche dont les peintres se servent pour se ménager une lumière égale lorsqu'ils travaillent en plein air. Lazare et le jeune paysan traversaient alors une grande plaine très-animée par les travaux de la moisson. A chaque minute, l'éclat du soleil, en frappant le fer des faucilles, allumait un éclair dans la main des moissonneurs à demi cachés dans l'épaisseur des sillons, et dont les rumeurs effarouchaient les bandes d'alouettes qui tournoyaient au-dessus des blés, inquiètes de leurs couvées. A la droite des deux piétons, derrière la ligne mobile de peupliers qui indique le cours du Loing, un horizon peu accidenté, rappelant les terrains plats de la Beauce, prolongeait ses lointains bleuâtres jusqu'aux confins du Gâtinais. On apercevait distinctement Grez, qui fut autrefois une ville, et où se trouvent encore les ruines informes d'un château bâti par la reine Blanche pendant sa régence. A côté de ces débris, on voit une église qui marque, au dire des archéologues, la première époque du temps où l'influence de l'architecture sarrasine, rapportée des croisades, commença à se faire sentir dans les monuments. A peu près dans la même direction, mais à un point plus reculé de l'horizon, entre Nemours et La Chapelle de la Reine, le sommet noirci de la haute tour de Larchant s'élève au-dessus de la profonde vallée où est situé ce bourg, qui fut un point d'occupation militaire à l'époque de l'invasion des Gaules, et devint au moyen âge une place fortifiée et un lieu de pèlerinage célèbre où les fidèles venaient de plus de vingt lieues à la ronde pour adorer les reliques de saint Mathurin. A la gauche des voyageurs, la lisière de la forêt de Fontainebleau s'étendait, enfermant de ce côté le pays par une ligne de verdure qui s'en allait rejoindre le village de Bourron à l'endroit où passe la route qui conduit à Nemours. Au bas de cette sorte de rampe, les maisons de Marlotte élevaient leurs toitures rousses. Devant eux et dans la même direction qu'ils suivaient pour se rendre à Montigny, la rivière du Loing découpait ses pittoresques sinuosités, en arrosant la campagne fertile au bout de laquelle se trouve la petite ville de Moret, où le marteau de l'embellissement public fait tomber chaque jour quelques débris des anciennes constructions qui faisaient de cette bourgade une véritable curiosité historique.

Bien que le pays qu'il traversait ne fût pas nouveau pour lui, puisqu'il l'avait déjà habité, Lazare s'arrêtait quelquefois pour regarder autour de lui cette vaste campagne surprise en plein travail de fécondité, et dans un seul jour payant à la faucille le prix des laborieux travaux qu'elle avait pendant un an coûtés à la charrue. Durant les courtes haltes que faisait son compagnon, le jeune paysan déposait son fardeau à terre, s'asseyait dessus gravement, et, posant la tête dans ses mains, il semblait s'abîmer dans des réflexions profondes ; puis, quand il entendait retentir sur le chemin le bâton ferré de l'artiste, il rechargeait la boîte sur ses épaules, essuyait avec la manche de sa blouse une larme qui roulait dans le coin de ses yeux, et reprenait sa route en poussant un gros soupir. L'un suivant l'autre, ils marchaient ainsi depuis environ une demi-heure, et les premières maisons de Montigny étaient encore à une distance assez éloignée.

— Ces diables de lieues de pays n'en finissent pas, murmura l'artiste en s'essuyant le front ; plus on approche, moins on arrive.

Et comme il avait insensiblement ralenti sa marche, le petit paysan qui avait maintenu son allure, se trouva bientôt sur ses talons. Lazare, qui s'était retourné machinalement, s'aperçut alors de la tristesse peinte sur le visage du jeune garçon. Il remarqua aussi que ses yeux étaient rougis par des larmes récentes.

— Ah çà, mon pauvre Zéphyr, lui demanda-t-il amicalement, où as-tu pris cette mine d'enterrement ? Sais-tu que tu m'as accueilli assez mal quand je suis arrivé à Bourron tout à l'heure ? Lorsque je suis parti l'an passé, tu pleurais presque en venant me conduire à la voiture, et maintenant tu pleures en me voyant revenir : ce n'est pas naturel, mon garçon. Est-ce que tu aurais du chagrin ? Le père Protat t'aurait-il battu un peu plus que de coutume ? Tu dois commencer à t'y habituer pourtant. Il ne faut pas lui en vouloir ; il a la main un peu prompte, mais pas trop lourde, et le plus souvent il y a de la caresse dans ses tapes. D'ailleurs, si tu es paresseux comme un loir, tu n'es guère plus douillet qu'un bœuf, et les coups ne t'émeuvent guère. Et puis réfléchis, Zéphyr, que si le bonhomme Protat a toujours un chiquenaude au bout des doigts, mieux vaut qu'elle tombe sur ton nez que sur le mignon visage de la mignonne Adeline. Est-ce vrai, mon garçon ? Lève un peu les yeux, qu'on te voie. Tu n'as pas changé, va; tu as toujours ta bonne figure, moitié bonté, moitié bêtise, un peu triste cependant, un peu fatiguée même. Ah! j'y pense : tu n'as peut-être dormi que douze heures, et ça ne fait pas ton compte.

— Excusez-moi, monsieur Lazare, je n'ai pas dormi du tout la nuit passée, ni l'autre nuit, ni celle d'avant, répondit Zéphyr en traînant la voix.

Il y avait dans ces simples paroles un accent d'affliction si pénétrante, que Lazare ne put s'empêcher d'examiner le jeune paysan avec plus d'attention. Celui-ci, s'étant aperçu de l'examen dont il était l'objet, avait baissé les yeux comme s'il eût craint que ses regards ne révélassent les pensées qui semblaient agiter son esprit, — et, comme s'il eût voulu éviter de nouvelles interrogations auxquelles il ne souhaitait pas répondre, il essaya de retarder sa marche et de mettre entre ses pas et ceux du jeune homme la distance qui les avait séparés pendant la première partie du chemin; mais Lazare, que l'attitude dolente de son compagnon commençait à étonner et même à intriguer, le rappela auprès de lui et le força à régler son pas sur le sien. Quoi qu'il pût faire cependant, et si habilement qu'il s'y prît, il ne put rien apprendre ni même rien deviner du secret qui causait la tristesse de Zéphyr. Celui-ci s'obstinait dans son silence, et, si la politesse l'obligeait quelquefois à le rompre quand Lazare le pressait trop vivement, il ne répondait que par d'insignifiantes paroles auxquelles la plus ingénieuse subtilité n'aurait pu faire dire que ce qu'elles disaient réellement, — oui ou non. Durant cette petite lutte entre la curiosité de Lazare et la discrétion de Zéphyr, on était arrivé au village de Montigny. Tous les habitants étant occupés aux champs, le peintre traversa d'un bout à l'autre la grande rue sans rencontrer aucune figure de connaissance, sinon quelques petits enfants que sa grande barbe avait d'abord effrayés les années précédentes, mais que Lazare avait su apprivoiser en leur achetant des joujoux le jour de la fête du pays. En reconnaissant leur bon ami *le désigneux* (c'est le nom qu'on donne aux artistes dans le pays), les bambins l'entourèrent en poussant des cris joyeux et ne le laissèrent continuer sa route que lorsqu'il les eut embrassés les uns après les autres.

— Enfin nous voilà arrivés, dit Lazare en entendant le bruit prochain causé par le barrage établi en amont du moulin de Montigny. Allons Zéphyr, un peu de courage, mon garçon; nous allons nous débarrasser de nos fardeaux et boire un bon coup de vin frais sous la tonnelle du père Protat.

Mais en parlant ainsi Lazare s'aperçut que le jeune paysan était disparu ; seulement, avant de s'enfuir, il avait eu la précaution de déposer sur un banc de la rue la boîte à peindre et le parasol de l'artiste.

— Que diable est-ce qui prend à ce petit drôle? murmura celui-ci en retournant sur ses pas pour aller chercher les objets abandonnés par Zéphyr. Est-ce qu'il est devenu fou ? L'an dernier il n'était qu'imbécile.

Très-embarrassé par le surcroît de charge qui venait de lui tomber sur les épaules, Lazare reprit sa marche, ralentie autant par l'incommodité que par le poids de son fardeau. Heureusement qu'il ne lui restait plus à faire qu'une centaine de pas. Comme il arrivait harassé devant la maison où il se rendait, il aperçut à la fenêtre du premier étage la figure enluminée du bonhomme Protat, en train d'évider un sabot déjà à moitié dégrossi.

— Hé ! père Protat ! s'écria Lazare en faisant au sabotier signe de descendre, venez donc m'aider à monter mes bagages. Je sue comme un mulet qui revient de la foire.

Le père Protat mit le nez à la fenêtre, et en voyant l'artiste seul et chargé en effet comme une bête de somme, sa surprise fut si grande, qu'il laissa tomber à terre son sabot et son émardoir.

— Eh bien ! s'écria-t-il quand il fut descendu sur le seuil de la porte, qu'est-ce que vous avez donc fait de Zéphyr ?

— Zéphyr m'a planté là au milieu de la rue il y a cinq minutes. Je ne sais pas quelle mouche l'a piqué, mais il s'est envolé sans dire gare.

— Ah ! le petit gredin ! Quelle mitonnée de calottes je vais lui faire chauffer pour son souper ! murmura entre ses dents le père Protat, qui aidait Lazare à se débarrasser de ses bagages.

— Vous m'obligeriez au contraire en ne le maltraitant pas, dit Lazare. Ce pauvre garçon a quelque chagrin caché sans doute, car il m'a paru fort triste. C'est à peine s'il m'a dit quatre mots tout le long de sa route, et je me suis aperçu qu'il avait pleuré... J'ai voulu le confesser afin de le consoler s'il était en peine ; mais il est resté bouche close. Peut-être bien est-ce aussi que vous le brutalisez un peu trop ?

— Allons donc ! fit le sabotier, est-ce que j'ai mauvais cœur ? et si je le corrige, n'est-ce pas pour son bien ? Faudrait-il, par hasard, mettre des gants pour lui tirer les oreilles, à ce fainéant, qui passerait sa vie couché à côté de la besogne, si on ne le réveillait pas avec des torgnolles ? C'est né sur la paille et ça voudrait vivre comme un fils de millionnaire en regardant l'eau couler. Voyez-vous, monsieur Lazare, je suis encore trop doux avec lui, et il arrive plus d'une fois que Zéphyr va se coucher sans avoir reçu le compte des horions qu'il a gagnés dans la journée. Aussi est-ce pour cela qu'il ne change guère. Fer mal battu, fer mal forgé.

Tout en causant, Lazare et son hôte étaient entrés dans une chambre basse qui semblait avoir destination de salle à manger. Un couvert était établi sur une table garnie d'une nappe de grosse toile bien blanche exhalant l'odeur de la lessive. La table était placée auprès d'une fenêtre ayant vue sur la rivière du Loing, dont l'eau claire et rapide comme celle d'un torrent baignait le jardin planté devant l'habitation du père Protat.

— Père Protat, dit Lazare en se laissant tomber sur une chaise, j'ai dans le ventre quinze lieues de voiture à jeun, et dans le gosier deux lieues de poussière ; ainsi j'étrangle de soif et je meurs de faim.

— Un peu de patience. La *petiote* est au fourneau et s'occupe de vous, répondit le sabotier. On va vous servir une matelotte d'anguilles qui frétillaient encore il n'y a pas une heure dans la boite à poisson du meunier. Notre voisin le charcutier a tué un porc hier, et comme je vous attendais ce matin, je vous ai fait préparer des andouillettes comme vous aimiez tant à les manger l'an dernier. Quant au dessert, vous irez le cueillir vous-même : il vous attend au bout des branches de l'espalier ; mais en attendant que le déjeuner soit prêt, si vous souhaitez vous désaltérer, nous allons trinquer à votre bon retour parmi nous.

Et ce disant, le père Protat emplit jusqu'au bord un large verre anciennement doré qui était sans doute la pièce d'honneur de son rustique dressoir, et dont l'usage devait être exclusivement réservé pour les grandes solennités domestiques.

— Pourquoi me donnez-vous ce verre-là? dit l'artiste en jetant sur son hôte un regard de reproche amical. Je pourrais avoir le malheur de le briser, et je ne m'en consolerais pas, ni vous non plus; car vous y tenez, vous me l'avez dit plus d'une fois.

— Oui, sans doute, je l'ai dit et je le répète, fit le sabotier d'une voix émue en regardant le grand verre à fleurs. J'y tiens presque autant qu'à l'un de mes membres; c'est un cadeau de ma défunte ; elle me l'a donné le jour de ma fête, qui tombait précisément la veille de notre mariage ; ça me repousse loin, ces souvenirs-là, monsieur Lazare, car voilà bientôt trente ans que j'ai dansé à ma noce. Ah ! nous faisions un joli couple, ma chère femme et moi. Si le bon Dieu est fâché de la manière dont j'aurai vécu, quand je trépasserai, il pourra bien, s'il veut, m'envoyer dans son enfer : je n'y oublierai pas les quinze ans de paradis que m'aura donnés ma pauvre Françoise.

— Père Protat, dit l'artiste véritablement touché par ce naïf regret si simplement exprimé, voulez-vous me faire le plaisir de boire avec moi à la mémoire de votre femme ?

— Ah ! monsieur Lazare, exclama le bonhomme avec une cordiale vivacité, de tout mon cœur.

Et, après avoir respectueusement retiré son bonnet de coton, il approcha son verre de celui de Lazare.

— De tout mon cœur aussi, brave homme, répondit le peintre en retirant également son chapeau.

Cette marque de respect donnée par un étranger au souvenir de sa femme parut causer au sabotier une impression qu'il n'eut pas la force de contenir, car il s'empara de la main du jeune homme et la serra dans la sienne avec une telle rudesse, qu'elle arracha à Lazare un tressaillement involontaire.

Le père Protat, qui s'était mépris sur la cause de ce mouvement, craignit sans doute de s'être montré trop familier, et commença une litanie d'excuses ; mais Lazare l'arrêta tout à coup :

— Eh quoi ! lui dit-il, auriez-vous honte de m'avoir rendu témoin d'une sensibilité qui atteste l'excellence de votre cœur ? Ignorez-vous donc qu'il est des circonstances où l'on est aussi coupable en dissimulant un bon sentiment qu'en essayant de cacher une mauvaise pensée ?

— Vous parlez bien, fit le bonhomme, dont la figure reprenait progressivement son apparence d'humeur réjouie.

— Mais je mangerais encore mieux, répliqua Lazare en frappant sur son assiette avec un couteau.

— Justement voici votre déjeuner qui descend, fit le sabotier. En effet, un pas léger qui semblait se hâter ébranlait l'escalier de bois par lequel on atteignait à l'étage supérieur.

— Arrive donc, petiote, cria doucement, si cela peut se dire, le père Protat à sa fille, qui venait de paraître au bas de l'escalier tenant un plat dans ses mains, voilà monsieur Lazare qui meurt de faim.

— Eh! bonjour, mignonne, dit l'artiste en prenant la taille de la jeune fille, — et avant qu'elle eût pu se dégager, ce qu'elle tenta au reste bien faiblement, il l'avait embrassée sur le front. Cette chaste et familière caresse, que la présence de son père rendait toute fraternelle, fit cependant naître une vive rougeur sur le visage de la jeune Adeline, et, pour cacher son embarras, elle fit semblant de ranger quelque chose sur la table, où toute chose était à sa place.

Adeline Protat allait avoir dix-huit ans, et c'était à peine si on lui en eût donné quinze, tant l'épanouissement de sa jeunesse était resté tardif. Délicate comme le sont presque toujours les enfants dont les premières années ont été tourmentées par ces cruelles maladies qui sont le martyre des mères, les vives couleurs de sa santé, qui depuis peu de temps seulement n'inspirait plus aucune crainte, commençaient à nuancer son visage pâli par des souffrances hâtives ; mais ce tendre coloris n'avait aucune ressemblance avec le fard champêtre que la vivacité de l'air des champs plaque sur les joues des paysannes en couches de vermillon brutal. Adeline avait une petite tête bien proportionnée avec son corps frêle et mignon ; ses traits, empreints d'une douceur quasi-sérieuse, offraient un mélange où l'élégance se mêlait confusément à la naïveté. En l'examinant avec soin, on aurait pu comparer sa physionomie à un dessin retouché par un maître habile, qui, sans altérer l'expression originelle, l'aurait comme anoblie en rectifiant l'irrégularité du contour primitif. Par une habitude où la coquetterie pouvait ne pas être étrangère, Adeline restait la tête nue en toute saison, et prenait un soin particulier de ses jolis cheveux châtains, fins comme la soie la plus fine, et qu'elle portait en bandeaux plats et luisants, ramenés derrière ses oreilles, dont le dessin pur et la blancheur se trouvaient ainsi mis en relief par le voisinage de sa chevelure foncée. Bien qu'il fût en apparence celui des femmes de la campagne, son costume se distinguait par l'harmonie qui régnait dans la couleur paisible des étoffes communes et grossières qui le composaient. Les tons criards ne s'y injuriaient pas entre eux par ces violentes oppositions que les villageoises combinent à dessein dans leurs vêtements, et que l'on peut, même à la ville, remarquer dans la toilette d'une certaine classe de femmes qui forment comme le conservatoire du mauvais goût. Adeline taillait d'ailleurs et cousait elle-même ses habits, et elle savait toujours risquer à propos quelque ingénieux coup de ciseau qui donnait de la tournure au vêtement le plus vulgaire. Dans l'arrangement de sa personne, dans sa démarche, dans ses attitudes et ses mouvements, enfin dans toutes ses façons d'être ou d'agir, cette jeune fille, encore enfant par les apparences, indiquait en elle une recherche de distinction qu'elle atteignait avec d'autant plus de facilité, qu'elle y était portée par ses instincts naturels. Sa voix, qui n'avait aucun accent de terroir, était très-douce. Elle la traînait quelquefois comme font les personnes qui s'écoutent parler et veulent qu'on les écoute. Il y avait certains mots insignifiants par eux-mêmes auxquels sa façon de les dire donnait un charme qu'on subissait sans pouvoir s'en rendre compte. Quant à son langage, il suffisait de l'avoir entendue causer cinq minutes pour deviner que ce n'était pas seulement aux leçons du magister communal qu'elle avait appris à s'exprimer avec autant de correction et de facilité.

Pour achever l'ébauche de ce portrait rapide, qui se trouvera complété plus tard, entre autres singularités de nature à étonner chez une petite paysanne, fille du sabotier d'un petit village, nous ajouterons qu'Adeline avait des mains sinon très-pures de forme, au moins suffisamment soignées pour ne pas faire un contraste trop violent avec la délicatesse un peu maladive de sa personne. Il était évident que ces petites mains ignoraient les durs travaux de la vie rustique. En effet, pour des raisons que nous ferons connaître, et qui donneront l'explication de certains détails qui pourraient sembler étranges dans l'analyse morale de cette jeune fille, Adeline n'avait jamais mis le pied dans les champs où son père possédait cependant quelques arpents de différents rapports qu'il faisait valoir lui-même, tout en exerçant son état. Impuissante et inhabile à tout ce qui était travail pénible ou grossier, Adeline n'aurait pas su, comme beaucoup de jeunes filles de son âge et de sa condition, sarcler un champ, botteler une gerbe ou biner une vigne ; son père avait été obligé de prendre à gages une vieille voisine qui faisait dans la maison le gros de la besogne, tel que veiller la basse-cour, où voletaient une quarantaine de canards, poules et dindons, soigner la petite mule, traire la vache et préparer les repas. Adeline entretenait seulement le linge et veillait surtout à ce que la plus grande propreté régnât dans la maison ; un grain de poussière resté sur un meuble, une goutte d'eau répandue sur le carreau suffisaient pour l'inquiéter, comme une hermine qui voit sa robe tachée. Aussi, la vieille Madelon, qu'elle tourmentait sans cesse à ce propos, aurait-elle pu, au bout d'un certain temps, être appréciée elle-même par une ménagère flamande.

Telle était cette jeune fille, peut-être dangereusement gâtée par l'aveugle bonté de son père, dont la tendresse savait trouver pour elle un langage et des manières qui pouvaient surprendre chez un paysan, et surtout chez un homme connu, comme il l'était, par une brusquerie allant quelquefois jusqu'à la brutalité. Adeline n'ignorait pas l'étendue de son influence sur la volonté paternelle, qu'un simple mot de sa bouche rendait malléable comme une cire ; mais il faut déclarer, à sa louange, qu'elle n'en abusait pas : elle apportait, au contraire, une grande modération dans l'exercice de son despotisme. Lazare, que deux ans de séjour dans la maison rendaient familier avec le père Protat, lui avait souvent représenté qu'il agissait peut-être avec imprudence en aliénant aussi complétement son autorité entre les mains d'une enfant, et que cette faiblesse dont il faisait preuve pourrait par la suite devenir nuisible à sa fille et lui préparer des regrets à lui-même. A ces sages remontrances, le bonhomme Protat secouait négativement sa tête grisonnante, et répondait avec orgueil que sa fille avait été trop bien élevée pour désirer jamais quoi que ce fût que son devoir de père le mît dans l'obligation de refuser. — C'est égal, reprenait alors Lazare en secouant la tête à son tour, j'ai dit ce que j'ai dit : vous agissez légèrement, et la façon même dont Adeline a été élevée, au lieu de vous rassurer sur son compte, devrait précisément vous inquiéter. — Le sabotier, qui n'aimait pas à être contrarié sur ce chapitre, répliquait ordinairement de manière à faire comprendre au jeune homme qu'il éprouvait de la répugnance à s'entendre contredire.

Durant les premiers instants de son repas, Lazare, dont l'appétit avait été aiguisé par un voyage de dix-huit lieues, car il arrivait de Paris, se jeta sur le premier plat qu'on lui servit avec une véritable voracité. Le père Protat, voulant laisser à son hôte le temps d'apaiser sa première faim, gardait le silence et se tenait à quelque distance de l'artiste, autour de qui se mouvait Adeline, veillant toujours à ce qu'il eût du pain coupé auprès de son assiette, remplissant son verre dès qu'il était vide, et ne lui donnant pas le temps de rien demander qu'il ne le trouvât aussitôt sous sa main. Cet empressement dégagé de toute forme servile était remarqué de celui qui en était l'objet, et de temps en temps il laissait échapper un geste affectueux ou une obligeante parole qui semblait doubler le plaisir que la jeune fille éprouvait à l'entourer de ses soins.

— Voilà du poisson délicieux, s'écria Lazare, et merveilleusement accommodé. Il faudra que j'en complimente Madelon ; mais à propos, où donc est-elle ?

— Elle est à la cuisine, répondit Adeline. Je vais la rejoindre, et je lui dirai que vous avez trouvé la matelotte à votre goût; ça lui fera plaisir, car elle avait bien peur de ne pas la réussir.

Au même instant, la vieille servante, de qui l'on parlait, parut sur le seuil de l'escalier.

— Eh! bonjour, mère Madelon! s'écria Lazare, qui l'aperçut le premier. Arrivez donc que l'on vous complimente! Savez-vous que vous êtes devenue un vrai cordon bleu?

— Dame, monsieur Lazare, dit la vieille en faisant une révérence, on sait que vous êtes une fine bouche et on tâche de se distinguer. Vous allez me dire si vous êtes content de ça, ajouta-t-elle en déposant sur la table le plat qu'elle tenait dans ses mains. C'est de la viande peu cuite, elle n'a fait que passer devant le feu; mais je me suis souvenue que vous aimiez à manger les côtelettes vivantes.

— Parfait, dit Lazare en découpant la viande, qui laissa jaillir un jet de sang sous le couteau.

— Comment pouvez-vous manger ça sans que le cœur vous lève? dit la vieille en faisant un geste de répugnance. Défunt mon pauvre Caporal, qui n'était pourtant pas une bête difficile, n'en aurait jamais voulu.

— Mère Madelon, c'est délicieux, fit l'artiste.

— J'aime mieux le croire que d'y aller voir, répondit la bonne femme. Et se retournant vers Adeline: Viens avec moi, ma fille, lui dit-elle, j'ai besoin de toi là-haut pour préparer le café de M. Lazare. Je ne saurais jamais me servir de cette mécanique que nous avons achetée ce matin à Moret.

Adeline et la vieille Madelon disparurent ensemble par l'escalier qui conduisait à la cuisine.

La maison du bonhomme Protat devant être le centre principal où se passeront les scènes de cette histoire et les principaux personnages appelés à y jouer un rôle s'y trouvant réunis, nous en profiterons pour donner dès à présent la connaissance de certains détails qui compléteront le portrait et le caractère de chacun d'eux, en même temps qu'ils serviront de prologue naturel au drame domestique dont l'intérieur du sabotier doit être le théâtre.

II

La mère Madelon.

La mère Madelon était une pauvre veuve de soixante ans passés. Elle avait le dos voûté comme presque tous les gens qui ont pendant un demi-siècle creusé le sillon qui les a nourris, eux et les leurs. Malgré son âge avancé, elle avait conservé cette vivacité trotte-menue qu'on remarque chez certains vieillards, et qui est plus commune chez les hommes que chez les femmes. Sa figure, qui avait dû être belle dans sa jeunesse, était creusée de rides profondes qui semblaient avoir été des ornières à larmes, et la peau basanée qui la recouvrait avait la couleur brune d'une panicule de roseau. Au milieu de cette physionomie dévastée par le temps et par les chagrins d'une vie rudement éprouvée, ses yeux, brillants comme des trous lumineux, prenaient quelquefois une expression qui donnait à son visage un caractère hautain et presque dédaigneux. Chez les êtres les plus vulgaires par le fait ou l'apparence, l'accumulation d'un grand nombre de maux endurés avec résignation et courage provoque passagèrement, quand le souvenir leur revient, les accès de fierté soudaine qu'éprouve toute créature en se retrouvant encore solitaire, mais debout, au milieu des ruines que la fatalité a faites autour d'elle.

En effet, la mère Madelon n'avait pas été toujours ce qu'elle était alors. La vieille veuve avait tenu son rang dans le pays, où elle passait pour une des plus riches propriétaires ; mais après dix ans de prospérité et d'une union heureuse, son mari, qui possédait l'une des belles fermes que l'on voit encore sur les bords du Loing en arrivant à Grez, s'était laissé entraîner par une bande de mauvais sujets qu'il avait connus en allant à Nemours pour ses affaires. Après quelques années, cette vie dissipée amena sa ruine complète. Toutes les pièces de terre furent vendues ou dévorées par des emprunts usuraires, et bientôt il ne resta plus dans ses étables une seule tête de bétail qui ne fût menacée par tous les huissiers de Nemours ou de Fontainebleau. Acculé par ses fautes volontaires au fond d'une impasse terrible, le fermier rêva un crime pour en sortir. Les bâtiments de sa ferme et les nombreuses dépendances que l'obstination de sa femme avait su maintenir libres de toute hypothèque étaient assurés pour une somme quatre fois plus élevée que leur valeur réelle. Le fermier pensa qu'un incendie le sauverait de la ruine ; il mit le feu à sa grange le jour de la fête de Grez, pendant qu'on tirait des pièces d'artifice à quelque distance de sa ferme. Il espérait à tort que le désastre serait attribué à quelque fusée égarée : son crime avait eu des témoins. Un garçon et une fille de ferme, dont sa présence dans la grange avait dérangé le galant tête à tête, l'avaient aperçu sans qu'il s'en doutât. Ils appelèrent au secours, mais trop tard : la ferme brûla jusqu'au dernier brin de chaume. Le fermier fut arrêté, jeté en prison, où il mourut fou la veille de son jugement.

Restée seule devant un tas de cendres, la pauvre veuve remercia encore le ciel, qui, en la laissant inféconde, lui épargnait du moins la douleur de traîner à sa suite, sur les chemins du hasard, un pauvre enfant à qui elle n'aurait pu donner qu'un nom entaché par l'infamie du crime paternel. Elle quitta alors le village de Grez, où son infortune n'éveillait qu'une pitié indifférente, à laquelle se mêlaient encore les malveillantes consolations suggérées par l'instinct de farouche égoïsme qui pousse l'homme à se réjouir des maux de son semblable. Comment elle avait vécu depuis trente ans que ces événements l'avaient frappée, c'était le secret de cette industrieuse nécessité qui fait pain de tout labeur, espèce de génie de la misère que Dieu révèle à ceux qu'il y condamne. C'était seulement depuis une douzaine d'années que la mère Madelon était venue se fixer à Montigny. Elle habitait à l'extrémité du village, et sur la lisière d'un bois qu'on appelle les *Trembleaux*, une méchante masure grossièrement édifiée avec des fragments de grès empruntés aux carrières des environs, et dont la toiture était un mélange de chaume, de genêts et de hautes bruyères. Au moment où la mère Madelon était arrivée à

Montigny, la vachère qui menait paître au communal les vaches du pays venait de mourir. La pauvre vieille veuve demanda et obtint sa survivance. Comme elle n'avait point d'asile, les gens du village s'étaient réunis pour lui bâtir à frais communs cette habitation d'une apparence toute primitive dont nous avons parlé. Au reste, les habitants de Montigny n'avaient guère eu à débourser que la main-d'œuvre, puisque les éléments de la construction avaient été fournis par la forêt même, et ce fut sur les faibles gages de sa place que la mère Madelon remboursa peu à peu les avances faites pour lui bâtir cette pauvre cabane, dont elle ne tarda pas à devenir propriétaire.

Dans ce pays, l'endroit où l'on mène paître les troupeaux s'appelle *dormoir*, néologisme rustique dont l'étymologie semble indiquée par la sieste à laquelle se livrent les bêtes quand elles ont pâturé. Le *dormoir* qui servait de communal aux vaches de Montigny était situé dans la partie la plus voisine de la forêt qu'on appelle les *Longs-Rochers*. En y menant son troupeau, la mère Madelon avait remarqué que ces gorges, dont l'aspect est bien plus sauvage et le caractère plus grandiose que celles qu'on admire, sur programme d'itinéraire, à Franchard ou Apremont, étaient souvent visitées par les curieux et quotidiennement fréquentées par les artistes. La nouvelle vachère imagina alors d'installer au milieu de ces solitudes une industrie qui devait plus tard lui mériter le surnom de *vivandière des arts*. Elle apporta tous les jours avec elle un grand panier contenant des gourdes remplies de liqueurs, du tabac, des cigares, des pipes, et tous les objets employés par les fumeurs. Cette idée devait avoir des résultats très-lucratifs, car, pour les artistes qui venaient travailler dans les Longs-Rochers ou les environs, le panier providentiel de la mère Madelon arrivait comme la manne au milieu du désert. Elle eut bientôt toute une clientèle de rapins qui venaient de temps en temps au dormoir couper par un quart d'heure de *farniente* leur laborieuse étude en plein air.

En succédant à la vachère défunte, la mère Madelon avait hérité de son chien. C'était une vieille bête intelligente et pacifique, au poil hérissé tel qu'un buisson de houx, avec des yeux pleins de malice qui luisaient comme des braises ; ce chien s'appelait *Caporal*. Il avait été ainsi baptisé par des soldats qui l'avaient adopté quand il était jeune, et il avait fait les campagnes d'Afrique à la suite d'un régiment. Dressé par les loustics du camp, Caporal était devenu un chien savant ; il faisait l'exercice comme le meilleur sergent instructeur ; il portait les armes au nom des officiers supérieurs de l'armée, et croisait la baïonnette dès qu'on parlait d'Abd-el-Kader. Acrobate comme Auriol, il franchissait un faisceau de fusils. Mathématicien comme Munito qui fut le Newton de la race canine, il jouait aux dominos et devinait quelquefois l'âge du capitaine. A ces menus talents de société, qui faisaient les délices de la garnison, Caporal ajoutait au besoin les qualités de chien de chasse, plus utiles en campagne. Quand son régiment faisait une razzia dans quelque tribu ennemie, Caporal y prenait une part active en dévalisant les poulaillers, et plus d'une fois il paya largement son écot en augmentant par l'appoint d'une volaille la maigre pitance du bivouac. S'il avait la ruse du renard en maraude, il avait le courage du lion devant le feu. A l'assaut de Constantine, Caporal monta le premier sur la brèche et se mêla au combat en étranglant un chien turc. Une nuit, dans un défilé de l'Atlas, sa vigilance avait sauvé de la destruction imminente un détachement qui allait être surpris pendant le sommeil par une bande d'Arabes. Cette belle action lui valut la croix. Un soldat qui avait été perruquier lui tondit le poitrail de façon à ce que le dessin de la tonte représentât l'étoile des braves ; on augmenta d'un petit verre quotidien sa ration d'eau-de-vie ; il fut dispensé des corvées, et les sentinelles lui présentaient les armes. Ramené en France et rentré dans la vie civile, Caporal était devenu chien de berger, et faisait à la satisfaction commune la police du troupeau confié à sa garde.

L'industrie exercée dans les Longs-Rochers par sa nouvelle maîtresse devait initier Caporal à un métier nouveau pour lui, qui en avait déjà tant pratiqué. Les artistes disséminés dans la forêt, trouvant quelquefois incommode de se déranger quand ils avaient besoin de quelque chose à la cantine, avaient coutume d'appeler de loin la cantinière pour lui demander ce qu'ils souhaitaient. Cela était d'autant plus facile, que les Longs-Rochers possèdent un écho d'une telle fidélité de répercussion, que le son y est distinctement reproduit à la distance d'un kilomètre. La mère Madelon, qui trouvait pénible de courir à travers les escarpements des gorges, dressa Caporal à la remplacer. Cette invention devint pour elle une nouvelle source de profits. Les peintres, qui trouvaient originale la métamorphose de Caporal en garçon d'estaminet, renouvelaient plus fréquemment leurs consommations pour se procurer le plaisir de voir l'intelligent animal bondir à travers les roches, chargé d'un petit panier qu'il portait suspendu au cou, et dans lequel sa maîtresse déposait les choses que lui demandait sa clientèle nomade. A sa double fonction de garçon de café et de chien de berger, Caporal en ajouta une troisième, qui augmenta encore de temps en temps le gain modique de sa vieille maîtresse.

Il y a dans les Longs-Rochers des espèces de grottes qui ont conservé le nom de chambres du *Croque-Marin*, en souvenir d'une tradition dont nous avons en vain recherché l'origine. Ces grottes, qui n'ont autrement rien de bien curieux, sont situées dans la partie la plus solitaire des gorges, et il est assez difficile de les trouver quand on ne connaît pas le terrain. Les gens qui désiraient visiter les grottes s'adressaient à la mère Madelon, qui se faisait volontiers leur guide et recevait d'eux quelque menu salaire. De même qu'elle s'était fait remplacer par son chien pour le service de la cantine, la vachère de Montigny utilisa son instinct en lui confiant le soin de conduire au Croque-Marin les étrangers. Caporal connaissait d'ailleurs tous les coins de la forêt aussi bien que s'il eût fait partie de la meute princière; il suffisait de prononcer devant lui le nom d'une vente, d'une croix, d'un carrefour ou d'un site quelconque, pour qu'il en prît sur-le-champ la direction. Cette connaissance des lieux lui permettait donc d'étendre ses fonctions de guide au delà du rayon dans lequel étaient situés les Longs-Rochers, et si quelque visiteur s'informait du chemin qu'il fallait suivre pour aller à la *Mare aux Fées* ou à la *Gorge au Loup*, la vachère proposait aussitôt Caporal, qui conduisait son monde par les sentiers les plus pittoresques. Caporal avait, sur les *ciceroni* que l'on prend à Fontainebleau, l'avantage de son mutisme : il n'ennuyait point les promeneurs par une érudition bavarde et vulgaire, et ne cherchait point, comme ses confrères bipèdes, à leur imposer son impression personnelle. De plus il donnait aux personnes qu'il conduisait le temps d'examiner les curiosités de la forêt, et quand une compagnie de bourgeois parisiens, ou une spleenétique famille anglaise restait durant un quart d'heure extasiée devant un bloc de rocher d'une forme bizarre, Caporal attendait patiemment qu'ils missent fin à leur admiration. Gravement assis sur son train de derrière, il secouait dédaigneusement la tête en se rappelant les cols de Mouzaïa ou le défilé des Portes de fer, et il semblait se dire à lui-même : J'en ai vu bien d'autres.

On comprendra donc facilement l'attachement profond que la mère Madelon éprouvait pour Caporal. Pour elle, en effet, il était plus qu'un serviteur utile, c'était un ami véritable, la seule affection de ses derniers jours, le seul compagnon de sa pauvreté solitaire et résignée. Aussi, bien qu'elle l'entourât des soins les plus touchants et qu'elle le traitât comme s'il eût été un être humain, la bonne vieille ne se croyait pas encore quitte avec cette bête fidèle, soumise et dévouée, dont l'intelligence appliquée à tant de petits métiers, lui permettait d'introduire de temps en temps dans son existence précaire certaines douceurs auxquelles elle eût été forcée de renoncer, si elle n'avait pas eu Caporal. Le gain qu'elle retirait de son commerce avec les artistes et de ses relations avec les visiteurs des Longs-Rochers améliora peu à peu la situation de la vieille veuve, et progressivement lui permit d'apporter des modifications dans son misérable intérieur. D'abord elle fit remplacer par une couverture de tuiles la mince toiture de chaume de sa cabane, devenue pénétrable au vent et à la pluie. Un jour elle acquit quelques toises de terrain autour de son habitation et y sema des plantes potagères. Une autre fois l'unique chambre de sa maisonnette se meubla d'un lit véritable, qui remplaça la paillasse de fougère. Lentement, bien lentement, grâce à ces combinaisons économiques connues seulement de ceux qui ont pratiqué longtemps l'abstinence des choses considérées comme étant de première nécessité, la mère Madelon s'entourait d'un semblant de bien-être. Enfin, trois ans environ après son arrivée dans le village, elle se rendit chez le notaire de Montigny et le pria de lui garder en dépôt et de faire valoir comme il l'entendrait une somme de cent écus, qu'elle lui apportait dans un vieux sac. Cette consignation de fonds, divulguée par l'un des clercs du notaire à l'auberge de *la Maison-Blanche*, qui était le seul café du pays, fut bientôt connue de tout le monde, et pendant un mois il ne fut question que de cela aux veillées ; mais comme en résumé la source de cette petite fortune avait son explication naturelle dans les bénéfices que la mère Madelon retirait de l'exploitation de sa cantine en plein vent, après avoir beaucoup parlé de ses cent écus, il arriva qu'on n'en parla plus. Seulement la bonne femme y gagna l'espèce de considération qui, au village peut-être encore plus qu'à la ville, s'attache à tous ceux qui possèdent. Les gens de Montigny se montraient plus affectueux avec elle dans leurs rapports familiers, et ces apparences d'égards, nouveaux pour elle, rejaillissaient sur Caporal en attentions dont celui-ci profitait sans pouvoir en deviner la cause.

Au bout d'une résidence de neuf années à Montigny, pendant lesquelles la mère Madelon avait continué à mener les vaches au dormoir, elle déposa successivement chez maître Guérin, le notaire, plusieurs sommes qui, avec les intérêts des placements, avaient fini par produire un capital de dix-huit cents francs. C'était déjà beaucoup pour elle, mais cependant elle ne trouvait pas encore que ce fût assez. Son rêve était d'amasser 100 francs de rente. Avec ces trois chiffres, sobre comme elle était et vivant de peu, elle pensait assurer la tranquillité aux jours que Dieu voudrait bien lui compter encore, en récompense de la résignation avec laquelle elle avait supporté la rigueur des jours passés. Avec l'obstination commune aux vieilles gens lorsqu'ils s'accrochent à une idée, elle ne voulait pas résigner ses fonctions avant d'avoir arrondi le dernier zéro du modeste trésor dont elle convoitait la possession. Cependant il y avait des jours où elle fût volontiers restée close dans sa maisonnette, plutôt que d'aller conduire le troupeau à la pâture; mais ses cent francs de rente étaient son rêve, et elle voulait absolument qu'ils devinssent une réalité. Quant à Caporal, lui aussi se faisait vieux et cassé; son poil blanchissait et se faisait rare. Il commençait à trouver pénibles ses longues courses quotidiennes. Son haleine devenait courte, son ouïe moins subtile, son flair s'émoussait. En faisant le service de la cantine, il lui arrivait quelquefois de faire attendre la pratique. En guidant les étrangers, il perdait la mémoire, se trompait de chemin et égarait les personnes qu'il avait mission de conduire. Il oubliait les arts d'agrément dans lesquels il avait jadis excellé. Si un peintre l'invitait à faire l'exercice avec son appuie-main, Caporal demeurait penaud comme une nouvelle recrue à qui on commanderait la charge en douze temps. Le troupeau confié à ses soins souffrait aussi de l'affaiblissement de ses instincts. Sa vigilance endormie ne s'apercevait point des écarts des jeunes génisses attirées sur les pentes dangereuses des rochers, où elles voyaient brouter les chèvres. Il ne savait plus le compte des animaux dont il avait la garde, et il arrivait souvent que la cornemuse de la mère Madelon donnait le signal du retour aux étables, sans que Caporal eût pris garde qu'une vache manquait à l'appel. Il fallait alors que la vachère se mît elle-même à la recherche de la bête égarée, dont elle était responsable. Enfin, Caporal subissait la loi commune, sa bonne volonté de bien faire commençait à faillir sous le poids de l'âge. Il éprouvait cet impérieux besoin de repos nécessaire à tous les êtres qui approchent de leur fin. Aussi, quand elle le surprenait en faute, la mère Madelon ne le grondait jamais : elle comprenait que le moindre reproche eût été injuste, et qu'une dure parole aurait blessé cette bête docile, qui avait toujours fait plus que son devoir. Elle le caressait au contraire davantage et s'entretenait avec lui, comme s'il eût pu la comprendre, de l'existence paisible dont ils jouiraient prochainement l'un et l'autre, car la mère Madelon estimait dans sa pensée que le jour où elle aurait gagné le dernier sou de ses vingt écus de rente, la moitié au moins serait la propriété légitime de Caporal.

Ce fameux jour arriva enfin. Le notaire annonça à sa cliente que la somme déposée à son étude s'élevait à deux mille francs passés.

— Souhaitez-vous reprendre votre argent? lui demanda maître Guérin.

— Non, répondit-elle, gardez-le; — moi et Caporal nous avons assez travaillé pour amasser ces écus, c'est à leur tour de travailler pour nous. Continuez à faire valoir mon argent; seulement j'exigerai que l'intérêt me rapporte cent francs, vingt écus tout ronds, pas un liard de moins.

— J'ai en vue un placement plus avantageux. Je ferai entrer vos deux mille francs dans une somme plus considérable que m'a demandée le meunier de Sorques. L'emprunt sera de cinq ans, et garanti par hypothèque. Les fonds sont un peu rares dans ce moment-ci, le meunier est à court, nous lui prêterons à cinq et demi.

— N'est-ce pas trop cher? lui demanda la mère Madelon.

— Mon confrère de Nemours lui demande six, répondit maître Guérin.

III

Caporal.

Le lendemain, la mère Madelon alla pour la dernière fois au dormoir. Chaque soir, en revenant du pâturage à l'heure où le soleil descend sur l'horizon, le troupeau avait l'habitude de se disperser à l'entrée du village, et chaque bête regagnait isolément l'étable, quittée le matin, au premier appel de la cornemuse; mais ce soir-là, en revenant des Longs-Rochers, la mère Madelon, accompagnée de Caporal, reconduisit sous leur toit chacune de ses vaches, et leur laissa, avant de les quitter, un petit mot d'amitié et une caresse en signe d'adieu. Caporal, comme s'il eût deviné l'intention de sa maîtresse, tournait et retournait vingt fois autour des pacifiques animaux, et ses démonstrations empressées semblaient vouloir dire : Ne regretterez-vous pas un peu votre gardien, et n'aurez-vous pas souvenir de son indulgence et de la protection active dont il vous entourait?

Le passage subit d'une vie laborieusement occupée à une existence presque indépendante ne s'opère pas sans qu'on éprouve l'espèce de gêne qui résulte d'une habitude rompue. Si pénible que soit un travail, quand on l'a fait tous les jours pendant dix ans, le corps, fait par une longue pratique aux luttes quotidiennes avec la fatigue, souffre presque de son immobilité dans les premiers instants du repos qu'il a tant souhaité. Aux colonies, on a vu souvent des esclaves affranchis ne point savoir trouver l'emploi de leur liberté, et venir se replacer volontairement sous le fouet de la commanderie. Dans les grandes villes, les gens de commerce, dont le seul rêve est de se retirer, subissent, dès qu'ils ont vendu leur fonds, cet état de malaise, et ceux qui n'entreprennent pas une nouvelle industrie sollicitent de leurs successeurs la permission d'aller de temps en temps respirer l'air du magasin. Madelon se trouva, elle aussi, fort dépaysée quand elle n'eut plus qu'à s'occuper d'elle-même et à soigner son intérieur, ce qui n'était ni bien long ni bien fatigant. Les heures lui semblaient doubles, et, habituée au mouvement, elle était fort embarrassée de son inaction.

Chaque matin, en voyant passer devant sa porte son ancien troupeau conduit par la nouvelle vachère, elle ne pouvait s'empêcher de jeter un regard sur les bêtes, qui, en défilant devant elle, s'arrêtaient un moment et la regardaient aussi avec leurs grands yeux toujours étonnés. Quant à

Caporal, il avait encore plus de peine à se faire à l'état de rentier, et, depuis que le repos lui était permis, il paraissait plus que jamais avoir repris goût à l'activité. Il semblait surtout privé de ne plus aller au dormoir, et pendant les premiers jours, sa maîtresse fut obligée de l'attacher pour l'empêcher de suivre les vaches. Caporal restait soumis, mais il ne pouvait retenir un aboi plaintif tant qu'il entendait résonner au loin les clochettes du troupeau, dont la garde était maintenant confiée à un chien plus jeune. Cette tristesse avait sa source dans une sympathie particulière que Caporal éprouvait depuis longtemps pour une belle *Cotentine* qui faisait partie du troupeau. Née au milieu des planturenses vallées du Calvados, cette vache, qui s'appelait Bellotte, avait la nostalgie du terrain natal. En broutant les gazons ras et les fougères brûlées qui croissent dans les Longs-Rochers, on eût dit qu'elle regrettait les herbages aromatiques et salés de la côte normande. La préférence que lui témoignait Caporal allait souvent jusqu'à l'injustice, et il lui laissait prendre bien des privautés qu'il n'eût pas tolérées chez les autres. Ainsi, il lui permettait de s'écarter au delà des limites ordinaires, afin qu'elle pût aller dans les places où la végétation du sol offrait une pâture plus abondante et plus verte. S'il voyait Bellotte, encouragée par sa négligence volontaire, s'aventurer du côté des bois-taillis pour donner un coup de dent aux jeunes pousses, il détournait la tête d'un autre côté, et lui laissait tout le temps de se repaître avant d'aller lui rappeler qu'elle était en faute. La vache normande ayant vélé, il n'y eut pas de soins et d'attentions dont Caporal n'entourât son veau quand il fut en état d'accompagner sa mère au dormoir, et, lorsqu'il mourut de la maladie, Caporal en fut presque affligé pendant plusieurs jours. Aussi, dès que sa maîtresse lui donnait un moment de liberté, il prenait sa course dans la direction des Longs-Rochers pour aller passer quelques instants auprès de Bellotte.

Un soir qu'il errait dans le village, à l'heure où rentraient les vaches, Bellotte, suivant une mauvaise habitude que l'indulgence de Caporal lui avait laissé contracter, était restée bien en arrière du troupeau. Arrêtée devant une haie qui servait de clôture à une habitation, elle mordait nonchalamment les branches vertes, sourde aux cris de la vachère, qui l'avait déjà appelée plusieurs fois. Celle-ci, impatientée de n'être pas obéie, indiqua la vache à son chien, pour qu'il eût à lui faire rejoindre le troupeau. En quelques bonds, le chien atteignit la bête retardataire, et, comme elle faisait de la résistance, il la mordit au jarret pour lui faire lâcher la verdure. Bellotte partit comme un trait, en poussant un mugissement de douleur.

Caporal avait vu de loin l'agression dont sa favorite venait d'être victime, et tout son poil se hérissa de colère. Caporal nourrissait d'ailleurs un commencement de haine contre son remplaçant, qui, de son côté, ne voyait pas d'un bon œil les assiduités de Caporal au dormoir. Au moment où Bellotte, emportée dans sa course et toujours poursuivie par le chien de la vachère, passait devant son ancien ami, qu'elle n'eût pas le temps de voir, Caporal se mit en travers de la rue et coupa brusquement le passage au nouveau gardien du troupeau. Celui-ci tenta une feinte pour passer outre et continuer sa poursuite; mais Caporal, ayant retrouvé son agilité, le rejoignit lestement et lui barra de nouveau le passage. Les pattes tendues en arrêt et tout prêt à l'élan, la queue immobile et basse, l'œil allumé, l'oreille dressée, la gueule écartée, laissant voir la double rangée de ses longues dents jaunies, qui semblaient s'aiguiser dans un grondement sourd, Caporal avait l'attitude d'un molosse flairant la curée. En dépouillant l'apparence débonnaire de sa race, il était superbe de férocité impatiente, et avait retrouvé toute l'ardeur dont il avait jadis fait preuve à l'assaut de Constantine. Après un premier moment de surprise, le chien de la vachère, devinant une attaque, s'était de son côté mis sur la défensive : plus jeune que son adversaire, il était plus vigoureux; mais, peu habitué aux luttes, il ignorait les ruses que celui-ci pouvait appeler au secours de sa faiblesse. Caporal, voyant que sa provocation était acceptée, fondit brusquement sur son ennemi, au moment même où celui-ci ramassait son corps pour prendre son élan et porter la première agression. Le chien de la vachère, subitement étreint à la gorge, faillit sur le coup être mis hors de combat.

Malheureusement pour Caporal, cette scène se passait devant un débit de tabac et de liqueurs dont le propriétaire en avait beaucoup voulu à la mère Madelon, à cause de l'établissement que celle-ci avait ouvert dans les Longs-Rochers. Elle prétendait que cette concurrence, bien indirecte cependant, lui était nuisible en ce sens que les artistes qui résidaient dans le village, au lieu de se munir chez elle, préféraient donner leur pratique à la mère Madelon. Cette inimitié qu'elle éprouvait pour la vieille vachère, la débitante la reportait sur Caporal, dont l'intelligence avait, comme on se le rappelle, puissamment concouru à la prospérité de la cantine des Longs-Rochers. Cette femme, qui avait assisté aux préliminaires de la lutte engagée entre les deux animaux, avait pu remarquer que Caporal s'était montré l'agresseur ; elle vit dans ce fait une occasion légitime d'exercer sa rancune contre l'animal et sa maîtresse, et à l'instant où Caporal allait infailliblement étrangler son ennemi, la débitante lui asséna sur la tête un coup de la fourche qu'elle tenait à la main. Caporal poussa un hurlement plaintif qui dut retentir dans tout le village, lâcha aussitôt l'autre chien, et s'en fut lui-même rouler à quelques pas, tout étourdi d'un coup qui aurait dû l'assommer. L'adversaire de Caporal, sauvé si à propos de ses crocs furieux, fondit sur lui dès qu'il se sentit libre. La cuisante douleur de sa blessure, qui laissait fuir un double ruisseau de sang, l'avait rendu terrible. Caporal, surpris à son tour au moment où il commençait à peine à se remettre de son étourdissement, se trouva lui-même dans la position dangereuse où il avait, l'instant d'auparavant, mis le chien de la vachère. La débitante, qui avait sans doute juré la mort de Caporal, s'avança encore sur lui la fourche haute ; mais le vaillant chien venait alos de se dégager de la gueule qui le déchirait, et, s'apercevant de l'hostilité de la débitante, il s'élança sur elle avec une vivacité tellement furibonde, qu'elle en fut effrayée et se sauva dans la cour de sa maison en laissant tomber sa fourche. Les deux animaux blessés se rejetèrent l'un sur l'autre. Une haine intelligente semblait diriger leurs attaques et portait leur acharnement aux dernières limites. Chacun de leurs coups de dents faisait une plaie, et chaque plaie épuisait le sang de leurs veines.

Cependant la vachère, inquiète de son chien, était revenue sur ses pas. En le trouvant aux prises avec Caporal, elle ameuta des paysans qui passaient pour qu'ils séparassent les deux combattants; mais la lutte était arrivée à un degré de furie qui rendait toute intervention dangereuse, et les témoins de cette boucherie y semblaient au contraire trouver du plaisir. Au lieu de chercher à y mettre un terme, ils excitaient du geste et de la voix les deux bêtes, comme s'ils eussent assisté à une scène de cirque; il s'en fallait même de peu qu'ils n'ouvrissent des paris sur l'issue de ce duel de bêtes fauves. Sur ces entrefaites, un garde forestier qui rentrait chez lui pénétra dans le groupe et s'informa de ce qui se passait; ce fut la marchande de tabac qui donna des explications.

— C'est une mauvaise bête, ajouta-t-elle en montrant Caporal; c'est lui qui a commencé à mordre l'autre. Il est tombé dessus en traître, j'ai voulu l'en empêcher, et il s'est jeté sur moi comme s'il était enragé.

En entendant ce mot, que la débitante avait laissé échapper sans intention, tous les paysans reculèrent avec effroi. On était alors dans les jours les plus chauds de la canicule, et deux cas d'hydrophobie qu'on avait signalés dans les environs répandaient l'épouvante dans les esprits au seul nom de ce mal horrible. On comprendra donc le mouvement qui se produisit subitement autour de la pauvre bête. Les cris de : « il faut le tuer ! — tuez-le ! » s'élevèrent de toutes parts, et en même temps les regards se fixèrent sur le fusil que le garde forestier portait en bandoulière.

— C'est le chien de la mère Madelon, répondit le garde; elle a grand soin de lui, car elle l'aime autant que ses petits boyaux. Il serait bien surprenant qu'il eût attrapé le mal de rage.

— Attendez donc, insinua la débitante en s'apercevant de la disposition hostile où ses premières paroles avaient mis les assistants; attendez donc un peu! La mère Madelon se plaignait l'autre jour que sa bête n'était plus obéissante avec elle; elle disait encore que dimanche dernier, en menant Caporal au lavoir pour l'approprier, le chien s'était sauvé dès qu'il avait vu la rivière. Quand ces bêtes-là craignent l'eau, c'est mauvais signe; et puis, s'il était dans son état naturel, est-ce qu'il aurait attaqué son camarade? est-ce qu'il se serait jeté sur moi comme un frénétique? Seigneur! j'en tremble rien que d'y penser. Bien sûr qu'il est enragé, ajouta-t-elle en se retournant vers un groupe de commères accourues au bruit.

Cette révélation, complétement mensongère, mais faite sur un ton de précipitation et d'effroi qui lui donnait une apparence de sincérité, produisit l'effet que l'ennemie de la mère Madelon et de Caporal en avait attendu. — Si Caporal est enragé, comme tout porte malheureusement à le croire, dit le garde, l'autre chien ne tardera pas à le devenir, car il a reçu plus coups de crocs qu'il n'en faudrait pour rendre tout un chenil hydrophobe. Comme les ordonnances sont précises, ajouta-t-il en indiquant du doigt une affiche de la préfecture apposée sur le volet du débit de tabac, il est prudent de les abattre tous les deux ; ça les mettra d'accord, acheva le garde en armant son fusil à deux coups.

A cette menace, la vachère se mit à pousser des cris et s'opposa énergiquement à ce que l'on abattit son chien avant qu'il fût examiné par le vétérinaire. Le garde forestier se borna à faire observer que, l'hydrophobie de Caporal étant à peu près constatée, on ne pouvait mettre en doute qu'il ne l'eût déjà incurablement inoculée à son adversaire, et que la sûreté publique exigeait qu'on se débarrassât de ces animaux dès qu'il étaient seulement soupçonnés dangereux. Tous les paysans qui se trouvaient rassemblés furent de cet avis et étouffèrent les réclamations de la vachère dans les cris de mort que la frayeur leur faisait pousser contre les deux chiens, qui se mettaient littéralement en lambeaux. Le garde forestier ajusta celui qui se présenta le premier le plus favorablement à découvert pour ne pas être manqué. Bien que le fusil ne fût chargé qu'avec du plomb à lièvre, le coup, tiré presque à bout portant, avait fait balle, et le chien de la vachère tombait roide mort. Au même instant, une seconde détonation se fit entendre, et Caporal alla rouler auprès du premier cadavre. Seulement Caporal n'avait pas été tué sur le coup : un mouvement brusque de sa tête quand il avait senti le canon du fusil s'y appuyer avait fait dévier l'arme, et la charge n'avait porté qu'à moitié. Il avait l'épaule brisée, le col et l'échine fracassés.

— C'est assez de poudre brûlée pour une aussi mauvaise chasse, dit le garde forestier en rejetant son fusil sur son épaule ; et, s'adressant aux paysans qui ne paraissaient point complétement rassurés, il ajouta en leur montrant Caporal agonisant : — Il n'y a plus de danger, prenez des fourches, et achevez-le.

Comme il allait s'éloigner, la mère Madelon, informée de ce qui se passait par l'apprenti du sabotier, accourait précipitamment sur le lieu de l'exécution. En apercevant sa maîtresse, Caporal tourna la tête de son côté, comme pour lui demander du secours : il essaya de se traîner jusqu'à elle ; mais, après de vains efforts, il retomba lourdement sur le pavé, noyé dans une mare de sang. En le voyant dans cet état, la pauvre femme poussa des cris à fendre l'âme : elle voulut s'approcher du moribond, qui semblait toujours l'appeler du regard ; mais le garde forestier la retint avec vivacité.

— Mère Madelon, lui dit-il d'un ton assez triste, la perte de votre chien doit vous affliger, je le comprends ; mais sa mort était devenue nécessaire pour éviter de graves accidents. Caporal est enragé ; c'est moi qui lui ai tiré un coup de fusil tout à l'heure. Il n'est pas tout à fait mort, mais on va l'achever.

Et le garde, prenant la vieille femme par le bras, essaya de l'emmener avec lui. La mère Madelon lui résista durement.

— Caporal enragé ! s'écria-t-elle, qui a pu vous le faire croire ?

— Mais, répondit le garde, les symptômes que vous aviez remarqués en lui devaient vous le faire craindre.

— Quoi ? répliqua vivement la mère Madelon, je ne sais pas ce que vous voulez dire.

— Eh! répondit brusquement le garde, vous en saviez assez pour deviner quelle peut être la maladie d'un chien qui craint l'eau, surtout dans cette saison. Vous avez même agi imprudemment en ne le conduisant pas chez le vétérinaire aux premiers signes inquiétants. Vous exposiez tout le monde à un mal terrible, sans compter que vous auriez pu vous-même en devenir la première victime. Bref, votre chien s'est jeté tout à l'heure comme un furieux sur celui de la vachère; on m'a dit qu'il était enragé, il en avait l'air, j'ai dû les abattre tous les deux. Mon basset *Finaud*, auquel je suis bien autant attaché que vous l'étiez à Caporal, se serait trouvé dans le même cas, que j'aurais tué Finaud sans miséricorde.

Comme le garde forestier achevait de parler, la débitante de tabac, prévoyant des explications auxquelles elle ne souhaitait pas prendre part, se retira du groupe et rentra chez elle.

— Il n'y a d'enragé que vous, s'écria de nouveau la mère Madelon en empêchant le garde de se retirer. Caporal était encore ce matin ce qu'il a toujours été, inoffensif comme un agneau. Si on l'a attaqué, il s'est défendu et il a bien fait. Quant à craindre l'eau, il ne la craint pas plus que vous ne craignez la chopine, et la preuve, c'est qu'il n'y a pas deux heures, en jouant avec le petit garçon du meunier, Caporal a sauté dans la rivière pour aller repêcher le bourrelet que l'enfant avait laissé tomber.

— Ça, c'est vrai, dit un garçon de moulin qui se trouvait là.

— Mon pauvre chien n'était malade que de vieillesse, reprit la vieille, dont le désespoir allait croissant, et cette maladie-là lui aurait permis de vivre encore quelque temps pour me tenir compagnie. Pourquoi l'avez-vous laissé tuer comme une bête malfaisante? Il ne vous a jamais fait de mal; il amusait vos petits enfants, et se montrait reconnaissant quand vous lui jetiez un os ou un morceau de pain dur; enfin depuis quinze ans il gardait vos vaches. Une bête n'est qu'une bête; mais quand elle a été utile, on peut s'en souvenir et en avoir pitié à l'accasion. S'il était vraiment malade, je l'aurais conduit chez un vétérinaire de Fontainebleau qui me l'aurait guéri. Ça aurait peut-être coûté gros; mais *j'ai de l'argent à lui.*

Et pendant que cette révélation naïve faisait sourire grossièrement quelques spectateurs, avant qu'on eût songé à la retenir, la mère Madelon s'était élancée auprès de son chien.

— Prenez garde! prenez garde! lui crièrent plusieurs voix.

— Je n'ai pas peur, reprit-elle; vous voyez bien que je n'ai pas peur, moi! — Et s'étant agenouillée auprès de la bête moribonde, elle lui prit la tête dans les mains et examina ses blessures. Caporal se plaignit faiblement, et tourna vers sa maîtresse ses yeux mourants injectés d'une lueur sanglante. Il y avait à la fois du remerciment et du reproche dans ce regard vague qui ne voyait déjà plus, et dont l'expression semblait dire : — Merci d'être venue; mais pourquoi venez-vous aussi tard?

— Hélas! murmurait la vieille femme, il n'en réchappera pas! — Caporal paraissait en effet blessé mortellement. De temps en temps sa gueule s'ouvrait dans une contraction pénible et laissait voir, au milieu d'une écume rougie, sa langue épaissie et pendante. Son poil, souillé de sueur et de poussière, se hérissait sous des frissons subits; son corps se roidissait dans des convulsions douloureuses. Tout à coup, à une certaine façon dont il regarda sa maîtresse en même temps qu'il remuait la queue, celle-ci comprit qu'il était altéré.

— Il a soif! s'écria-t-elle en regardant le cercle autour duquel elle se trouvait et qui s'augmentait de plus en plus, car les deux coups de fusil avaient attiré tout le village. — Il a soif, vous voyez bien!

— Eh bien! qu'on lui donne à boire, fit le garde. Nous allons savoir à quoi nous en tenir sur son état.

Un paysan alla tirer de l'eau dans un puits voisin; on en remplit une écuelle que la mère Madelon osa seule placer à la portée de son chien. Un grand silence se fit dans l'assemblée. Caporal se jeta sur l'écuelle; mais soit que la fraîcheur de l'eau eût saisi la chair vive de sa gueule mutilée pendant la rixe, soit que le mouvement qu'il venait de faire rendît plus violentes les douleurs causées par sa double blessure, il se recula brusquement, et pendant un instant l'expression égarée qui est un des caractères de la rage alluma sa prunelle. Un cri d'effroi s'échappa aussitôt de toutes les bouches, les femmes prirent la fuite, et les hommes eux-mêmes firent un mouvement de retraite.

— Il faut en finir, dit le garde, qui se disposait à recharger son fusil. Mère Madelon retirez-vous; vous voyez bien cette fois que votre chien est dangereux.

— Il ne vous reconnaîtra pas. — Vous vous ferez mordre ! — Est-ce que vous êtes folle ? s'écrièrent à la fois plusieurs voix effrayées.

— Tonnerre ! fit le garde forestier en frappant du pied, allez-vous vous ôter de là, la vieille ? Vous voulez donc mourir étouffée entre deux matelas ? — Et en parlant ainsi il glissait une charge de chevrotines dans le double canon de son fusil ; mais la courageuse femme restait sourde à tous les avertissements de la prudence. Une crédulité aussi touchante qu'absurde lui disait qu'elle ne devait rien avoir à craindre de son chien, fût-il véritablement atteint du mal qui faisait réclamer sa mort.

— C'est impossible ! répétait-elle toujours : je l'ai quitté, il y a deux heures, tranquille et bien portant.

— Il aura été mordu par quelque chien errant, et le mal ne s'est déclaré que tout à l'heure, répondit le garde. Allons, ma bonne femme, soyez raisonnable, retirez-vous.

Avant d'obéir à cette injonction, la mère Madelon voulut encore essayer une nouvelle tentative pour sauver Caporal. Elle approcha auprès de lui l'écuelle remplie d'eau, et la lui indiqua de la main en lui jetant pour ainsi dire un regard de supplication impérative. L'esprit de soumission qui avait toujours été sa principale vertu se réveilla soudainement chez Caporal, et, comme s'il eût voulu que le dernier acte de la vie qu'il allait quitter fût un témoignage d'obéissance, malgré la répugnance qu'elle lui avait inspirée, il s'approcha de l'écuelle et but quelques gorgées. Puis, une soif véritable s'étant emparée de lui, il absorba avec une avidité précipitée tout le contenu du vase.

— Il a bu ! il n'est pas enragé ! s'écria joyeusement la mère Madelon. — Êtes-vous rassurés maintenant ? continua-t-elle en s'adressant aux paysans, qui se rapprochèrent. — Il a bu ! voyez, l'écuelle est vide !

Le garde, suffisamment convaincu par cette épreuve, désarma son fusil. Malheureusement la joie de la mère Madelon ne devait pas être de longue durée. La fraîcheur glacée de cette eau de puits dont Caporal venait d'absorber, sans reprendre haleine, une énorme quantité, détermina bientôt un étouffement. Il tourna ses yeux éteints du côté de sa maîtresse, flaira ses vêtements, se tordit dans une convulsion suprême, et, poussant un hurlement aigu, il vint expirer aux pieds du garde forestier, qui ne put s'empêcher de reculer d'un pas.

— Ma pauvre femme, dit-il en s'adressant à la mère Madelon, je suis désolé de ce qui est arrivé ; mais après tout j'ai fait mon devoir. — Quant à vous, continua le garde en montrant à la vachère le cadavre de son chien, la commune vous le remplacera. Vous ne l'aviez que depuis un mois ; celui-là ou un autre, cela doit vous être égal. Ce n'est pas la même chose que la mère Madelon, qui vivait avec le sien depuis dix ans.

— C'est sa faute aussi, à la Madelon, si on a tué nos bêtes, fit la vachère avec humeur.

— C'est ma faute ! comment ça ? intervint la vieille femme, qui jusque-là était restée silencieuse.

— Bien sûrement que oui, continua la vachère avec la même aigreur. Pourquoi avez-vous jasé dans le pays que votre chien devenait hargneux, et que ça *l'aguichait* de voir

3.

seulement couler la rivière? Il n'en fallait pas davantage pour donner de la peur au monde.

— Mais encore une fois, répondit la mère Madelon, je n'ai jamais tenu de ces propos-là. — Et quand vous me les avez répétés tout à l'heure, dit-elle en se tournant vers le garde, je ne vous ai pas compris ; je ne comprends pas davantage à présent.

Le garde forestier n'était pas fâché de se débarrasser de la responsabilité de ses deux coups de fusil.

— Voyons, dit-il à la mère Madelon, rappelez-vous bien. N'avez-vous point dit tout dernièrement à quelqu'un du village que votre chien vous donnait des inquiétudes, qu'il n'était plus le même qu'à son ordinaire?

— C'est un conte ! exclama la vieille femme ; je n'ai pas dit un mot de ça. Où est-il, celui qui m'a entendue ? Qu'on me le montre !

— Cette personne n'est plus là, reprit le garde en cherchant autour de lui ; mais elle y était tout à l'heure. C'est la débitante de tabac. Elle m'a assuré que vous aviez, vous, mère Madelon, manifesté dans le pays des inquiétudes à propos de votre bête, et ce sont ses révélations alarmantes qui m'ont décidé, pour la sécurité commune, à agir comme je l'ai fait.

— Elle vous a menti ! fit la vieille femme indignée. Elle a inventé ça pour faire assassiner mon vieux compagnon. Ah ! je comprends tout maintenant ; mais c'est bon... patience... On verra comment la Madelon se venge, toute vieille qu'elle est.

Et, se détournant du côté du débit de tabac, elle étendit

son bras en fermant sa main jaune et ridée, et répéta encore, mais plus lentement et plus bas : On verra ! En parlant, son visage avait soudainement pris une expression de menace effrayante. A la voir dans cette attitude, qui transfigurait son être chétif en une figure presque poétique, avec le geste farouche de son bras tendu qui semblait secouer la malédiction, un esprit enclin au merveilleux l'eût prise pour une magicienne fabuleuse appelant, dans une terrible invocation, la colère des dieux sur le toit d'un ennemi. Ceux qui entendirent ces paroles menaçantes n'y prirent point autrement garde, ou les attribuèrent à un emportement passager; mais la débitante de tabac, aux oreilles de qui elles étaient parvenues, car elle écoutait derrière un rideau, en éprouva une si grande impression d'épouvante, qu'elle tomba à demi évanouie dans son comptoir.

Quand la foule se fut dispersée, la mère Madelon fit placer dans une brouette le cadavre de Caporal et le fit transporter chez elle. Le même soir, elle creusa un trou profond dans le terrain qui entourait sa maison, et elle y enterra les restes du seul ami qu'elle avait au monde.

Ce fut environ trois mois après la scène que nous venons de retracer, que la mère Madelon, pour échapper à l'ennui de la solitude, entra comme servante chez le père Protat, sabotier du pays. Le bonhomme, qui l'avait connue au temps où on l'appelait encore la belle fermière de Grez, ne la considérait pas absolument comme une étrangère prise à gages. En outre, dans sa jeunesse, la mère Madelon avait été un peu l'amie de sa femme, et, fidèle comme il l'était à la mémoire de sa chère Françoise, cette ancienne liaison était déjà une recommandation à ses yeux. D'un autre côté Protat savait que la petite rente dont jouissait la bonne femme la mettait à l'abri du besoin, et que c'était moins encore pour en retirer du gain que pour ne point rester seule chez elle, qu'elle avait consenti à aider sa fille dans les travaux du ménage. En lui confiant la direction des dépenses domestiques, il ne craignait donc pas qu'elle grattât les centimes pour en faire des sous. Or, sans être avare, le bonhomme Protat était soigneux de son petit avoir, et volontiers aimait à s'enfermer dans un coin pour mirer ses vieux louis dans des écus neufs. — La mère Madelon, installée dans cette maison, y vécut sur un certain pied de familiarité qui aurait pu faire quelquefois supposer aux étrangers qu'elle faisait partie de la famille.

Les seules contestations qui s'élevaient entre elle et le père Protat avaient pour cause la protection dont elle essayait de couvrir, autant que cela lui était possible, le petit apprenti Zéphyr, et les remontrances qu'elle adressait à la jeune Adeline à propos de certaines tendances de son caractère, dont elle essayait d'arrêter les développements. Sur ces deux points seulement ils ne s'entendaient pas toujours, car le père Protat, qui n'était point tendre, comme on l'a pu voir, aux défauts de Zéphyr, souffrait beaucoup, pour peu que l'on hésitât à reconnaître en sa fille l'assemblage de toutes les perfections. Dans son aveuglement injuste, quand une altercation s'élevait entre la mère Madelon et sa fille, il ne voulait même pas savoir le motif qui l'avait fait naître, et donnait *de confiance* tort à la première, sans vouloir comprendre combien l'infaillibilité qu'il accordait à la seconde, même dans les choses où elle était le plus inexpérimentée, pourrait devenir dangereuse par la suite. Le père Protat partageait une erreur commune aux parents dont les enfants ont reçu une éducation au-dessus de l'état dans lequel ils sont appelés à vivre, et c'était précisément le cas où Adeline se trouvait par suite de circonstances que nous avons aussi à faire connaître.

IV

Un mauvais père.

La fille du sabotier avait à peine trois ans à l'époque où sa mère était morte. Les maladies qui avaient rendu ses premières années indécises, les soins et les peines qui en étaient résultés pour sa mère contribuèrent puissamment au dépérissement de celle-ci, dont la santé s'était trouvée profondément altérée à la suite de ses couches. Le père Protat avait accueilli avec la joie la plus vive la naissance tardive de cette enfant, venue au monde après douze ans de mariage; mais après la mort de sa femme, il éprouva un étrange sentiment pour la chétive créature qui lui restait entre les bras. En regardant le berceau où luttait sa vie incertaine, il ne pouvait s'empêcher de penser que sa mère aurait peut-être vécu, si les veilles passées auprès de ce berceau n'avaient point hâté le terme de ses jours, et malgré lui il se surprenait à regretter l'heure où sa femme l'avait rendu père.

Par une singulière bizarrerie, cette amertume, dont au reste il souffrait lui-même, disparaissait durant les périodes où l'enfant reprenait momentanément une apparence de vigueur. Son père alors l'accablait de caresses ; il quittait son travail pour la mener promener dans les champs, et durant des heures entières il la prenait sur ses genoux, s'efforçant de retrouver dans ses traits une ressemblance qui pût lui rappeler la défunte regrettée ; mais aussitôt qu'elle retombait dans son état maladif, sa tendresse paternelle se changeait en brusquerie, en impatiences involontaires qui rendaient la petite muette et chagrine, et quelquefois même la faisaient hésiter à se plaindre, tant elle redoutait la grosse voix de son père. Malgré son âge peu avancé, son intelligence précoce saisissait bien les contradictions qui se faisaient remarquer dans la conduite du bonhomme; mais elle ne pouvait pas deviner pourquoi celui-ci se montrait moins doux et moins patient avec elle dans les occasions où elle avait le plus besoin de patience et de douceur. Comme les êtres que l'on habitue à la crainte, et aux oreilles de qui toute parole arrive avec le son d'un reproche, l'enfant devint peu à peu timide et contrainte. Il en résulta que dans les moments où le père Protat se trouvait bien disposé, il ne retrouvait plus dans sa fille les gentillesses et le naïf abandon de son âge: elle avait perdu cette charmante et confuse expression du jeune langage, et ce rire bruyant qui ouvre la bouche des enfants quand ils n'ont pas d'autre moyen d'exprimer leurs joies puériles, ou de montrer le bonheur qu'ils éprouvent à se sentir aimés. La petite Adeline recevait alors les caresses de son père et les lui rendait avec une timidité inquiète. En la trouvant silencieuse quand il aurait souhaité entendre son petit bavardage confus, Protat se chagrinait d'abord, puis il s'emportait et se mettait en colère pour forcer sa fille à être bruyante et à paraître joyeuse; il lui ordonnait de jouer du même ton bourru avec lequel il le lui défendait lorsque ses jeux l'ennuyaient. Adeline obéissait, car elle connaissait l'obéissance à l'âge où l'on ignore encore le sens de ce mot; mais cette soumission cachait tout un petit monde d'arrière-pensées dans lesquelles le bon sens paternel du père Protat pouvait clairement deviner que l'enfant appréciait ses façons d'être. Il s'alarmait alors en remarquant le changement opéré chez cette frêle créature déjà pensive et réfléchie, qui s'abstenait de laisser voir ses désirs, dans la crainte qu'on ne s'y rendît pas, ou qu'on ne les satisfît qu'avec mauvaise grâce.

Lorsqu'il voyait sa fille affecter, pour lui complaire, une apparence de gaieté ou de plaisir qu'elle n'éprouvait point réellement, le sabotier se reprochait de lui avoir enseigné la dissimulation à une époque de la vie où toutes les impressions portent ordinairement le cachet de la franchise. Il s'en voulait alors à lui-même et se disait son fait dans des soliloques où il ne se ménageait pas. Quoi qu'il pût se dire cependant, on en disait encore bien plus dans le pays, où l'espèce d'éloignement qu'il avait laissé percer pour sa petite fille avait été exagéré jusqu'à l'aversion. Ces bruits malveillants étaient basés sur quelques propos qu'il aurait laissé échapper à l'occasion des ordonnances du médecin, qui le ruinaient, avait-il dit, sans guérir l'enfant, qui ne faisait que geindre.

C'est, au reste, une habitude assez commune aux paysans de remettre dix fois dans leur poche l'argent qu'ils doivent donner au pharmacien : pour eux, toute dépense qui reste sans profit quelconque, qu'elle ait pour cause la nécessité ou le plaisir, leur semble une prodigalité inutile, et leur saigne le cœur autant que la bourse : ils ont, disent-ils naïvement, le moyen d'être pauvres, mais pas celui d'être malades. Aussi les voit-on souvent nier le mal qu'ils ressentent jusqu'au moment où il les couche de force dans leur lit; ou bien, ils attendent encore leur guérison du repos, remède banal, mais qu'ils estiment, par un manque de raisonnement, moins ruineux que les visites du médecin. A l'époque où sa femme avait tenu le lit pendant trois mois, sa maladie coûta gros. Cependant Protat n'avait jamais fait la plus légère récrimination. Ne se fiant point à la science du médecin de Montigny, il avait fait appeler un docteur de Fontainebleau, dont les visites le forçaient à ouvrir largement le sac aux écus, et, pour les avoir de meilleure qualité, il faisait venir les *médecines* de Paris. Il aurait certainement vendu avec joie son dernier arpent pour prolonger l'existence de sa femme. On avait su tout cela dans le pays, où il avait été longtemps parlé des soins dont il avait entouré la défunte jusqu'à ses derniers moments et de la profonde douleur qu'il avait témoignée à sa perte. Aussi ce furent peut-être ces mêmes souvenirs qui rendaient inexplicables les paroles que dans un moment de mauvaise humeur il avait laissé échapper à propos de la maladie prolongée de la petite Adeline.

— Est-ce la faute de cette petiote, si elle est souffrante ? disaient les uns. Ce n'*est* pas les drogues qu'elle prend qui ruinent son père, puisqu'à la Saint-Jean dernière il s'est encore *agrandi* en achetant le pré aux frères Thibaut, même qu'il l'a payé d'un seul coup pour l'avoir à meilleur compte.

— Eh ! reprenait un autre, quand bien même il ne lui resterait plus en plaine un épi ni un brin d'avoine, quand il serait réduit, pour toute possession, à ses deux bras et à ses outils, est-ce qu'il devrait, comme ça, laisser voir son mauvais cœur ? A la fin des fins, c'est-il bien vrai qu'il aimait tant la mère, puisqu'il ne peut pas souffrir l'enfant ?

Il y avait dans tous ces discours l'exagération qui de bouche en bouche arrive à faire une poutre d'un fétu. Il fut un jour reporté au père Protat qu'on avait dit dans le pays que le chagrin qu'il avait montré après la mort de Françoise n'était pas sincère, puisqu'il martyrisait son enfant depuis qu'elle n'était plus en vie. Cette révélation le mit dans une de ces fureurs qui rendent un homme assassin. Il s'enquit de la personne qui avait tenu le propos, et jura qu'il le lui ferait rétracter devant tout le monde. Ayant appris que c'était un de ses voisins, le dimanche qui suivit, il fut l'attendre sur la place de l'église, à la sortie de la messe. Au moment où il l'aperçut, il lui sauta à la gorge, et, sans lui dire pourquoi, il lui administra une correction terrible. Le curé, qui venait de quitter l'église, intervint pour rétablir la paix.

— Monsieur le curé, dit le sabotier, ce n'est pas une

vengeance, c'est une justice. Ce gredin-là a dit que je n'aimais pas ma femme et que je rendais ma fille malheureuse. Je ne le lâcherai que lorsqu'il aura demandé pardon à Dieu devant sa maison de son mensonge abominable, et, s'il n'obéit pas tout de suite, je lui coupe entre ses propres dents sa méchante langue d'aspic.

Voyant que le sabotier était disposé à lui faire un mauvais parti, le voisin s'exécuta, non sans protester, dès qu'il se vit libre, contre la violence dont il avait été victime.

Le lendemain de cette scène, qui fut diversement commentée sans amener aucun retour dans l'opinion qu'on avait sur lui, le père Protat s'en alla à Nemours. Il en revint le soir même, ramenant avec lui un gentil petit chariot auquel était attelée une chèvre blanche portant de jolis harnais. Le chariot était rempli de joujoux de toutes sortes. Le père Protat avait dépensé plus de cent francs pour prouver à tout le monde qu'il adorait sa fille. On vit donc bientôt la petite Adeline parcourir le village de Montigny dans la voiture traînée par la chèvre blanche. Cela causa sans doute un grand émoi, surtout parmi les enfants, qui ne pouvaient se lasser d'admirer le chariot et son charmant attelage ; mais, durant cette marche triomphale, la petite Adeline ne semblait pas éprouver, même intérieurement, la joie qu'aurait dû lui causer ce riche cadeau, dont son père avait eu l'idée en voyant une gravure qui représentait *le roi de Rome* dans un équipage pareillement attelé.

En se promenant au milieu de tout le village avec un orgueil qu'il ne dissimulait pas, le sabotier s'étonnait de ne point rencontrer dans les yeux de sa fille le remercîment du plaisir qu'il pensait lui procurer. Nonchalamment renversée dans sa voiture, la petite se voyait regardée et se devinait enviée sans que rien dans sa personne indiquât cette satisfaction d'amour-propre qui rend les enfants, aussi bien que les hommes, sensibles à tout témoignage d'attention. Comme ils passaient devant une maison, une petite fille qui jouait auprès de sa mère voulut s'approcher pour caresser la chèvre, et, comme elle trahissait malgré elle le plaisir qu'elle aurait eu à se trouver à la place d'Adeline, sa mère la rappela auprès d'elle, la prit dans ses bras, où elle l'embrassa trois ou quatre fois en lui disant de manière à être entendue du sabotier : — Ne sois pas jalouse, ma fille, les caresses valent mieux que de beaux joujoux.

Le père Protat sentit aussitôt la colère bouillonner dans ses veines, car ces paroles, qui s'adressaient à lui comme un reproche indirect, avaient été entendues et comprises de plusieurs personnes. Il arrêta le chariot, s'approcha d'Adeline, et l'embrassa aussi en lui disant : Embrasse ton père, mon enfant ; mais, malgré lui, l'agitation qu'il essayait de contenir donnait de la brutalité à ce mouvement de tendresse, et sa parole, devenue brève, avait le ton impératif du commandement. La petite fut effrayée, et son effroi devint visible. Pendant qu'elle lui rendait son baiser, le père Protat s'aperçut qu'elle tremblait dans ses bras, et, quand il la regarda de plus près, craignant qu'elle ne fût plus malade, il vit qu'elle était pâle et faisait des efforts pour ne pas pleurer.

Aucun détail de cette scène rapide ne fut perdu pour ceux qui observaient le père et l'enfant, restés aussi tristes l'un que l'autre. — C'est le baiser de Judas, murmura la mère de la petite fille à l'oreille d'une voisine. — Heureusement le sabotier n'entendit pas cette monstrueuse parole. Il ramena sa fille, et, comme la petite chèvre ne marchait pas à son gré, tant il avait hâte d'être rentré chez lui, il la battit durement pour la faire aller plus vite. Il arriva enfin à sa maison fou de rage et de chagrin. — Malheureux que je suis! s'écria-t-il en se frappant la tête avec ses poings, on croit que je n'aime pas mon enfant, et moi je suis sûr que c'est mon enfant qui ne m'aime plus!

Pendant qu'il se désolait ainsi, la petite Adeline était couchée, en proie à une douleur nerveuse qui la surprenait par intervalles ; mais, intimidée par la présence de son père et craignant d'être grondée si elle faisait du bruit, elle n'osait se plaindre ni remuer, bien que ces sortes de crises chez les enfants comme chez les grandes personnes trouvent une espèce de soulagement dans les cris.

Quoi qu'elle fît cependant pour se contraindre, il arriva un moment où la douleur fut si vive, que l'enfant laissa échapper une plainte étouffée qui parvint à l'oreille du père. Il s'élança aussitôt vers la barcelonnette : mais la petite Adeline, ayant entendu ses pas, s'était blottie sous la couverture et mordait son drap pour comprimer les cris que lui arrachait la douleur. En se voyant découverte, elle imagina que son père était mécontent à cause du bruit qu'elle avait fait, et pour conjurer la colère qu'elle croyait lire dans ses traits bouleversés par le chagrin, elle croisa les mains et lui dit d'une voix suppliante : — Mon papa, ne me grondez pas, je vous promets de ne plus être jamais malade!

Ces simples paroles, qui semblaient reprocher innocemment au sabotier le manque de patience qu'il avait témoigné plusieurs fois dans des circonstances semblables, le rendirent stupide d'épouvante. Cette pauvre enfant qui, depuis cinq ans qu'elle était au monde, ne connaissait encore la vie que par la douleur, et qui s'accusait de son mal comme d'une faute, c'était un spectacle navrant dont la vue faillit un instant ébranler la raison du père. — Malheureux ! malheureux que je suis ! s'écria-t-il en donnant un libre cours à ses larmes, toi qui es dans le ciel, et qui connais la vérité, ô ma chère Françoise, prie le bon Dieu qu'il ait pitié de moi, et qu'il me rende le cœur de notre enfant.

Le sabotier passa toute la nuit auprès du lit d'Adeline, qui se réveilla le lendemain en proie à une fièvre alarmante. Le médecin appelé en toute hâte parut embarrassé. Il fit son ordonnance et se retira sans avoir prononcé une parole rassurante. Protat embrassa sa fille pendant qu'elle dormait, et, ayant laissé une garde auprès d'elle, il sortit pour se rendre à l'église. Le sabotier n'était pas dévot ; mais à défaut de piété, il avait la croyance religieuse qui se fie à la Providence, et sait qu'aux plus grands maux d'ici-bas le dernier remède peut tomber d'en haut. De son vivant, sa femme l'avait déshabitué de mal parler des prêtres, qui dans certaines campagnes subissent encore les rigueurs d'un préjugé grossier répandu dans l'esprit populaire par les doctrines philosophiques du dernier siècle, continuées par l'ancien libéralisme. Quand le sabotier rencontrait le curé de Montigny, il ne manquait jamais de le saluer et lui témoignait tout le respect que méritait ce vieillard. Le desservant de ce village était un prêtre irlandais ordonné en France. Son dévouement et sa charité avaient eu l'occasion de faire leurs premières armes dans sa malheureuse patrie, que Dieu semble avoir placée exprès au milieu des flots pour qu'elle ne donnât pas aux autres peuples la contagion de sa misère. Le désintéressement de cet obscur et pieux serviteur du ciel le rendait quelquefois lui-même aussi nécessiteux que le plus pauvre d'entre ses paroissiens. Il n'avait presque rien à lui ; mais le peu qu'il possédait était le bien de tous, car son évangélique charité laissait toujours la clef sur la porte. Aussi le sabotier, s'étant aperçu souvent que, durant les grands froids de l'hiver, la cheminée de la cure était, dans tout le pays la seule, où l'on ne voyait pas de fumée, y envoyait de temps en temps une *ânée* de bourrées ou un stère de bois coupé dans ses baliveaux. Comme Protat se dirigeait vers l'église, il rencontra le curé, qui venait d'en sortir, et celui-ci parut surpris de voir son paroissien, qui ne venait ordinairement à l'église que pour assister à la messe du bout de l'an dite en mémoire de sa femme.

— Est-ce que vous aviez à me parler ? demanda le prêtre.

— Non, monsieur le curé, pas à vous, mais au bon Dieu. Je viens lui demander d'avoir pitié de ma petite fille, qui va bien mal.

— Dieu vous entende et vous exauce ! répondit le prêtre. Je le prierai aussi pour qu'il vous conserve votre enfant. — Et il ajouta doucement, avec une intention qui semblait vouloir reprocher au sabotier la rareté de ses apparitions à l'église : Dieu n'est pas comme les hommes qu'on ne rencontre jamais quand on a besoin d'eux. Si rarement qu'on vienne le voir, on est toujours sûr de le trouver. Entrez, père Protat, ajouta-t-il en désignant la porte de l'église ; vous serez seul !

— Je n'ai pas peur qu'on me voie, répondit fermement le sabotier. Je voudrais, au contraire, que tout le village fût là pour écouter ma prière. Quand on l'aurait entendue, on ne dirait peut-être plus les vilaines choses qu'on dit.

Le curé était vaguement informé des calomnies dont son paroissien était l'objet.

— Je sais que vous êtes un honnête homme et un tendre père, dit-il à Protat. Celui que vous allez prier le sait aussi, et c'est pourquoi il vous écoutera.

— Merci de m'avoir dit ça, monsieur le curé, dit le sabotier avec émotion, cela me donnera de la confiance. — Et il entra dans l'église.

C'était un petit temple rustique où l'on ne voyait aucune apparence de luxe. Les murailles, blanchies à la chaux, étaient nues, sauf une douzaine de lithographies grossièrement coloriées et encadrées de sapin, qui représentaient les douzes stations du chemin de la croix. Le grand autel, situé au fond de la nef, n'avait aucun ornement d'art. La nappe était bien blanche, mais sans broderies, et reprisée en mille endroits. Les chandeliers étaient de bois tourné, la croix en métal imitant l'argent, et, pour la conserver plus longtemps, on l'enveloppait d'un morceau de gaze que l'on retirait seulement les jours de fête et les dimanches. Le cœur était entouré d'une demi-douzaine de stalles de chêne verni, sans aucune sculpture. Au milieu brûlait la lampe du tabernacle, seul objet de valeur que possédât la fabrique. Cette lampe était en argent, et avait été offerte à l'église de Montigny par l'évêque du diocèse pendant une de ses tournées. Dans cette modeste maison édifiée à son culte, Dieu paraissait aussi pauvre que le jour où il vint au monde dans une étable. L'impression que l'on éprouvait au milieu de cette simplicité n'était peut-être point la même que celle qui s'empare de l'âme sous les voûtes des grandes basiliques ; mais là du moins la pensée n'était point distraite forcément par l'admiration que sollicitent les chefs-d'œuvre et les merveilles du génie humain, qui, dans les cathédrales, rehausse et glorifie la grandeur de la Divinité. A genoux sur le carreau nu, le chrétien venu là pour prier sentait que sa prière était moins éloignée de celui qui devait l'entendre.

Au moment où le père Protat pénétrait dans l'église, des bruits singuliers troublaient le silence du lieu saint : c'étaient des bataillons de rats qui couraient dans les charpentes délabrées de sa couverture. Ces hôtes incommodes étaient devenus si audacieux, que le bedeau était obligé de retirer chaque soir les cierges des chandeliers, pour qu'ils ne vinssent pas les manger pendant la nuit. Le sabotier alla s'agenouiller devant la chapelle de la Vierge. C'était précisément celle où il avait été marié il y avait dix-sept ans. On était alors dans le mois de mai, consacré spécialement au culte de Marie, et la chapelle était ornée de fleurs dont le parfum pénétrant embaumait tout ce coin de l'église. Le père d'Adeline pria longtemps, avec une ferveur vraie et cette éloquence touchante qu'une douleur sincère

4

met aux lèvres des êtres les plus grossiers. Il pleura ces chaudes larmes qui brûlent les joues, et trouva des invocations passionnées qui eussent attendri l'être le plus insensible. Il y eut un moment où, par un jeu de la lumière extérieure, l'un des vitraux de la chapelle projeta son coloris rosé sur la figure de la Vierge, et pendant une minute la blancheur du plâtre se revêtit d'une apparence de chair vivante. Au milieu de son exaltation, le père, qui implorait pour sa fille la Vierge dont le cœur maternel avait été percé par les sept glaives douloureux, crut la voir compatir au récit de ses souffrances, et il lui sembla qu'elle lui promettait sa protection dans un sourire de miséricorde. Avant de quitter la chapelle, le sabotier fit vœu, si sa fille était sauvée, de recueillir et d'élever le premier orphelin dont il aurait connaissance dans le pays. Protat sortit de l'église en emportant une fugitive espérance qui devait presque se trouver réalisée à son retour à la maison. Il y trouva Adeline plus calme que lorsqu'il l'avait quittée, et l'enfant exprimait le bien-être qu'elle ressentait en entr'ouvrant ses lèvres comme pour un sourire. Pour la première fois aussi depuis bien longtemps, elle offrit à son père une physionomie plus sympathique, et elle lui demanda ses joujoux sans que sa voix parût exprimer la crainte de se voir refusée. Chacun des jours qui se succédèrent apporta une amélioration sensible dans l'état de la petite Adeline, et au bout de deux semaines elle parut, pour quelque temps du moins, complétement rétablie.

V

La fille adoptive.

Un matin, le sabotier, qui avait droit de pêche sur le littoral, traversait la rivière dans un bachot pour aller visiter ses lignes de fond; comme il arrivait à la hauteur d'une passerelle que l'on a depuis remplacée par un pont suspendu, un cri terrible, jeté en même temps par deux voix, lui fit relever la tête; ce double cri avait été poussé par deux dames qu'il aperçut alors sur la passerelle, où elles donnaient les signes d'une indicible épouvante. Voici ce qui était arrivé. L'enfant de la plus jeune des dames, petite fille de cinq ans, était tombée dans l'eau. Comme elle s'appuyait, pour examiner le paysage, sur une mince perche déjà rompue, qui formait une rampe de parapet, le bois avait céde sous le poids de son corps, si léger qu'il fût, et avant que celle-ci eût pu la retenir, elle avait échappé à sa mère. La rivière du Loing n'est pas très-profonde ; mais dans l'endroit où l'accident avait eu lieu, le lit, plus resserré, active encore la rapidité de l'eau. L'enfant était déjà à plus de vingt pas lorsque le sabotier s'aperçut de sa chute ; il fit un signe à la mère pour lui indiquer qu'il allait porter du secours à l'enfant. Protat se trouvait alors au milieu de la rivière et dans une place où elle est, en toute largeur, embarrassée par de hautes herbes tellement serrées, que la navigation du plus frêle batelet n'y est praticable qu'à l'aide de la gaffe. Le sabotier jugea que le jeu des avirons serait gêné, et qu'avant d'avoir franchi cet obstacle, la petite fille aurait dix fois le temps de périr. A la grande inquiétude des deux femmes, qui ne comprenaient rien à cette manœuvre, au lieu de descendre le courant dans son bachot, il fut s'aborder à une rive, et, prenant sa course avec rapidité dès qu'il eut touché terre, il atteignit en quelques secondes l'endroit en face duquel passait alors la petite fille, que ses robes avaient d'abord maintenue à fleur d'eau, mais qui commençait à s'enfoncer. Protat se jeta à l'eau ; en trois brasses, il atteignit l'enfant qui allait disparaître. En abordant au rivage opposé, il y trouva les deux femmes accourues au-devant de lui. La jeune mère était folle de douleur ; en voyant que sa fille respirait encore, elle devint folle de joie. Le sabotier lui offrit d'entrer dans sa maison pour porter les premiers secours à la petite noyée. Dès qu'on y fut arrivé, Protat fit flamber une bourrée dans sa grande cheminée, et mit toute la garde-robe d'Adèline au service des dames. Au bout de deux heures, l'enfant avait complétement repris connaissance. Comme sa grand-mère était sortie un moment dans la rue pour expliquer aux paysans rassemblés devant la maison ce qui s'était passé, l'un d'eux coupa brusquement les éloges qu'elle prodiguait au sauveur de sa petite fille :

— Il a de la chance, le sabotier ; pour un méchant bain de pieds qu'il aura pris, on lui donnera une grosse récompense.

— Eh ! oui, ajouta un autre, et si c'était sa petiote qui était tombée l'eau, il aurait peut-être regardé à deux fois avant de se mouiller.

La vieille dame ayant précisément interrogé parmi les paysans ceux-là qui étaient le plus indisposés contre le père d'Adeline, leurs confidences la convainquirent que ce même homme, qui venait d'arracher sa petite fille aux flots, était un père dénaturé, et elle ne fut pas éloignée de croire, comme elle venait de l'entendre dire, que ce sauvetage avait été moins inspiré par un dévouement spontané que par un intérêt réfléchi. En rentrant dans la maison, elle examina plus attentivement la petite Adeline, qu'elle avait à peine eu le temps de remarquer, et, la trouvant pâle et chétive, elle attribua cette apparence de langueur aux mauvais traitements et à la négligence dont on avait rendu le père coupable à ses yeux. Sur ces entrefaites, le gendre de la vieille dame, qui se trouvait dans une maison du voisinage pendant l'accident, entrait tout effaré dans le logis du sabotier. En retrouvant son enfant vivante et déjà en état de répondre à ses caresses, il se jeta dans les bras

4.

de Protat et embrassa le paysan avec un élan de sincérité dont celui-ci fut profondément touché. — Que puis-je pour vous, brave homme? ajouta-t-il ; vous avez sauvé ma petite Cécile, et ce serait me rendre un nouveau service que de m'indiquer un moyen de vous prouver ma reconnaissance.

Dans l'homme qui lui parlait ainsi, Protat avait reconnu l'un des riches propriétaires des environs, le marquis de Bellerie, qui possédait un château à Moret, où il résidait pendant la belle saison.

— Monsieur le marquis, répondit-il avec une certaine dignité, j'ai fait ce que le premier venu aurait fait à ma place, et pour cela je n'ai couru aucun danger. Je suis d'ailleurs suffisamment récompensé par la joie d'avoir pu rendre un enfant à ses parents, car moi, qui suis père aussi, je comprends ce bonheur-là, ajouta-t-il en allant embrasser Adeline.

— Quelle hypocrisie! dirent les deux femmes qui avaient déjà eu le temps de se parler ; et la jeune marquise, ayant pris son mari à part, l'entretint à voix basse pendant une minute. Elle lui répétait sans doute les choses que lui avait apprises sa mère, car la figure du marquis exprima l'indignation, et lorsqu'il revint auprès du sabotier, celui-ci put remarquer le brusque changement opéré dans sa physionomie.

— Nous vous avons occasionné du dérangement, et il est juste que vous en soyez dédommagé, dit le marquis, faisant violence à ses sentiments et à ses manières, ordinairement affables, pour leur donner un caractère hautain dont Protat fut subitement choqué.

—Puisque vous voulez absolument me payer, monsieur le marquis...

Sur ce mot du sabotier, un dédaigneux sourire courut sur les lèvres du gentilhomme; il prit un petit portefeuille dans sa poche en tira un billet de mille francs et le jeta sur une table, tandis que ses regards semblaient dire à sa femme et à sa belle-mère :

— Voilà ce que cet homme attendait. Tous ces gens ont le même bas instinct de cupidité.

Le sabotier devina le sens de ce rapide coup d'œil. Un vieux levain populaire l'irrita contre ces nobles qui l'avaient si mal compris. Il regarda le marquis avec un front rouge de honte et empreint d'une hauteur au moins égale à la sienne; puis, après un moment de silence, il répondit d'une voix contenue en indiquant le billet de banque :

— Puisque vous voulez vous acquitter de cette *façon*, monsieur le marquis, je vais vous faire votre compte, — et ce ne sera pas long. J'ai brûlé deux bourrées de trois sous pour sécher votre demoiselle ; ça nous fait six sous ; je lui ai prêté les vêtements de ma petite : une chemise, une camisole, un jupon, qu'il faudra faire blanchir, six sous aussi ; — ça nous fait douze ; — plus deux verres d'eau sucrée pour les dames, quatre sous ; — ça nous fait seize.— Quant à mon temps perdu, je ne le compte pas ; j'ai le moyen de flâner. Nous disions donc, monsieur de Bellerie, que vous me deviez seize sous. Si vous n'avez pas de cuivre, ajouta-t-il en prenant le billet de banque, je vais vous rendre. — En parlant ainsi, la joie railleuse et rageuse de Jacques Bonhomme humiliant son seigneur éclatait dans la physionomie du sabotier ; mais le marquis se borna à lui répondre froidement :

— La marquise et moi, nous ne pouvons pas souffrir que l'on nous ait servis gratis.—Gardez cette somme, ajouta-t-il en indiquant le billet.

— Je ne suis que le serviteur de ma volonté, dit Protat, et je lui obéis toujours quand elle me dit de bien faire. Elle me conseilla tout à l'heure de secourir une créature en péril : je ne me le suis pas fait dire deux fois ; elle me défend maintenant de recevoir le prix d'une action que vous aviez d'abord appelée dévouement, et qu'il vous plaît ensuite de considérer comme une besogne : je ne me ferai pas répéter sa défense deux fois non plus.

— Que voulez-vous donc de nous ? demanda plus doucement le marquis, qui commençait à croire que les actes et le langage de cet homme étaient inspirés par un sentiment vraiment honorable, et qui craignit de l'avoir blessé.

— De la reconnaissance toute pure, répondit le sabotier ; un franc merci venu du cœur, et une pauvre petite caresse à ma fille, qui a prêté à la vôtre ses vêtements et son lit, et que vous n'avez pas seulement regardée les uns et les autres, ajouta-t-il avec un accent de reproche.

Le marquis regarda sa mère et sa femme, qui observaient Protat avec étonnement.

— Ah çà ! qu'est-ce que vous me disiez donc ? laissa échapper M. de Bellerie, et, par un signe, il indiquait aux deux femmes Protat qui s'était approché d'Adeline pour la caresser. Le sabotier se retourna sur cette parole ; il s'aperçut de l'attitude embarrassée de ces trois personnes, et lui dans leurs physionomies la surprise que paraissait leur causer son empressement autour de son enfant. Il se frappa le front avec un geste rapide, et s'écria avec vivacité : — Gageons qu'on vous a causé sur moi dans le pays.

Madame de Bellerie et sa mère gardèrent le silence ; mais le marquis répondit à l'interrogation de Protat par une inclination de tête affirmative.

— Tonnerre de Dieu ! s'écria le sabotier en se laissant tomber sur une chaise ; ces gredins-là me feront faire un crime.

Le marquis, sa femme et sa belle-mère, inquiétés par son état d'exaltation, s'empressèrent autour de lui pour le calmer. Pendant ce temps-là, la petite marquise, complétement remise de son accident, s'amusait dans un coin avec Adeline, qui lui montrait ses joujoux.

Quand il eut recouvré un peu de sang-froid, Protat n'eut pas besoin de parler longtemps pour détruire la mauvaise impression que de misérables calomnies avaient fait naître dans l'esprit de ses hôtes. La vieille dame, qui ne pouvait pas souffrir les paysans et qui parlait par proverbes, avait beau insinuer qu'il n'y avait pas de fumée sans feu, le marquis et sa femme avaient reconnu que le cœur d'un bon père pouvait seul trouver les élans de tendresse et d'indignation dont le sabotier avait fait preuve en leur parlant de sa fille et des bruits répandus contre lui par la méchanceté publique.

Lorsque le marquis et sa femme songèrent à se retirer, ils eurent toutes les peines du monde à emmener la petite Cécile, qui s'était déjà fait une amie d'Adeline et ne voulait pas la quitter. De son côté, la fille du sabotier avait trouvé dans cette communauté de jeux un plaisir tout nouveau pour elle, et semblait voir avec peine les préparatifs de départ qui allaient l'éloigner de sa petite camarade. En montant dans leur voiture, qui était venue les attendre à la porte de Protat, les parents de Cécile exprimèrent une dernière fois au sabotier leur reconnaissance, et la jeune marquise, ayant pris Adeline dans ses bras, l'embrassa avec une tendresse toute maternelle, à laquelle l'enfant répondit par des caresses qui parurent causer un mouvement de jalousie à son père.

Trois ou quatre jours après ces événements, comme on en causait encore dans tout Montigny, Protat, en revenant des champs, fut tout étonné de trouver chez lui madame de Bellerie, qui attendait son retour en causant avec un homme déjà âgé qui l'accompagnait. Après quelques mots d'amicale politesse, la marquise indiqua l'étranger à Protat.

— Monsieur, lui dit-elle, est le docteur C..., un des grands médecins de Paris et l'ami de notre famille. Il est venu passer quelques jours au château, et j'ai eu l'idée de vous l'amener pour qu'il examine votre petite fille. Je lui avais expliqué tout ce que vous m'aviez fait connaître de sa maladie. Tout à l'heure il a vu l'enfant, et il se trouve maintenant assez renseigné pour vous dire ce qu'il en pense.

Une grande inquiétude se peignit sur le visage du sabotier, qui regarda tour à tour le docteur et la marquise.

— Est-ce que monsieur aurait de mauvaises choses à me

dire sur ma pauvre petiote? demanda-t-il en s'inclinant devant le célèbre médecin, dont l'air froid n'avait, en effet, rien de bien rassurant. Avant de répondre, celui-ci indiqua du doigt la petite Adeline, qui jouait dans la chambre avec la fille de la marquise. Devinant que l'on s'occupait d'elle et intriguée par les questions que le médecin lui avait adressées avant l'arrivée de son père, l'enfant semblait, tout en jouant, tenir une oreille à l'affût des paroles. Madame de Bellerie, ayant deviné la pensée du docteur, prit les deux enfants par la main, et les emmena dans le petit jardin qui était derrière la maison. Quand ils furent seuls :

— Êtes-vous courageux, brave homme? demanda le médecin en regardant Protat fixement.

— Seigneur mon Dieu! s'écria celui-ci en se laissant tomber sur une chaise. C'est comme ça que m'a répondu le docteur de Fontainebleau quand je lui demandais ce qu'il pensait de ma pauvre défunte, et trois jours après... on l'a mise en terre... Est-ce que ma pauvre petite?...

— Rassurez-vous, reprit le docteur, l'état de votre enfant n'est pas désespéré; mais il va vous obliger à prendre une détermination qui doit coûter à un père. C'est pourquoi je vous ai demandé si vous aviez du courage. — Écoutez-moi : votre fille est atteinte du mal qui a tué sa mère. Celui de mes confrères qui la soigne doit le savoir aussi bien que moi.

— Mais tout dernièrement, interrompit Protat, il disait qu'en prenant de l'âge et de la force la petiote pourrait s'en tirer.

— Mon confrère avait raison de parler ainsi, bien qu'il

ne crût pas sans doute à ses paroles, dit le docteur C... Notre devoir, même en ayant les plus tristes convictions, est de ne jamais les laisser voir. D'ailleurs, au-dessus de la science, il y quelquefois le hasard... Votre enfant peut être sauvée; mais si elle reste auprès de vous, dans ce pays, à moins d'un miracle, elle n'atteindra pas la fin de son enfance.

En écoutant ces paroles dites avec l'accent de certitude qui donne aux déclarations de la science la solennité d'une sentence de mort, le sabotier sentit un frisson lui parcourir le corps. Il observa attentivement la figure du docteur comme pour découvrir dans ses traits quelle était la véritable pensée qui lui avait fait prononcer ces terribles mots: *Votre enfant mourra, si elle reste auprès de vous.*

— Monsieur, dit Protat en déguisant de son mieux l'émotion qu'il éprouvait, j'aime ma petite fille avec passion. C'est le seul enfant que j'aie eu d'une femme que je regrette encore comme au premier jour de sa perte. Rien ne me coûtera pour conserver la vie à cette pauvre créature, qui n'a encore fait que souffrir et pleurer depuis qu'elle est au monde. S'il fallait que je voie un jour son petit lit vide, je vous jure que je n'aurais plus qu'à me jeter dans notre rivière, dans l'endroit le plus creux; car, si je ne mourais pas, je deviendrais un bien méchant gueux... Je ferai donc tout ce qu'il faudra... tout, monsieur le docteur... Quoique vous soyez de Paris, je vous ferai venir ici pour la soigner, et je vous paierai vos visites sans vous demander de me faire grâce... Je ne suis pas si pauvre que j'en ai l'air. J'ai du bien dans le pays, sans compter du bon argent qui ne doit rien à personne. S'il le faut, tout y passera, jusqu'à mon dernier sou. Quand je verrai ma petite Adeline avec une grosse figure rouge, je ne croirai pas que ses couleurs auront été payées trop cher; mais, ce que je ne comprends pas bien, c'est que vous me disiez qu'elle ne pourra guérir que si elle s'en va d'auprès de moi. Faudrait-il la conduire à Paris pour qu'elle soit mieux soignée? Si c'est cela que vous avez voulu dire, nous allons faire nos paquets, ça ne sera pas long.

— Le séjour de Paris ne vaudrait pas mieux que celui de cette campagne, et encore moins, reprit le docteur; laissez-moi achever. Madame de Bellerie, qui m'a amené ici se dispose à aller habiter le midi de la France pour quelque temps. Tout à l'heure, quand elle m'interrogeait sur le compte de votre petite fille, je lui ai répondu : La seule chose qui pourrait sauver cet enfant, c'est le soleil chaud et l'air salubre d'un autre climat; mais comment dire à ce pauvre homme : Votre fille mourra, si elle ne va pas habiter l'Italie ou les îles d'Hyères? La marquise m'a interrompu pour me dire : Nous allons partir pour la Provence, où nous resterons peut-être deux hivers; ce brave homme a sauvé mon enfant de la mort; si la vie de sa fille dépend d'un peu de soleil, dites-lui que nous l'emmènerons avec nous. Maintenant, dit le docteur en regardant le sabotier, voilà ma commission faite. La marquise est la meilleure des femmes; elle aura pour votre enfant les soins de la plus tendre des mères. La reconnaissance qu'elle vous doit est une garantie de l'affection que votre enfant trouvera au sein de cette famille, où elle sera traitée comme la sœur de la petite Cécile. Autant l'évidence m'oblige à vous instruire de l'état dangereux où se trouve votre petite, autant je puis prendre sur moi de vous faire espérer sa guérison, si vous consentez à vous séparer d'elle en la laissant partir avec madame de Bellerie. Elle et moi, nous n'avons pas songé un instant que vous auriez besoin de réfléchir, acheva le médecin en voyant que le sabotier ne repondait pas.

Au même instant, la marquise rentrait dans la chambre avec les deux enfants.

— Votre petite se plaint du froid, dit-elle à Protat en lui montrant Adeline qu'elle avait enveloppée dans la pèlerine de Cécile. Protat prit Adeline sur ses genoux et l'embrassa silencieusement. Pendant ce temps, la marquise interrogeait le docteur du regard en lui désignant le sabotier, qui paraissait plongé dans ses réflexions. Le médecin fit un geste qui voulait dire : Il n'a pas encore répondu. Adeline, qui semblait mal à l'aise dans les bras de son père, laissa échapper une petite toux sèche, et les efforts qu'elle faisait se peignaient sur son visage par une contraction douloureuse. La crise passée, l'enfant, redevenue insouciante à ce mal dont elle avait l'habitude, parut s'admirer dans la riche pelisse de soie blanche dont elle était vêtue.

— Eh bien ! dit la marquise au sabotier en lui montrant sa fille, le docteur vous a dit ce qu'il fallait faire...

— Me séparer d'elle ! murmura le père avec tristesse, et en parlant il regardait le médecin, et semblait lui demander mentalement : C'est donc bien vrai, ce que vous m'avez dit ?

Un nouvel accès de toux, plus violent que le premier, interrompit la petite Adeline au milieu d'un éclat de rire, et une nuance d'un rouge foncé vint colorer passagèrement les pommettes de ses joues amaigries.

— Reconnaissez-vous le mal de la mère dans les souffrances de l'enfant? demanda le médecin à Protat, qui restait muet.

— Oui, monsieur, répondit-il faiblement, c'est bien malheureusement la même chose; mais si ma pauvre femme était là, je crois bien qu'elle ne laisserait point partir la petite : elle aurait trop peur de ne pas la voir revenir.

Sur ces entrefaites, le curé de Montigny, qui passait devant la maison de Protat, entra, comme il le faisait souvent, pour demander des nouvelles d'Adeline. En apercevant des étrangers, il se disposait à se retirer; mais la marquise et le docteur se joignirent pour le faire rester, et en quelques mots l'instruisirent de ce qui se passait.

— Comme père et comme chrétien, c'est votre devoir d'accepter, dit le prêtre gravement en s'adressant au sabotier. Il y a peu de temps, vous êtes allé demander à Dieu le salut de votre enfant. Il vous a entendu sans doute, car c'est la Providence qui se manifeste dans l'intérêt que vous témoigne madame la marquise. Repousser cette proposition serait commettre une double faute; ce serait à la fois méconnaître la générosité d'une personne qui veut utilement prouver sa reconnaissance, et la volonté du ciel qui lui en a inspiré la pensée. Protat, je vous ordonne de confier votre fille à madame.

— Mais si je laisse partir ma petite, ils vont dire dans le pays que j'ai été bien content de me débarrasser d'elle.

— Votre tendresse de père est-elle donc au-dessous de quelques méchants propos ? et d'ailleurs ne dirait-on pas encore plus, quand on saurait que vous avez refusé une offre dont le résultat pouvait conserver les jours de votre enfant ?

Ces derniers mots parurent convaincre le père d'Adeline. Il alla prendre la petite par la main, et la conduisit auprès de la marquise.

— Emmenez-la donc, madame, lui dit-il en essuyant du revers de sa main deux grosses larmes qui coulaient le long de ses joues ; emmenez-la.

— Nous ne partons pas tout de suite, dit la jeune femme; mais pour préparer votre fille à une absence qui pourra être longue, peut-être feriez-vous bien de la laisser passer quelques jours au château avant l'époque du départ. Je vous l'amènerai deux ou trois fois par semaine, ou vous viendrez la voir à Moret. De cette façon, elle et vous, trouverez déjà moins cruelle cette séparation quand le moment en sera arrivé.

— C'est juste, dit le médecin : un enfant de cet âge n'a pas ordinairement de volonté ; mais la précaution est bonne à prendre. — Et d'un regard il sollicita l'avis du curé, qui acquiesça par une inclination de tête.

— Mais il faudrait au moins que j'aie le temps de préparer ses petites affaires, dit le sabotier.

— Que cela ne vous inquiète pas, interrompit la marquise; Adeline a prêté une fois ses vêtements à ma fille, ma fille lui prêtera les siens. A compter d'aujourd'hui, ajouta-t-elle en pressant les deux enfants entre ses bras et en les flattant d'une même caresse, elles sont sœurs.

Sans rien comprendre à tout ce qui se passait autour d'elle et à cause d'elle, la petite Adeline se laissa emmener par la marquise. Quand elle fut dans la voiture, elle brisa le cœur de son père par l'impatience qu'elle témoignait à voir rouler le brillant équipage. Lorsqu'il eût disparu à ses yeux, Protat resta longtemps devant sa porte avant d'oser rentrer dans sa maison.

Un mois après, Adeline partait pour la Provence.

Avant son départ, son père était allé la voir cinq ou six fois à Moret ; chacune de ses visites lui avait rendu plus visible le sentiment d'indifférence avec lequel Adeline avait quitté la maison paternelle. Le changement de lieux, qui plaît communément aux enfants, l'aspect de mille choses nouvelles dont la jouissance lui était permise, le luxe qui l'entourait, la recherche de ses vêtemens, qu'elle portait avec une coquetterie enfantine, avaient cependant modifié ce qu'il y avait de taciturne dans son caractère ; le besoin de caresse, qu'un poëte appelle *le pain de l'enfance*, — besoin qu'elle avait dû refouler en elle, quand elle était chez son père, — trouvait à se satisfaire amplement dans cette maison, où, recueillie d'abord par reconnaissance, elle ne tarda pas à se faire aimer pour elle-même. Quand son père lui disait qu'on allait l'emmener bien loin et qu'elle resterait longtemps sans le voir, la petite demeurait pensive et ne répondait pas. Protat s'affligeait alors de ce silence, car il ne comprenait point qu'un enfant ne pût pas avoir le sentiment exact des distances et du temps. — Apprenez-lui à ne pas m'oublier, dit-il à la marquise, le jour où il alla dira adieu à sa fille.

— Je la ferai vivre pour vous aimer comme la plus tendre des filles, répondit madame de Bellerie, qui avait déjà remarqué l'espèce de réserve que la petite Adeline gardait en face de son père.

Dans les premiers temps qui suivirent le départ de sa fille, le chagrin du sabotier fut si vif, qu'il ne pouvait pas tenir à la maison. Il avait même commencé à hanter les cabarets pour tromper son ennui. Un événement qui fera connaître l'origine d'un des personnages de cette histoire fit rentrer Protat dans ses habitudes laborieuses. Un jour il était allé à Fontainebleau pour affaire, au lieu de revenir à Montigny par les chemins de la forêt, Protat, qui s'était attardé, préféra prendre la grande route, pour éviter de passer au pied du mont Merle, où une bande de loups, rendus féroces par la rigueur de la saison, avait été aperçue récemment. Comme il arrivait à la hauteur de la croix de Saint-Hérem, le sabotier crut entendre de petits cris plaintifs qui paraissaient sortir d'une cahute que des cantonniers avaient construite au coin de la Route-Ronde. Protat s'avança, guidé par la lune, dans la direction où il avait entendu les cris, et quand il pénétra dans la cabane, il y trouva, couché à terre et à peine enveloppé dans un mauvais lange troué, un petit enfant à demi mort de froid. Protat mit la petite créature sous sa limousine, et gagna en courant le village de Bourron, qui est à un quart d'heure de la croix Saint-Hérem. Une auberge de rouliers était encore ouverte; le sabotier y entra pour donner du secours à l'enfant qu'il venait de trouver. C'était un garçon ; il paraissait âgé de quinze ou seize mois ; et semblait chétif et mal venu.

— C'est égal, dit Protat, comme je le trouve, je le prends. Demain il fera jour, je ferai ma déclaration au maire de la commune, et si on ne découvre pas les parents de ce mioche, je le garderai.

— Qu'est-ce que les gens de Montigny disaient donc, que vous n'aimiez pas les enfants ? dit l'aubergiste. Ça ne s'arrange guère avec ce que vous voulez faire cependant.

Protat fronça le sourcil sans répondre, et, quand le petit garçon fut complétement réchauffé, afin de rester moins longtemps en route, le sabotier emprunta la carriole de l'aubergiste pour retourner à Montigny. Le lendemain, même, il fit sa déclaration au maire, qui l'autorisa à garder l'enfant.

— Il est bien laid comme le diable, dit-il au curé en lui contant l'aventure ; mais j'avais fait le vœu de recueillir un orphelin si ma fille retrouvait la santé. Depuis qu'elle est partie, j'ai reçu de bonnes nouvelles, et j'ai profité de l'occasion pour tenir ma promesse. Un abandonné, c'est tout comme un orphelin. D'ailleurs cet innocent-là me tiendra compagnie. J'avais pris la mauvaise habitude d'aller au cabaret, il me fera rester chez moi. Je l'ai couché dans le lit d'Adeline, et ma maison ne me paraît plus si triste depuis que ce petit lit n'est pas vide. Quand il aura l'âge, je lui apprendrai à faire des sabots. — C'est égal, ce marmot-là a eu de la chance que je sois passé sur la route à minuit, et pour que sa mère l'ait oublié dans cet endroit-là, elle avait sans doute un bien mauvais dessein, car depuis huit jours tout le monde sait que les loups courent la forêt.

Comme nos lecteurs l'ont déjà deviné sans doute, cet enfant abandonné était le petit apprenti Zéphir, que l'on a vu dans le premier chapitre de ce récit et que l'on retrouvera prochainement.

Environ quinze mois après le départ de la petite Adeline, la veille du jour de l'an, le sabotier reçut une lettre de Provence. Elle était de la marquise, et en renfermait une autre dont l'écriture irrégulière, mais cependant lisible, ressemblait à celle des enfants qui commencent à écrire. Cette lettre, qui ne contenait que quelques lignes, était signée *Adeline Protat*. C'était en effet Adeline qui adressait à son père un compliment de jour de l'an que lui avait dicté Madame de Bellerie. Cette épître enfantine finissait par ces mots : « Tu verras, mon cher papa, comme je suis devenue belle, et je ne tousse plus du tout. » Le sabotier courut montrer la lettre de sa fille à toutes ses connaissances. Il l'aurait volontiers affichée à la porte de la mairie pour que tout le monde pût la voir. Ayant rencontré le garde champêtre du pays qui venait battre un ban sur la place, Protat l'interrompit dans l'exercice de ses fonctions pour lui montrer la lettre d'Adeline.

— Gageons que c'est aussi bien écrit que vos procès-verbaux, père Talot, lui dit le sabotier rouge d'orgueil.

— Pardi oui, ma foi ! Et c'est la petiote qui n'avait plus que le souffle qui est déjà si instruite ! — Elle ne doit pas être loin d'être guérie pour lors. — C'est que l'orthographe y est presque, ajouta le bonhomme d'un air capable.

Protat le quitta pour aller montrer la lettre au notaire, qui sortait de son étude.

Huit mois après Adeline était de retour après une absence de plus deux ans. Protat ne la reconnut pas, tant elle était changée. Cette chétive créature, qui semblait ne pas tenir à la vie plus que ne tient à la branche une feuille tourmentée par le vent, était devenue une belle enfant, non point d'une épaisse et robuste carrure comme l'aurait souhaité son père, mais distinguée à ne plus reconnaître sa race. Un mot, peindra l'impression qu'elle causa au bonhomme.

— J'ai presque envie de l'appeler mademoiselle, disait-il à la marquise.

— Je vous la ramène, lui dit celle-ci, mais je ne vous la rends pas.

Par mille raisons que sut trouver la marquise et dont quelques-unes flattaient la vanité du sabotier, elle lui persuada de lui laisser Adeline, à qui elle voulait faire partager l'éducation que recevrait sa fille Cécile.

— Que fera-t-elle de tant de savoir ? demanda le sabotier.

Madame de Bellerie, un moment arrêtée par cette réflexion, sut néanmoins apaiser les scrupules de Protat.

Après avoir passé quelques jours à Montigny, Adeline accompagna la marquise à Paris. L'été suivant, elle revint habiter Moret, où Protat la voyait fréquemment. Selon la promesse de la marquise, Adeline était devenue la plus tendre des filles. Son père aurait bien voulu la reprendre avec lui ; mais, chaque fois qu'il en manifestait l'intention, la marquise lui répondait : — Demandez à Cécile si elle veut se séparer de sa sœur.

Protat s'en revenait seul, moitié triste, moitié content : — triste, parce qu'il lui semblait qu'Adeline ne paraissait point pressée de quitter sa famille d'adoption ; content, parce que sa fierté paternelle trouvait son compte à voir son enfant élevée comme une fille de grande maison.

Cet état de chose se prolongea ainsi pendant six années. Adeline passait les étés au château de Moret, et l'hiver elle retournait à Paris. Habituées à la voir traiter avec une affectueuse familiarité par cette famille, les personnes qui fréquentaient la maison de madame de Bellerie lui témoignaient un intérêt où la politesse était sans doute pour beaucoup, mais dont les apparences ne laissaient point soupçonner qu'elles s'étonnaient de voir son séjour se prolonger aussi longtemps à l'hôtel de Bellerie. Quant à la jeune Cécile, son attachement était sérieux ; c'était plus qu'un sentiment d'habitude qui lui faisait chérir cette compagne avec qui elle avait presque échangé les premiers mots qu'elle eût prononcés et les premières idées qu'elle avait pu concevoir. Désintéressée comme on l'est à l'âge où l'on ignore les nécessités de la vie et les obligations du rang que l'on y occupe, Cécile aurait joyeusement fait l'abandon d'une moitié de sa fortune à venir pour que la fille du sabotier fût aussi bien sa sœur de sang qu'elle l'était de sympathie. Aussi la voyait-on s'attrister jusqu'aux larmes lorsque, dans ses conversations intimes, Adéline lui faisait comprendre qu'un jour viendrait où leur séparation serait imminente.

— Pourquoi me quitterais-tu ? demandait Cécile. N'es-tu donc pas bien dans cette maison ?

— Mais toi-même tu n'y resteras plus, répondait Adeline. Bientôt l'on songera à te marier, si l'on n'y songe pas déjà. Et ton mari....

— Je n'épouserai qu'un homme qui fera mes volontés, répliquait la pétulante jeune fille, et la première que je lui imposerai sera de te laisser vivre auprès de moi.

Adeline souriait à ces folies.

— Et mon père, ajoutait-elle, il resterait donc seul?

Cécile baissait la tête en répondant : — C'est vrai.

— Quand le moment de nous quitter sera venu, reprenait Adeline, il sera bien temps de nous chagriner ; n'y pensons donc pas d'avance.

Et, tout entières à l'heure présente, les deux jeunes filles oubliaient l'avenir pour ne plus songer qu'au bonheur de vivre l'une auprès de l'autre en partageant les mêmes plaisirs, les mêmes études, et en faisant ensemble ces jolis rêves qui troublent les cervelles de quinze ans. — Quand mademoiselle de Bellerie eût achevé son éducation, ses parents songèrent à la produire dans le monde. Adeline, qui était admise aux réunions intimes de l'hôtel de Bellerie, ne pouvait pas suivre sa jeune amie dans les fêtes parisiennes où la marquise conduisait sa fille. Comme elle avait beaucoup de sens naturel, développé encore par l'instruction qu'elle avait reçue, la vanité d'Adeline ne souffrait aucunement de cet ostracisme dont Cécile, au contraire, s'affligeait au point de se faire malade quelquefois pour refuser les invitations qu'elle ne pouvait pas faire partager à son amie. Douée d'un cœur excellent, cette jeune fille aurait voulu pouvoir refaire les lois de la société au bénéfice de ses affections. Née de grande race, elle se révoltait avec une vigueur singulière contre les préjugés qu'elle disait rapportés des croisades, et s'étonnait naïvement de ne pouvoir emmener Adeline dans le monde, lorsque devant tout ce monde elle l'emmenait au théâtre, au concert ou à la promenade. — Un jour, elle s'emporta, assez vivement pour s'attirer les représentations de sa mère, contre un jeune homme qui, l'ayant rencontrée avec Adeline, avait salué celle-ci plus légèrement qu'il n'avait fait pour elle. La mercuriale maternelle augmenta encore le dépit qu'avait causé à Cécile la nuance de politesse qu'elle considérait comme un affront fait à Adeline. Plus tard, dans les soirées où elle rencontra ce jeune homme, elle le mit obstinément au ban de tous ses quadrilles. Lorsqu'elle entra dans sa seizième année, ses parents s'occupèrent de son établissement. Le premier prétendant qui s'offrit fut précisément celui pour qui elle éprouvait un commencement de sympathie. Les paroles échangées entre les deux familles, le mariage de Cécile fut fixé à six mois; mais les derniers jours de sa vie de jeune fille furent réclamés par une de ses parentes paternelles qui habitait la Touraine. Cécile voulait emmener Adeline avec elle; celle-ci, prévenue en secret par la marquise, fit entendre à son amie que cela n'était pas possible, et que le moment où elles devaient se séparer était arrivé. Leurs adieux furent touchants. Avec une égale sincérité, elles se jurèrent une amitié éternelle, et, avant de partir pour la Touraine, Cécile exigea de son fiancé qu'Adeline assisterait à son mariage. Celui-ci consentit naturellement, comme un homme qui ne voyait dans ce désir que l'enfantine puérilité d'une jeune fille sentimentale.

Un matin du mois de novembre, Cécile ramena Adeline chez son père, accompagnée de ses parents. M. de Bellerie, qui se portait candidat aux futures élections du département, voulant se rendre populaire, accepta sans façon la respectueuse invitation à dîner que le sabotier lui fit transmettre par sa fille. Le curé de Montigny fut également invité. Une heure après, tout le voisinage était instruit du retour d'Adeline, et on savait que le sabotier traitait un marquis. Ce fut pour la soirée un texte à glose dans toutes les veillées, qui commençaient précisément ce jour-là.

Le surlendemain, un fourgon amenait de Paris à Montigny tout le mobilier de la chambre qu'Adeline avait occupée à l'hôtel de Bellerie. En ouvrant l'un des tiroirs de sa commode, elle y trouva dix mille francs en billets de banque renfermés dans un petit portefeuille brodé par Cécile. Le portefeuille contenait en outre ces quelques mots :

« Ce sont mes économies de jeune fille ; prends-les sans compter, comme je te les donne. Cette goutte d'eau de moins dans ma fortune n'y fera pas le vide que ton absence laissera dans mon cœur. Un remerciement serait presque une offense, pense à ce que serait un refus. Il me ferait croire que je ne suis déjà plus pour toi ce que je veux rester toujours, de loin comme de près, ta sœur,

» Cécile. »

Adeline consulta néanmoins son père, pour savoir si elle devait accepter une si grosse somme. Protat se trouva embarrassé d'être pris pour juge dans une cause où il se considérait un peu comme partie, et où nécessairement son jugement se trouvait fait d'avance. Il feignit de partager l'hésitation de sa fille, il trouva des pour et des contre, et au milieu de cette apparence de discussion ingénieuse, il sut finalement amener Adeline à une acceptation, en insistant surtout sur le chagrin qu'un refus pourrait causer à la donatrice. « Si elle t'avait mis ça dans la main comme une aumône, il aurait fallu voir, dit-il ; mais c'est offert si gentiment, qu'il n'y a pas moyen de refuser. D'ailleurs nous ne sommes pas assez pauvres pour nous montrer orgueilleux. Faute de cet argent-là, tu n'aurais pas coiffé sainte Catherine ; mais quand tu te marieras, mon gendre ne sera pas fâché de trouver ces chiffons-là dans ta corbeille de noces, et de plus ils te permettront de te montrer difficile. »

Le retour de la jeune fille dans la maison paternelle y fut l'objet d'un bouleversement général. Protat voulut qu'elle habitât la plus belle chambre, et, ne la trouvant pas assez belle, il fit venir le meilleur tapissier de Nemours, pour que cette pièce fût ornée de façon à ne pas jurer avec le joli mobilier qui devait la garnir. Adeline laissa faire son père en tout ce qui concernait l'embellissement de son intérieur, mais, au grand étonnement du bonhomme, elle ne voulut pas consentir à porter ses toilettes de ville, et se fit habiller à la façon des filles du pays. Elle voulut même d'abord se charger de tous les soins de la maison ; mais soit faiblesse, soit inhabileté, elle n'y put tenir longtemps, et permit alors l'introduction d'une servante. On sait quelles raisons décidèrent Protat à prendre la mère Madelon. Le sabotier fut si heureux d'avoir enfin la jouissance de sa fille, qu'il en perdit presque la tête dans les premiers jours. Il avait laissé son établi, et passait tout son temps à regarder sa petiote se mouvoir avec grâce dans cette même chambre où ses premier pas avaient été pendant longtemps si chancelants. Il se rappelait comment il s'était montré injuste avec elle dans son jeune âge, et combien de fois il avait peu ménagé à sa chétive enfance les colères et les brutalités qui lui avaient mérité sa réputation de mauvais père. Il se demandait si les remords et les douleurs qu'il avait endurés depuis étaient une expiation suffisante. Il s'inquiétait surtout de savoir si aucun souvenir de ses premières années n'avait laissé de traces dans le cœur de son enfant. Il osait à peine l'interroger sur le passé, tant il craignait d'entendre sortir de sa bouche une seule parole qui lui prouvât que la jeune fille, maintenant florissante de santé, et qu'il étouffait de caresses, se rappelait le temps où elle comprimait les cris de sa souffrance pour ne pas éveiller sa mauvaise humeur. Sans cesse en observation devant sa fille, il l'étudiait dans toutes ses actions, dans les propos les plus insignifiants. Psychologue sans le savoir, il passait toutes les pensées d'Adeline au crible d'une minutieuse analyse, pour découvrir s'il ne restait aucune amertume au fond de cette âme qu'il avait froissée. La nuit, il se relevait pour aller la voir dormir. Il écoutait le souffle pur et régulier qui s'échappait de cette poitrine longtemps déchirée par une toux cruelle. Il ramenait sur ses épaules le drap qui s'était écarté, il la bordait dans sa couverture ; son idolâtrie devinait par intuition toutes ces délicatesses de soins et d'attentions qui viennent seulement à l'esprit des mères les plus tendres ou des amants les plus épris.

Une nuit, Adeline se réveilla pendant que son père était au pied de son lit.

— J'avais cru t'entendre tousser, dit-il, un peu embarrassé.

— Tu sais bien que je ne tousse plus, dit-elle en riant, et puis j'en aurais envie que je me retiendrais.

Quoique ces paroles eussent été dites très-naturellement et sans aucun dessein, Protat crut y voir une allusion au passé. Adeline le vit si triste, qu'elle comprit que son père avait vu un reproche dans ces quelques mots. Elle le convainquit qu'il s'était trompé avec des propos si câlins, elle le combla de caresses si douces, si filialement passionnées, que le bonhomme lui dit, moitié riant, moitié pleurant : — Oh! fais-moi du mal souvent, si tu dois me guérir comme ça.

Malgré toute l'affection qu'on lui témoignait dans la maison de madame de Bellerie, Adeline avait souvent remarqué des nuances qui établissaient une différence entre les soins dont elle était l'objet et ceux qui entouraient la fille de la maison, que ses parents aimaient jusqu'à l'adoration. En se voyant l'idole de son père, elle comprit et apprécia bientôt de quel amour elle avait été privée pendant tout le temps où elle avait été l'enfant d'une famille étrangère. Fille de cœur et de sens, elle sut convenir qu'elle n'était qu'une modeste figure villageoise qu'un caprice du hasard avait pendant quelque temps placée, ou peut-être déplacée dans un cadre brillant. Aussi oublia-t-elle promptement les recherches de son ancienne existence, les habitudes de luxe et d'élégance qui lui avaient été familières, et si elle ne les oublia point complètement, au moins ne donna-t-elle aucun signe extérieur qui pût faire supposer à son père qu'elle regrettait sa vie passée. Installée reine et maîtresse dans ce rustique intérieur, elle s'efforça d'y faire sa loi douce, et de n'y régner que pour donner de la joie à qui lui donnait tant d'amour. A son retour, elle avait retrouvé l'enfant recueilli par son père, le petit Zéphyr, qui avait alors onze ans, et qu'on avait, par une ironique antiphrase, ainsi nommé à cause de sa nonchalance et de la lourdeur de sa démarche. Ce petit bonhomme aimait l'oisiveté avec impudence, et son penchant à ne rien faire s'était manifesté dès ses premières années. Quand le sabotier, son père adoptif, avait voulu l'envoyer à l'école communale pour qu'il y apprit à lire et à écrire, Zéphyr n'était jamais sorti de classe sans être coiffé du bonnet d'âne, et chacune des vingt-cinq lettres de l'alphabet lui avait valu un millier de *palettes*. Toutes les remontrances du sabotier n'y faisaient rien, les plus rudes corrections le trouvaient insensible. Il avait l'activité en horreur. Le jeu même, cette passion de l'enfance, lui paraissait une fatigue ; mais pour dormir une heure de plus par jour, il aurait avec joie renoncé à un repas. Lorsque le bonhomme Protat l'avait mis à son établi de sabotier, autant pour l'utiliser comme apprenti que pour lui mettre entre les mains un état dont il pourrait vivre plus tard, Zéphyr resta plus d'une année avant de connaître par leur nom les outils de son métier. Dès que son maître tournait le dos, il s'échappait de la maison pour aller regarder pendant des heures les *bouillons* que faisait l'écluse du moulin. Un autre de ses plaisirs était de se coucher en plein soleil dans la prairie située de l'autre côté du Loing. Enfoui dans les hautes herbes qui le cachaient, il regardait courir les nuages chassés par le vent. Quand la faim le pressait par trop, il rentrait à la maison et subissait l'ouragan du père Protat avec la placidité d'une brute ou d'un roc. Zéphyr n'était cependant pas un idiot ; il avait au contraire beaucoup d'intelligence, mais il dédaignait de la laisser voir, comme s'il eût craint que son maître n'eût essayé d'en tirer parti. Un trait peindra le caractère de cet enfant bizarre, né pour mener la paresseuse vie du lazzarone napolitain. Un jour qu'il s'était montré encore plus négligent que de coutume, Protat lui dit très-gravement : — Va-t-en dans les Trembleaux couper un bâton de cornouiller, pour remplacer celui que je viens de te casser sur les épaules.

Zéphyr alla dans les Trembleaux, et rapporta six bâtons qui pouvaient passer pour des gourdins.

— Je ne t'en avais demandé qu'un, dit le sabotier, en voilà une demi-douzaine.

— C'est pour ne pas y retourner si souvent que j'en rapporte une provision, répondit tranquillement l'apprenti.

Adeline s'intéressa à Zéphyr, et essaya de le corriger de son incurable nonchalance. L'apprenti, rebelle aux durs accents de Protat, tenta de se montrer obéissant à la voix douce de cette jeune fille, qui tamponnait, pour ainsi dire, les gourmades paternelles avec des caresses.

Tels étaient les antécédents, utiles à connaître, des personnages que le peintre Lazare avait rencontrés dans l'intérieur du sabotier Protat, quand un hasard l'avait rendu, pour la première fois, l'hôte de celui-ci, deux ans avant l'époque où nous l'avons vu revenir à Montigny pour la troisième fois.

VI

Querelles domestiques.

Nous reprendrons le récit de cette histoire à l'endroit où elle commence véritablement, c'est-à-dire à l'arrivée du peintre Lazare à Montigny, où nos lecteurs se rappelleront sans doute la bienveillante réception que s'était hâté de lui faire le sabotier Protat. On n'aura pas oublié non plus que la jeune Adeline n'avait pu dissimuler entièrement le trouble ingénu que lui causait le retour de l'artiste, bien que ce retour eût été annoncé plusieurs jours à l'avance et qu'elle eût eu le temps nécessaire pour se préparer une attitude réservée. La vieille mère Madelon elle-même, comme on l'a pu voir au commencement de ce récit, avait contribué au bon accueil que tout le monde faisait au jeune *désigneux*, en tâchant de se distinguer plus que jamais dans l'accomplissement de ses fonctions de cordon bleu. Après être venue recevoir les compliments que lui méritait le triomphal déjeuner qu'elle avait préparé à l'appétit du voyageur, la bonne femme, on voudra bien se le rappeler encore, était retournée à ses fourneaux, emmenant avec elle sa jeune maîtresse pour qu'elle lui indiquât la façon de se servir d'une cafetière d'un nouveau modèle, inaugurée le matin dans la maison à l'occasion du retour de leur hôte. Enfin, et pour derniers souvenirs qui relieront complétement dans l'esprit du lecteur les détails contenus dans le premier chapitre, nous conclurons par lui rappeler que l'apprenti Zéphyr était, dans toute la maison, le seul qui se fût montré hostile à l'arrivée de Lazare. Sans que personne en eût pu soupçonner la raison, il avait quitté l'artiste au seuil du logis de son maître, et avait disparu aussi rapidement que si on l'eût escamoté.

— Mais, demandait Lazare à son hôte, en l'obligeant à trinquer encore une fois avec lui, pourquoi donc la fillette Adeline est-elle remontée là-haut si vite? J'ai eu à peine le temps de la féliciter sur sa bonne mine.

— Je suis sûr, répondit le sabotier en lapant son vin avec la satisfaction d'un propriétaire, je suis sûr que ma fille et la Madelon sont remontées pour vous mijoter encore quelque friandise.

— Vous me recevez beaucoup plus en ami qu'en pensionnaire, savez-vous? dit le jeune homme.

— En seriez-vous fâché, et l'amitié de pauvres gens comme nous vous serait-elle importune?

Lazare protesta par un mouvement rapide.

— Non, n'est-ce pas? continua le sabotier. En tous cas,

ce serait bien mal. Quand, il y a trois jours, votre lettre est venue annoncer votre arrivée, elle a éclaté ici comme une bombe de joie. La petite n'y tenait plus d'aise, et la mère Madelon en était quasiment rajeunie. Il n'y a que Zéphyr qui ne s'est pas réjoui, et comme ça m'ennuyait de lui voir faire la mine quand nous étions tous contents, j'ai été forcé de le talocher pour le mettre de bonne humeur.

— Est-ce que j'aurais eu le malheur de déplaire à M. Zéphyr? dit l'artiste en riant. Je m'étais bien douté qu'il n'était pas satisfait de mon retour à Montigny, mais qu'est-ce que ça peut lui faire?

— Ah! je m'en doute un brin, répondit le père Protat; il se méfie que vous allez, comme les autres années, lui faire trimbaler vos outils sur le dos quand vous irez en forêt, et lui qui trouve déjà sa peau trop lourde à porter, ça va le gêner. Ah! tenez, monsieur Lazare, je n'ai pas eu la main heureuse le soir où je l'ai ramassé tout bleu de froid sur le pavé de Bourron, et, sans reproche, le bon Dieu aurait pu aussi bien mettre un autre chrétien que lui dans le sale torchon où je l'ai trouvé. Ah! si je n'avais pas fait vœu de recueillir un orphelin, après l'avoir retiré humainement, comme je l'ai fait, de la gueule du loup, il y a longtemps que je lui aurais dit : Mon garçon, tu dois avoir quelque part des parents dans le monde. Tu me diras que le monde est grand; mais tu as des jambes, fais-moi le plaisir d'aller chercher ta famille !

— Allons, allons, père Protat, interrompit Lazare, vous ne dites pas ce que vous pensez, et ce n'est pas vrai que vous vous repentez d'une aussi bonne action dont Zéphyr se montrera reconnaissant tôt ou tard, quand il appréciera ce que vous avez fait et ferez encore pour lui.

— Reconnaissant ! allez-y voir ! Je gage qu'il ne connaît seulement pas plus le mot que la chose. Est-ce qu'il n'aurait pas eu le temps de me la prouver sa reconnaissance, depuis douze ans qu'il mange le pain de ma huche ? On ne peut pas dire qu'il pèche par ignorance quand il fait mal, car il est encore plus mauvais que bête. C'est pour ça que je le rudoie plus que je ne voudrais ; mais ce drôle-là tenterait la patience d'un saint. Depuis que j'essaie de lui apprendre mon métier, croiriez-vous qu'il n'est pas en état de mettre proprement une paire de sabots sur talon ? Ah ! c'est une mauvaise graine. Tenez, n'en parlons plus.

— C'est drôle cependant ! fit Lazare. Je me rappelle que l'an dernier je faisais de lui tout ce que je voulais.

— C'est vrai, répondit le sabotier, il a eu quelque mois de bonace ; c'est même pendant ce temps-là qu'il a appris le peu qu'il sait, comme lire et écrire, par exemple ; mais Dieu sait ce qu'il en a coûté à Adeline de patience et de morceaux de pain tendre ! J'étais même assez content de lui après votre absence ; les bons conseils que vous lui aviez donnés, l'habitude qu'il avait prise, en courant la forêt avec vous, de connaître la fatigue et de la supporter, l'avaient un peu corrigé de sa fainéantise. Il entendait volontiers raison quand je lui expliquais qu'un jour viendrait où il serait bien aise de savoir se servir de l'état que je lui mettais dans les mains ; enfin je commençais à croire que je pourrais tirer quelque chose de lui. En m'apercevant de ces changements favorables, dus en partie aux remontrances de ma fille, qui le câlinait comme s'il eût été son frère, je me disais en moi-même : Je m'y suis mal pris avec lui. Je l'ai tapé, il n'a pas bougé, Adeline le caresse, il remue. Pendant six mois, ça a bien été ou pas trop mal ; il commençait à évider proprement un morceau de frêne ou de châtaignier. Quand on lui disait de faire ceci ou ça, il n'était plus sourd, on ne l'entendait plus geindre du matin au soir, et, de mon côté, s'il m'arrivait de lui abattre une chiquenaude sur les oreilles, quand il restait un peu longtemps à faire une course ou à comprendre une explication, la chiquenaude partie, je m'en voulais presque à moi-même, et je l'envoyais jouer un moment pour se consoler. Quand je dis jouer, c'est-à-dire qu'il allait s'asseoir de l'autre côté de l'eau et regarder voler les hirondelles, sauter les grenouilles, ou qu'il s'amusait à voir tourner la roue du moulin. Mais un beau jour il paraîtrait qu'il s'est lassé d'avoir pris le bon chemin. Comme s'il eût regretté les coups et les bourrades, il s'est mis à les rappeler en reprenant ses mauvaises habitudes : il a rechigné à la besogne ; il fallait lui expliquer trois fois une chose pour qu'il ne la fît pas seulement une. J'ai décroché martin-bâton ; ah ! *ouiche !* c'était taper dans l'eau. Adeline s'est remise à le sermonner ; mais ces douceurs n'ont pas mieux réussi que ma branche de cornouiller, et encore moins. Ma fille et moi en désespérons maintenant. Aussi j'y suis bien décidé : un de ces matins, je lui ferai son sac, je mettrai dix écus au fond, et je le pousserai sur la route, à la grâce de Dieu ou à la volonté du diable.

— C'est singulier ! dit Lazare, qui avait écouté avec une apparence d'intérêt le récit de son hôte. Malgré la farce qu'il m'a faite tantôt, malgré la mauvaise disposition qu'il montre à mon égard, je m'intéresse à ce petit drôle ! Je ne peux pas croire qu'on naisse mauvais, comme une plante empoisonnée. Vous l'avez eu encore aux langes, vous êtes un brave et honnête homme qui n'avez pu que lui donner de bons conseils ; votre fille a eu pour lui les soins d'une bonne sœur ; ce n'est donc pas dans votre maison qu'il s'est gâté.

— Je ne pense pas comme vous, monsieur Lazare, répliqua le bonhomme Protat en secouant la tête, je crois qu'il y a des gens qui viennent au monde tout mauvais. Nous avons une voisine qui prend des nourrissons ; elle en avait un petit, dernièrement, qui n'a pas plutôt eu sa première dent, qu'il s'en est servi pour la mordre. Vous voyez donc bien !

Cette preuve, sur laquelle le sabotier s'appuyait naïvement, fit sourire l'artiste, qui ne voulut cependant pas entamer une discussion avec lui sur une matière aussi sérieuse que celle du mal originel. Il avait pour système que toute singularité a une cause connue ou cachée, et il pria le sabotier de patienter encore quelque temps avant d'abandonner son apprenti.

— Il n'a point le cœur ni l'esprit vicié, dit Lazare. L'an dernier particulièrement, pendant nos courses dans ce pays, j'ai causé avec lui comme on peut causer avec un gamin ; eh bien, je vous avouerai qu'il m'a souvent étonné, et que je lui ai entendu faire des remarques deux fois plus vieilles que son âge. Il a surtout une sensibilité extrême, ce qui est presque toujours l'indice d'un bon cœur. Il est paresseux, c'est vrai ; mais sa paresse n'est pas la fainéantise : c'est la paresse qui recherche l'immobilité de l'être, afin de pouvoir donner toute son activité à la pensée. Il est paresseux à la manière des gens qui rêvent.

— A quoi peut-il rêver? demanda Protat étonné.

— C'est son secret, répondit Lazare. Je pourrais m'étendre plus longuement à propos de certaines étrangetés que j'ai constatées dans la nature de votre apprenti, mais il faudrait entrer dans détails et des explications qui, sans vous offenser, père Protat, ne vous expliqueraient rien.

— Et pourquoi donc cela? fit le sabotier en manifestant un doute.

— Pourquoi? continua l'artiste. Mon Dieu... parce que... Enfin je vous promets que vous n'y entendriez rien.

— Je comprends tout ce que peut comprendre un homme qui a du bon sens et l'habitude d'en faire usage à la satisfaction des autres et à la sienne, répondit le père Protat avec un peu de dépit. Aussi je comprends, par exemple, que vous êtes un bon jeune homme qui vous intéressez au sort de ce petit drôle, et que vous tâchez de le blanchir de ses défauts, qui deviendront des vices. Je comprends que vous voulez profiter de ce que vous êtes ici pour lui faire de la morale, et lui expliquez qu'il me vole toutes les bouchées de pain qu'il mange; mais je ne crois pas que lui veuille vous comprendre. Et, comme s'il avait deviné vos intentions à son égard, voilà qu'il détale comme un lièvre forcé.

— Il est vrai que, loin de me faire accueil, comme je m'y attendais, dit Lazare, ma présence a paru l'effaroucher. Il y a sans doute dans sa fuite un motif qui se rattache au secret dont je vous parlais, et c'est aussi probablement ce même secret qui exerce une influence mystérieuse sur son caractère et ses façons d'agir. D'ailleurs sa disparition n'est qu'une boutade, il ne doit pas être loin, et si tard qu'il revienne, il reviendra toujours.

— Assurément qu'il reviendra ! dit le sabotier. Il reviendra dès qu'il sentira l'odeur de la soupe.

— Eh bien ! reprit l'artiste, dès qu'il sera revenu, je le prendrai à part, et je saurai bien découvrir pourquoi mon arrivée l'a mis en fuite.

— J'ai peur que vous n'en tiriez rien, dit Prôtat. Zéphyr restera muet comme un poisson. Quand il s'est mis dans la tête de ne pas répondre, il se laisserait tuer sur la place plutôt que de desserrer les dents même pour dire un mensonge.

— Il n'est pas menteur en effet, j'ai eu occasion de le remarquer, fit Lazare. L'absence de ce défaut-là excuse l'absence de bien des qualités. C'est un bon signe que la franchise. Un enfant qui ne ment pas deviendra difficilement un malhonnête homme. C'est chose si facile et si tôt faite de dire autrement que l'on a pensé ou agi, — quand la vérité peut nuire. — Si Zéphyr était menteur, combien de fois aurait-il pu, quand il avait mal fait, trouver des excuses qui l'eussent mis à l'abri de vos corrections ! En préférant ne pas s'y soustraire, il faisait preuve de courage en même temps qu'il se rendait justice. Eh bien ! ma foi, c'est encore là une qualité.

— Mais, monsieur Lazare, s'écria le sabotier, vous me surprenez beaucoup en vérité ; si je vous laissais aller, avant un quart d'heure vous m'auriez persuadé que ce petit gueux-là est un modèle de toutes les vertus.

— Je ne vais pas si loin, fit l'artiste, je constate celles qu'il possède, voilà tout. Je vous demande de ne point abandonner ce garçon avant mon départ. Je crois qu'à cette époque et même avant, vous aurez remarqué du changement dans sa personne. Si vous m'accordez cela, je vous demanderai en outre de ne plus vous occuper de lui et de le laisser complétement livré à mon influence.

— Je ne suis pas curieux, fit Protat, mais je voudrais bien savoir comment vous comptez vous y prendre. Songez donc, monsieur Lazare, que moi, à qui il devrait obéir comme à un maître, sinon comme à un père, il m'est impossible d'en faire rien qui vaille.

— C'est peut-être précisément le sentiment de cette autorité que vous le voulez forcer à reconnaître, qui éveille en lui le sentiment de la résistance. Peut-être possède-t-il des instincts qui ne peuvent trouver leur application dans l'existence qu'il mène. C'est tout cela que j'aurai à débrouiller. Comment je m'y prendrai? Autrement que vous, cela est sûr; — n'étant pour lui qu'un étranger, il se trouvera plus libre en face de moi. — Pour gagner sa confiance, je me ferai, s'il le faut, son camarade. Enfin, soyez tranquille, j'ai mon plan.

— Tenez, dit le sabotier, vous êtes véritablement trop bon de vous intéresser à ce vaurien-là.

— Ma bonté!... fit l'artiste en souriant. Mon Dieu! père Protat, ne me faites pas meilleur que je ne suis. Dans l'intérêt que je porte à votre apprenti, ma bonté est beaucoup moins en jeu que ma curiosité. Ce garçon m'intrigue : c'est une espèce de rébus que je veux deviner. Dame, à la campagne, quand il fait mauvais temps, que l'on ne sait que faire, on s'ennuie. Les distractions ne sont pas communes ici. Je m'amuserai à déchiffrer le problématique Zéphir. Autant vaudra cette occupation que d'aller jouer au piquet à la *Maison-Blanche*.

— Faites à votre désir, monsieur Lazare, conclut le sabotier ; mais ne parlons plus de Zéphyr, ça m'obligera.

— C'est entendu, répondit l'artiste. Nous ne reparlerons de lui que lorsque nous aurons du bien à en dire. Espérons seulement que cela ne tardera pas.

Comme la conversation s'achevait, Adeline parut, apportant le café.

Lazare, qui était particulièrement un fin gourmet à propos de cette liqueur, durant son précédent séjour dans la maison du sabotier s'était plaint plusieurs fois de la manière dont la mère Madelon préparait le café. En effet, la bonne femme s'obstinait à employer le procédé élémentaire, qui consiste à faire bouillir en même temps marc et café dans un vase de terre et à précipiter ensuite dans le breuvage une braise ardente pour obtenir la clarification. Comme toutes les vieilles gens que le progrès épouvante, sous quelque forme qu'il se manifeste, la mère Madelon, même dans les plus petites choses, avait l'amour des anciennes coutumes. Aussi, c'était-elle toujours refusée, tantôt sous un prétexte et tantôt sous un autre, à adopter l'invention que lui avait signalée Lazare ; mais le matin même, en allant au marché à Moret, Adeline, qui s'était rappelé les nombreuses recommandations de l'artiste à ce propos, avait, malgré une dernière opposition de la Madelon, qui voulait rester fidèle aux vieux *us*, acheté le fameux ustensile, et elle venait d'obliger la servante à en faire usage. Pour convaincre celle-ci de la supériorité du nouveau procédé sur l'ancien, quand le breuvage fut passé, Adeline voulut le faire goûter à la bonne femme : elle refusa d'abord, puis elle finit par consentir. Mais, soit qu'elle ne voulût pas se rendre à l'évidence, parce que cet aveu eût donné tort à l'obstination qu'elle avait montrée, soit par tout autre motif, elle trouva le café détestable, prétendit qu'il avait pris l'odeur du fer-blanc, et mêla beaucoup de mauvaise humeur à ses réflexions. Enfin une discussion, très-pacifique au début, s'éleva à ce propos entre elle et sa jeune maîtresse. Adeline, habituée aux familiarités de la Madelon, lui répondit d'abord très-doucement et avec toute sorte de mesure, pour ne point l'irriter car elle se montrait vraiment agressive quand elle rencontrait une contradiction. Dans ces occasions, il arrivait souvent que sa langue allait plus vite qu'elle ne voulait ; il lui échappait alors des paroles qu'elle regrettait sans doute, mais qui n'en étaient pas moins dites et qui n'en avaient pas moins produit leur effet. Ces orages intérieurs avaient toujours pour point de départ quelque détail futile, comme celui que nous venons de signaler. Ordinairement Adeline n'avait pour mettre fin à ces querelles domestiques d'autre moyen que de laisser la place à la vieille servante, qui voulait toujours avoir le dernier mot, estimant dans son for intérieur qu'il était de son devoir de ne pas céder à une *enfant gâtée*. Il lui était même arrivé plus d'une fois de répondre à

Adeline comme celle-ci n'eût pas osé lui répondre, si elle eût été la servante et Madelon la maîtresse. La fille de Protat s'efforçait de n'y prendre point garde ; mais elle souffrait cependant de voir que la Madelon ne tenait pas compte de la réserve qu'elle lui témoignait à cause de son grand âge. Comme toutes les natures qui possèdent en elles le sentiment de la justice et ne peuvent s'empêcher de l'invoquer même dans les circonstances où cela peut leur être préjudiciable, Adeline était péniblement affectée d'être souvent obligée d'acheter la paix et le silence de la vieille femme, en lui faisant tacitement des concessions qui affaiblissaient chaque jour son autorité. Il arrivait alors ce qui arrive presque toujours en pareil cas, c'est que la Madelon, se faisant une force de la faiblesse d'Adeline, perdait tout sentiment de retenue, et, par la vivacité de son langage, elle forçait la jeune fille à élever tout à coup le sien au ton du commandement, et à lui faire comprendre clairement qu'après tout, eût-elle tort ou raison, en définitive elle était la maîtresse de la maison et voulait être obéie. Mise en demeure de rentrer dans l'infériorité de sa condition, la Madelon épanchait alors toute sa bile.

— Maîtresse ! s'écriait-elle. Ah ! le voilà donc lâché le grand mot. Parce qu'on a été élevée dans du coton et qu'on a porté les modes des dames de Paris, on croit qu'on n'a jamais tort ; on pense tout savoir sans avoir jamais rien appris. Par la raison qu'on a passé tout son temps à se laver les mains dans de l'eau de Cologne et à se fourrer de grandes épingles dans les cheveux, en se regardant dans le miroir ; parce qu'on a un bonhomme de père qui s'use le corps

du matin au soir, pendant que nous restons les bras croisés à lire dans des livres qui n'apprennent rien de bon, pour passer le temps, il faut qu'on taquine les domestiques. Si une pauvre vieille femme comme moi, dans l'intérêt de la maison, s'avise de vous remontrer avec douceur une bonne vérité, dont elle est sûre, on lui donne un démenti.
— De quoi vous mêlez-vous, la vieille? Où donc avez-vous appris à servir, pour ne point savoir que les maîtres ont toujours raison?—Eh bien: moi qui vous parle, mam'zelle, reprenait la Madelon avec une nouvelle animation, je n'ai pas toujours eu une mauvaise jupe comme celle-ci, qui serait bonne à accrocher dans les cerisiers pour épouvanter les oiseaux. J'ai eu une maison aussi, qui en aurait bien contenu trois comme la vôtre : dans une année, mon homme et moi nous avons envoyé à moudre aux moulins d'Essonne plus de grain que ne pourrait en engranger en dix récoltes M. Protat, votre pere, qui est si fier d'occuper le plus de faucilles en plaine quand vient le temps de la moisson. J'ai eu des domestiques aussi, pas un ni deux, mais jusqu'à dix, et c'est en leur commandant que j'ai appris à servir. Quand une créature à mes gages me faisait voir mon tort, comme c'était, après tout, une manière de prendre mes intérêts, je ne la rudoyais pas comme vous me rudoyez, mam'zelle;— je ne cherchais pas à humilier, parce qu'on était pauvre et vieux, et que j'étais, moi, jeune et riche, et belle aussi, pardessus le marché ; je disais : — Un tel, ou une telle, tu sais cela aussi bien et même mieux que moi, puisque c'est ta besogne et pas la mienne. Fais donc comme tu l'entends, à ta guise, et n'en parlons plus... Et la maison n'en allait pas

plus mal, et ce serait encore la première et la meilleure ferme du pays, sans des malheurs... Mais voilà ! on devient pauvre, puis arrive le temps qui marie ensemble misère et vieillesse, et alors, pour un morceau de pain qu'on vous donne, faut tout subir, tout entendre, sans dire un mot. Ah ! qu'il est dur le pain du maître, qu'il est roide à monter l'escalier des autres ! ajoutait la Madelon, sans se douter qu'elle parlait ainsi le langage même du vieux Dante. Et, comme si les souvenirs de sa fortune passée lui eussent rendu plus triste l'aspect de sa situation, un levain d'acrimonie se répandait dans toutes ses paroles, et elle se laissait emporter à dire des choses qui étaient souvent de nature à faire douter si elle n'était pas en chemin de perdre sa raison.

Ces longues litanies se reproduisaient invariablement dans les mêmes termes chaque fois que la jeune Adeline, ayant épuisé toute sa patience, revendiquait son autorité de maîtresse de maison. La fille du père Protat, sachant par expérience qu'une fois partie sur ce ton il était impossible d'arrêter la mère Madelon, l'écoutait sans lui répondre, et même sans l'entendre. La plupart de ces reproches n'ayant de près ni de loin aucun rapport avec la cause où la querelle avait pris naissance, elle laissait la servante se défendre aussi longuement qu'elle voulait contre des accusations chimériques. Elle lui permettait d'abuser trop souvent de l'infériorité de sa position pour lui faire, à elle pauvre enfant qui ne demandait qu'à adoucir son amertume, un reproche de la supériorité où la plaçait le sort. Dans toutes les conditions, c'est un fait à remarquer que les gens qui ont éprouvé de grands malheurs méconnaissent presque toujours la pitié que leur infortune inspire, et sont portés à prendre pour du dédain toutes les paroles ou tous les actes par lesquels cette pitié tend à se manifester. La mère Madelon, nous l'avons déjà dit, plus que tout autre partageait cette erreur. Adeline ne s'émouvait donc pas de tous les mots que sa servante pouvait lui lancer à propos de quelques habitudes prises autrefois dans la maison de la marquise et auxquelles elle n'avait pas cru utile de renoncer. Elle n'en voulait pas à Madelon, lorsque celle-ci lui reprochait presque d'avoir de la dentelle à ses oreillers ou de mettre une jupe de soie les jours de fête ; mais si la vieille se laissait emporter jusqu'à hasarder quelques méchants propos, faisant allusion à l'aveugle bonté que lui témoignait son père, la fille du bonhomme Protat se dressait alors de toute la hauteur de son orgueil jusque-là contenu, et sa parole et son geste, empreints d'une même dignité impérative, réduisaient soudainement au silence sa trop familière servante, qui ne reconnaissait plus la jeune paysanne timide dans cette Adeline transfigurée, à la voix brève, à l'attitude imposante. Le bonhomme Protat avait eu vent quelquefois de ces discussions domestiques. Dans les commencements, il avait essayé d'y prendre part; mais Adeline savait que son intervention serait plus dangereuse qu'utile. En effet, ce n'eût pas été lui qui eût attendu patiemment que la mère Madelon eût égrené son chapelet de récriminations; aussi la jeune fille avait-elle prié son père (et cette prière était un commandement) de ne jamais se mêler aux débats qu'elle pourrait avoir avec la Madelon, donnant pour motif à cette exclusion qu'il fallait conserver dans une maison l'unité de l'autorité. Dans ces deux mots, le sabotier avait seulement compris que sa fille ne voulait pas d'autre maîtresse qu'elle-même, et il avait commencé par obéir. Cela ne laissait pas de le mettre dans un singulier embarras, car lorsque la Madelon faisait quelque chose qui n'était pas à sa convenance, le sabotier n'osait pas hasarder la moindre observation, tant il craignait que sa réprimande n'allât à l'encontre de la volonté de sa fille, et qu'il ne compromît ainsi *l'unité de l'autorité*. Réduit à ce rôle passif qui l'obligeait au silence, quelque envie de parler qu'il eût d'ailleurs, il se dédommageait avec le petit Zéphyr, qui manquait rarement de laisser passer un jour sans fournir au bonhomme l'occasion de se dégourdir la langue, et aussi la main.

Pendant la conversation qu'il venait d'avoir avec l'artiste, le sabotier avait entendu plusieurs fois les éclats d'une discussion commencée dans la cuisine. Le fausset aigu de la vieille Madelon, comme d'habitude, dominait la querelle ; mais Protat, ainsi qu'on l'a vu, ne s'était pas occupé un seul instant de ce qui se passait à l'étage supérieur. Il ne s'était pas interrompu quand c'était lui qui parlait, de même qu'il n'avait pas interrompu son pensionnaire quand celui-ci lui répondait ; il s'était borné à penser en lui-même :
— Il y a encore du grabuge là-haut : voilà ma fille qui secoue la Madelon, celle-ci sera de mauvaise humeur, et le dîner s'en ressentira tantôt ; tant pis. — Seulement, dans cet instant-là, si l'apprenti Zéphyr s'était trouvé à la portée du sabotier, il est probable qu'il aurait ressenti jaillir sur ses épaules quelques éclaboussures du dépit que son maître

éprouvait de ne pouvoir aller aider sa fille à gronder sa servante, sans doute en défaut.

La discussion qui avait lieu à la cuisine, commencée à propos du futile prétexte que nous avons fait connaître, avait suivi la marche ordinaire en pareille circonstance. Madelon, irritée du trop grand succès qu'elle avait obtenu avec le premier essai du nouvel appareil dont elle avait combattu l'emploi, avait déclaré le café détestable, sans faire la remarque que, tout en le décriant, elle n'en laissait pas une goutte dans la tasse où Adeline venait de lui en verser pour qu'elle le goûtât. La jeune fille, en surprenant cette contradiction, n'avait pu s'empêcher de rire comme une folle. Cette gaieté inextinguible, dont le bruyant éclat couvrait sa voix, impatientait Madelon, qui passa de la mauvaise humeur à la colère. Adeline rit plus haut et plus fort. Madelon s'emporta outre mesure. Adeline cessa de rire ; mais en ce moment surtout elle était si peu fâchée, qu'eût-elle eu aussi bien dix fois raison, comme elle l'avait une, elle aurait cédé à Madelon plutôt que de disputer avec elle, tant elle avait d'autres choses à faire. Irritée encore davantage par le silence de la jeune fille, qui demeurait impassible quand elle avait déjà dépassé la limite où la patience d'Adeline s'arrêtait ordinairement, la mère Madelon se buta à vouloir forcer sa maîtresse à lui imposer silence. Elle avait tant dit de choses inutiles, injustes, qu'elle était embarrassée pour continuer à parler ; mais un amour-propre sans nom la poussait toujours. A chaque mot qu'elle ajoutait, elle s'attendait à ne pouvoir pas l'achever, arrêtée qu'elle serait par Adeline, qui prendrait soudain son *grand air de princesse;* mais Adeline paraissait être à cent lieues d'elle. Elle regardait par la fenêtre le tranquille paysage qui bordait les rives du Loing, et sa pensée était aussi loin de la sotte querelle qu'elle avait à subir, qu'elle-même était éloignée du nuage qui passait dans les hauteurs du ciel, où son regard se fixait de temps en temps. Madelon, outrée de cette indifférence qui venait la convaincre qu'elle parlait depuis une heure, non-seulement à une muette, mais encore à une sourde, ne put pas résister plus longtemps à cette apparence de dédain. Elle se précipita vers Adeline, qui était appuyée contre une table; et lui arrachant la cafetière qu'elle tenait entre les mains, elle s'écria : —Pendant que vous restez là, comme une borne, à rêvasser, le café s'est refroidi, et, quand je vais descendre le servir, *votre amoureux,* qui est en bas, me mettra ça sur le dos, et votre père me donnera un savon, comme si c'était de ma faute... Voilà encore une belle invention que ta satanée cafetière, qu'on n'a pas le temps de jaser un brin que le café est à la glace. Tu vois bien petite, que j'avais raison de n'en pas vouloir. C'est encore dans les vieux pots qu'on fait la meilleure soupe, va!... Si je m'étais servi du mien, le *cafiau* serait encore bouillant, au lieu que va falloir le faire réchauffer, et qu'il perdra tout son goût.

Aux premiers mots de la phrase de la mère Madelon, Adeline, mue comme par un ressort intérieur, s'était relevée subitement. Elle avait jeté sur la servante un regard qui la foudroya presque. Aussi, comme on l'a vu, celle-ci essaya-t-elle d'effacer l'impression qu'elle venait de causer à la jeune fille en reprenant dans un ton familier, qui devait, selon elle, hâter la conciliation ; mais, si habile qu'elle fût, cette manœuvre n'eut pas le résultat qu'elle en avait espéré. Adeline n'avait pas entendu le reste de cette phrase ; elle en était encore à réfléchir sur un mot qui avait retenti dans son cœur comme un coup de foudre.

— Mère Madelon, dit la jeune fille après une courte hésitation, il faut absolument que cette querelle soit la dernière.

— Une querelle, mon enfant ! dit la vieille femme redevenue câline, non par esprit de servilité, mais parce qu'elle s'apercevait qu'elle avait blessé Adeline, et qu'elle en éprouvait du regret ; une querelle entre nous !... tu veux rire ? Nous avons causé un peu haut, comme ça nous arrive souvent, voilà tout. Tu sais, je suis obstinée, et un peu vive, — défaut de naissance, ma petite, je suis trop vieille pour m'en corriger ; — faut pas m'en vouloir, et tu ne m'en voudras pas, Adeline, j'en suis bien sûre. Tu es trop bonne fille pour ça.

— Je vous en veux cependant, Madelon, répondit tranquillement la fille du sabotier. C'est précisément parce que je suis bonne, ou que je tâche de l'être avec tout le monde, et surtout avec vous, que vous avez tort d'abuser de ma bonté. Ce n'est pas la première fois que nous avons des discussions ; il est rare que je les fasse naître, plus rare encore que je ne cherche pas à les éviter quand c'est vous qui les commencez. Vous êtes injuste avec moi, qui toujours m'efforce d'être équitable et patiente, et qui m'en voudrais toute ma vie de vous dire une chose qui pût vous faire le moindre chagrin, parce que vous êtes vieille et que vous avez été durement éprouvée. Cependant, Madelon, vous ne laissez jamais échapper une occasion de me donner à entendre que je n'ai pas pour votre âge et pour vos malheurs passés le respect qu'ils méritent. C'est déjà coupable de penser cela, c'est plus coupable encore de le dire, car vous savez bien que je ne tire aucune vanité de ma position actuelle, et que je n'ai d'ailleurs aucune raison pour le faire. Si autrefois j'ai vécu passagèrement dans un monde où je n'étais pas née, dans ce temps-là j'ai dû prendre les habitudes de la société où je vivais; mais quand je suis revenue chez mon père, vous, comme les autres, Madelon, et mieux que les autres, puisque vous étiez plus souvent auprès de moi, ne m'avez-vous pas vue me dépouiller des habitudes qui étaient des devoirs quand j'habitais chez madame de Bellerie, et qui eussent été des ridicules, si je les avais conservées au village? Vos plaisanteries à ce sujet, je vous les pardonne de bon cœur; mais ce qui me fâche un peu, c'est quand l'intention qui vous les dicte semble en faire une méchanceté. Il m'est pénible aussi, je vous l'ai dit plusieurs fois, et vainement, puisque j'ai à vous le redire, d'entendre parler, comme vous le faites souvent, d'un monde que vous ne connaissez pas, et que je n'ai aucun regret d'avoir appris à connaître, puisque c'est dans ce monde-là que j'ai trouvé, quand j'étais une enfant chétive et débile, une famille où j'ai été protégée, aimée comme dans la mienne propre, qui m'a fait donner une instruction qui ne me servira jamais, cela est possible, mais qui, du moins, en me la faisant donner, prouvait qu'elle me croyait digne de la recevoir. La seule chose qui avait la puissance de me courroucer véritablement contre vous, c'est quand je vous entendais blâmer mon père à propos de la tendresse qu'il me témoigne. Pendant tout le temps que j'ai passé dans une maison étrangère, et même pendant les années qui ont précédé mon départ de Montigny, j'ai été privée de l'amour de mon père, comme il a été privé du mien. Nous nous rattrappons tous les deux du temps perdu ; pourquoi nous en vouloir de cela, à l'un comme à l'autre? Vous pourriez avoir raison dans vos observations, si j'étais assez coupable pour abuser de sa bonté. Je lui fais faire tout ce que je veux, c'est la vérité; mais ce que vous appelez mes caprices a-t-il un autre but que de le flatter dans tous ses désirs, et de mettre le plus de bonheur que je pourrai dans les jours qui lui restent à vivre? M'a-t-on vue mériter la malice des propos publics, par des actes ou des paroles qui témoigneraient que je suis tourmentée par des sentiments au-dessus de mon humble condition ? Encore une fois, et pour la dernière, Madelon, plus un mot, plus une allusion à ce propos. Quant à la parole que vous avez dite tout à l'heure, ajouta Adeline en baissant les yeux, vous avez dépassé toute retenue, toute convenance ; vous avez été injuste en même temps que cruelle... vous m'avez presque injuriée. Dans le monde où j'ai vécu, Madelon, on m'a appris à respecter le grand âge. Ce respect est un hommage que l'on rend partout à l'expérience d'une vie qui s'achève. Laissez-moi vous dire que les vieilles gens doivent avoir le même respect pour la jeunesse en certaines occasions, et tout à l'heure vous en avez manqué avec moi. »

Dans la crainte d'embarrasser la Madelon et même le bonhomme Protat, Adeline ne se servait que le moins possible du langage que l'instruction et l'éducation lui avaient appris à parler. Elle s'exprimait ordinairement de façon à ce que tous ses termes fussent compris sans équivoque de ceux à qui elle s'adressait, et évitait avec soin, dans ses conversations avec les gens du pays, de s'attirer le reproche d'être une *belle parleuse*, qualification épigrammatique, qui, au village, signifie ordinairement *faiseuse d'embarras*. En écoutant la mercuriale qui venait de lui être adressée par sa jeune maîtresse, bien que le ton avec lequel celle-ci l'avait prononcée accusât moins la colère et le dépit que le chagrin réel éprouvé par la jeune fille, obligée de s'exprimer avec une apparence de sévérité, la Madelon demeura quelques secondes tout interdite. Elle roulait dans ses doigts le cordon de son tablier, et semblait se demander en elle-même si *ce beau discours* n'était pas hérissé de sottises. Tous les gens qui ont le caractère mal fait sont portés à dénaturer l'intention la plus pacifique des mots qu'ils ne comprennent pas sur-le-champ. Dans le seul emploi d'un langage plus correct que le leur, ils voient même une préméditation à les humilier. C'était là un des défauts les plus saillants de la Madelon. Une dureté franchement dite, et comme elle-même savait les dire, lui était moins désagréable à entendre qu'un reproche formulé dans des termes les plus ménagés. Pendant sa courte hésitation, elle eut dix fois l'envie de se jeter au cou d'Adeline, et de lui dire en l'embrassant : — Eh bien! oui, ma fille, j'ai eu tort. Je t'ai fait du chagrin, pardonne-moi. — Mais au moment où elle allait se décider, l'amour propre la retenait. Elle voulait bien s'avouer à elle-même qu'elle avait eu tort; mais il lui répugnait de l'avouer à Adeline. Elle accusait sa maîtresse de ne pas comprendre qu'exiger de sa part l'aveu de ce qu'elle avait pu faire ou dire de mal, c'était vouloir, par cette confession, lui faire sentir plus amèrement l'infériorité de sa condition. Enfin, comme le peintre Lazare le lui avait dit un jour assez brutalement, la Madelon abusait de ses cheveux gris.

Cette lutte entre le bon et le mauvais sentiment se termina malheureusement sous l'influence de ce dernier.

Madelon fit la brave; elle recommença plus aigrement la discussion et employa ce terrible système mis en œuvre par les gens qui sont dans leur tort, et qui consiste à discuter à côté de la question qui est l'objet de la querelle, de telle façon que tout accord devient impossible, et que les natures les plus patientes, aiguillonnées sans cesse par toute sorte de propos irritables, n'ont d'autre porte de sortie que la colère.

Ce fut enfin ce qui arriva pour Adeline. Cette franche et loyale créature s'indigna de voir qu'elle était si mal comprise. Ses instincts de justice se révoltèrent en s'apercevant que l'excès de sa bienveillance se tournait contre elle-même. Blanche, tremblante et comme étonnée de se sentir en elle cette puissance d'indignation, elle ne daigna plus même répondre à sa servante; et profitant d'un moment où la Madelon, épuisée par son emportement, restait silencieuse, Adeline lui ordonna brièvement de se préparer à quitter la maison.

— C'est bon, dit la Madelon, qui ne paraissait point s'attendre à celle-là; on reparlera de ça; nous avons le temps;

tantôt, demain ou un autre jour, n'est-ce pas, *mam'zelle?*

— Il ne s'agit pas de tantôt ni de demain, c'est tout de suite que vous allez partir, dit Adeline.

— Faut d'abord voir ce que pensera monsieur votre père de ce déménagement, reprit la Madelon en redoublant d'impertinence.

— Mon père n'a pas d'autre volonté que la mienne, fit Adeline, vous le savez bien.

— Ce n'est pas ce qu'il y a de mieux dans la maison, répliqua la servante.

— Que ce soit bien ou mal, cela est ainsi, personne n'a rien à y voir, et vous moins que personne.

— Ce que vous m'empêchez de dire, vous n'empêcherez point les autres de le penser, mam'zelle.

— L'opinion des autres nous est indifférente, à mon père comme à moi; nous sommes au-dessus de tout le monde.

— Ah! fit la Madelon avec un méchant sourire, on sait que vous êtes fière, mam'zelle, et vous n'êtes pas fâchée de rencontrer des occasions comme celle-ci pour laisser échapper des bouffées d'orgueil, sans ça on vous trouverait étouffée un matin dans votre lit à beaux rideaux... *M'nenfant,* — continua la vieille en redoublant d'ironie, — faut être bien grands pour être au dessus de tout le monde, et quand bien même on y serait encore pour de bon au-dessus de tout le monde, c'est souvent plutôt un mal qu'un bien; car, une supposition : qu'on vienne à tomber, plus qu'on est haut, plus qu'on se fait de mal, donc. *C'est-y* point ça, mam'zelle? acheva la Madelon en regardant sa maîtresse avec un coup d'œil si aigu, que celle-ci ne put s'empêcher de rougir et de baisser la tête.

— Que voulez-vous dire? reprit Adeline, honteuse d'un moment d'embarras, qui pouvait autoriser la domestique à croire que ses insinuations malveillantes lui avaient donné de véritables craintes.

— Ce n'est point besoin de répéter; vous m'avez suffisamment comprise, dit la Madelon.

— Eh bien! je vous ordonne de vous expliquer, à la fin, s'écria Adeline.

— Vous n'avez plus droit de rien me commander, puisque je ne suis plus à votre service.

— Vous devez m'obéir tant que vous serez ici, fit la jeune fille.

— Je n'y suis plus, puisque je m'en vas, répliqua l'irascible vieille en détachant son tablier de service qu'elle jeta sur une chaise.

— Madelon! dit Adeline en adoucissant sa voix.

Et elle regarda la vieille femme, de façon à lui prouver que celle-ci aurait bien peu à dire et bien peu à faire pour que cette scène déplorable fût oubliée.

La servante se méprit sur le sens de cet appel et de ce regard conciliateur; elle pensa que sa jeune maîtresse, inquiétée par ses propos ambigus, dont elle avait dû deviner le sens, craignait de la voir partir de la maison en emportant la première lettre de son secret. Ce n'était donc pas à la bienveillance naturelle d'Adeline, mais à la peur, que Madelon attribuait cette tentative de retour; aussi n'eut-elle point égard à cette espèce d'avance et, se retournant brusquement du côté où était la fille du sabotier, elle se borna à lui répondre sèchement : — Mademoiselle!

Une larme vint aux yeux d'Adeline ; mais, par un sentiment d'orgueil justement blessé, elle s'efforça de ne point la laisser paraître.

Quand on commence la vie, de quelque nature qu'elle soit, et quelle que soit aussi la place qu'elle tienne dans le cœur, la rupture de toute affection est pénible, et la jeune fille éprouvait une affection réelle pour la vieille Madelon.

Témoin de l'émotion que sa maîtresse ne pouvait dissimuler entièrement, la servante ne put se défendre, de son côté, d'être réellement émue ; mais, plus expérimentée que la jeune fille, elle sut contenir ce qu'elle éprouvait intérieurement, et pas une ligne de son visage ne démentit sa rigidité.

— Nous avons un petit compte ; quand faudra-t-il que je vienne pour le régler ? demanda-t-elle tranquillement.

— Quand vous voudrez, mère Madelon, répliqua Adeline sur le même ton. Comme vous n'avez pas pris... elle allait dire : vos gages : mais, par une délicatesse qui passa inaperçue, elle évita de prononcer ce mot, qui rappelait cette condition de domesticité dont l'amour-propre exagéré de la Madelon avait tant à souffrir... Comme vous n'avez pas pris d'argent depuis quelque temps, nous vous devons même une certaine somme...

— A combien que ça peut aller, à votre idée ? demanda la vieille, qui savait parfaitement son compte.

—Dame! dit la jeune fille, ça peut monter à quarante francs.

— Oh ! vous faites erreur, mam'zelle.

— C'est possible, fit Adeline ; s'il y a plus, on vous le donnera.

— C'est pas ça que je veux dire ; vous me devez au moins dix francs de moins. Dame ! trois mois à dix francs, ça nous compte trente.

— En effet, reprit Adeline ; mais nous ajouterons dix francs pour le mois qui suivra votre départ, c'est l'usage.

— Dans *votre monde*, c'est possible, dit la vieille, mais pas chez nous, où on ne paie jamais plus qu'on ne doit. Vous me donnerez mon dû, et pas un liard avec. Dieu merci, je n'ai plus besoin qu'on me fasse l'aumône. En sortant d'ici, je sais où aller sans être à la charge de personne. Je ne sais même pas pourquoi on se met chez les autres quand on peut rester chez soi. Quand je suis entrée ici, c'était moins par nécessité que pour obliger votre père. Dans ce temps-là, je n'étais point de trop dans la maison : mais aujourd'hui c'est différent : on s'aperçoit que j'ai des yeux, aussi on m'ouvre la porte... comme à un chien... et on me dit : Va-t'en... C'est bon ! on s'en va, et votre café aussi, que vous avez laissé sur le feu dans votre machine. Dépêchez-vous donc de le descendre au *désigneux*... au lieu de perdre votre temps à me regarder comme un *Ecce Homo*. Le bonjour à votre père. Je fais mon paquet.

7.

VII

Le secret d'Adeline.

Lorsque Adeline redescendit dans la salle, encore toute bouleversée par la scène qui venait de se passer dans la cuisine, Protat s'apprêtait à lui demander la cause de son trouble : mais, en lui désignant Lazare par un rapide coup d'œil, elle mit le doigt sur sa bouche et regarda son père, comme pour lui faire comprendre qu'il n'était pas utile de parler devant un témoin. Le bonhomme entendit sa recommandation et garda le silence, il s'efforça même de détourner l'attention de l'artiste, qui n'avait pu s'empêcher de remarquer le changement opéré dans les manières de la jeune fille depuis qu'elle s'était absentée. L'attitude contrainte d'Adeline et l'inquiétude du sabotier jetèrent un certain embarras dans la dernière partie du déjeuner. Le fameux café, source de l'orage domestique que nous venons de raconter, fut servi d'une main tremblante par la jeune fille. Au lieu de le déguster avec une lenteur reposée, comme il en avait l'habitude, le sabotier l'avala d'un seul coup, sans même remarquer qu'il était presque froid. Lazare n'eut pas besoin d'une plus longue attention pour deviner que le père et la fille avaient à s'entretenir. Il prétexta un accablement causé par la chaleur et le voyage pour aller prendre une heure ou deux de repos.

— La chambre est prête depuis hier, dit le sabotier en se levant pour donner la clef à l'artiste. On vous enverra réveiller pour l'heure du dîner.

Après la pièce occupée par Adeline, la chambre du pensionnaire était la plus belle de la maison. Elle était située au premier étage et donnait sur la rivière, que l'on voyait serpenter à travers le gai paysage. En y pénétrant, Lazare s'aperçut que, depuis son dernier séjour, elle avait subi de notables changements. Selon le désir qu'il avait exprimé plusieurs fois, pour la commodité de son travail, on avait donné à cette pièce les apparences d'un atelier. Le papier, dont les tons criards agaçaient les yeux, avait été remplacé par une couche de badigeon gris, et la fenêtre élargie avait été disposée en châssis. Lazare, qui était réellement brisé par la fatigue, se jeta tout habillé sur son lit, et s'endormit aussitôt.

Dès que le peintre se fut retiré, le père Protat avait interrogé sa fille au sujet de son émotion. Adeline lui raconta tout ce qui s'était passé entre elle et la mère Madelon.

— Tout ça ne m'explique pas pourquoi tu as les yeux rouges, dit le sabotier. Si la Madelon te tracasse et ne veut pas faire tes volontés, comme c'est son devoir, puisque c'est toi qui es la maîtresse dans la maison, tu as bien fait de la renvoyer : mais ça n'est pas une raison pour pleurer. Il y a quelque chose que tu ne me dis pas.

Adeline répondit qu'il lui avait été pénible d'user de son autorité, et qu'elle éprouvait un véritable chagrin du renvoi de la vieille femme. La jeune fille ne mentait pas certainement en donnant cette raison de sa tristesse ; mais elle n'osait pas confesser à son père ce qu'elle osait à peine s'avouer à elle-même, c'est-à-dire qu'elle était atteinte au cœur par l'insinuation récidivée que la mère Madelon avait laissé échapper au plus fort de sa violence. Protat s'obstinait à ne pas croire que le motif invoqué par sa fille fût réellement le seul qui l'eût bouleversée à ce point. Son instinct paternel lui disait qu'il existait au fond de cette querelle quelque chose de plus sérieux qu'une affaire de ménage. Ce fut en vain qu'il déploya toute son adresse et fit des prodiges de diplomatie inquisitoriale que n'eût point désavoués un juge d'instruction ; Adeline se maintint dans son silence. Pour mieux convaincre son père et lui prouver que sa tristesse n'avait pas d'autre cause que le départ de Madelon, elle supplia même le bonhomme de parler à la vieille femme et d'essayer d'arranger les choses.

— Parbleu ! non, s'écria le sabotier, je ne garderai pas dans ma maison une entêtée et une querelleuse qui ne veut pas comprendre qu'on ne se met pas chez les autres pour faire ses volontés. Pour que la Madelon t'ait mise dans la nécessité de la renvoyer, il faut qu'elle ait de grands torts envers toi.

Adeline rougit extrêmement ; elle connaissait le caractère emporté de son père ; elle savait que, si le bonhomme se mettait dans la tête que la Madelon l'avait sérieusement offensée, il irait lui faire une scène violente, et dans les dispositions hostiles où elle avait laissé la servante, elle craignit que celle-ci ne pensât à se venger de son renvoi en répétant à son père quelque propos de nature à l'alarmer. Les allusions qui l'avaient tant effrayée, il lui semblait déjà les entendre murmurer sur son passage par tous les gens du pays, instruits par les indiscrétions de la servante chassée ; à tout prix, il fallait donc renfermer dans la maison, entre elle Madelon, le secret que celle-ci avait découvert, et que sa rancune pouvait aller répandre au dehors, si on lui laissait passer la porte. Adeline, appelant à son aide toutes ses ruses, toutes ses câlineries d'enfant gâtée, manœuvra son père de façon à ce qu'il prît sur lui d'opérer sa réconciliation avec Madelon.

— A tout bien considérer, — lui dit-elle en rougissant, moins encore à cause de ce mensonge que pour le motif qui le lui faisait commettre, — c'est moi qui ai manqué de patience. J'ai été vive, trop vive avec Madelon ; elle a beau être notre servante, c'est une vieille femme un peu susceptible, comme tous les gens âgés ; je l'aurai mortifiée en lui parlant un peu trop haut, d'ailleurs j'étais mal disposée depuis ce matin.

— Mal disposée, allons donc ! dit Prolat ; jamais, au contraire, je ne t'avais vue si gaie et de plus franche humeur ;

tu paraissais si légère, que tu aurais pu marcher sur une mouche sans l'écraser. Pour que ce bel entrain-là soit parti, la vieille t'aura fait quelque grosse misère que tu ne veux pas me dire pour que je ne me mettre pas en colère après elle ; mais, ajouta-t-il en faisant mine de sortir, attends un peu, je vais aller la remuer, moi.

— Mais je t'assure que non, reprit Adeline très-agitée en retenant son père, et si tu veux me rendre bien contente comme je l'étais ce matin, tu va aller trouver la Madelon, et tu feras ma paix avec elle.

— Si ça te fait plaisir, je veux bien ; mais elle ne restera qu'à la condition...

Adeline interrompit vivement son père.

— Sans condition... dit-elle, puisque c'est moi qui ai eu tort... Je t'assure que si, ajouta-t-elle en voyant que le bonhomme secouait la tête d'un air de doute ; c'est pour ça que je suis fâchée de ce qui est arrivé ; il faut nous raccommoder, d'ailleurs elle est très-utile dans la maison... nous ne pourrions pas la remplacer facilement... Dis-lui que tu m'as grondée quand tu as appris que je voulais la renvoyer ; je ne te démentirai pas.

— Comment dis-tu ? fit Protat étonné et effrayé de voir que sa fille songeait à atténuer *l'unité du pouvoir* en plaçant son autorité à lui au-dessus de la sienne ; pas de ça, Lisette, c'est toi qui commandes ici, et, quand j'obéis moi-même, il me semble qu'une domestique n'a pas le droit de se montrer plus fière que moi. Je vais appeler Madelon. Nous allons nous expliquer tous les trois. Si elle est raisonnable, nous ne la renverrons pas ; mais si elle s'obstine encore et fait sa mauvaise tête, dit le sabotier en prenant sa grosse voix, eh bien ! elle s'en ira, et bon voyage...

— Allons ! fit Adeline, voilà que tu veux tout gâter avec ton emportement. Ce n'est pas ainsi qu'il faut s'y prendre, et d'ailleurs je ne dois point paraître dans tout ceci. Il faut au moins avoir l'air de ménager mon amour-propre devant Madelon. Va la trouver, et dis-lui tout doucement : — Eh bien ! qu'est-ce que j'apprends donc, que vous nous quittez, mère Madelon ? Mais je ne donne pas la main à cela, moi. Qu'est-ce que c'est que ces bêtises-là ? Je suis un peu le maître aussi, que diable...

— La Madelon v me rire au nez si je lui dis ça, fit Protat avec conviction.

— Jure un peu comme si tu étais en colère après moi, dit Adeline en continuant à faire la leçon au bonhomme. Dis-lui encore : — Est-ce que vous devriez faire attention aux vivacités d'une étourdie qui a la langue un peu prompte et qui a été mal élevée ?

— Mal élevée, toi, qui as été instruite comme une princesse ! s'écria le sabotier en faisant un bond de surprise.

— C'est précisément à cause de cela que je n'ai pas été bien élevée pour une paysanne. Dis ça à Madelon, ça lui fera plaisir ; tu sais bien que c'est son idée. Quand on a besoin des gens, il faut flatter leur manie.

— Comment, besoin ? mais je n'ai pas besoin de Madelon, ni toi non plus, dit le bonhomme, ahuri par les étranges conseils que lui donnait sa fille.

Adeline comprit qu'elle avait laissé échapper un mot imprudent, et se mordit la lèvre.

— Il faut bien croire que tu as besoin d'elle, puisque tu veux qu'elle reste chez nous, et, pour la garder, il faut bien faire des concessions.

— Comment? je veux... s'écria le sabotier, qui ne comprenait plus rien ; mais je ne veux rien du tout, moi. Que Madelon parte ou demeure, ça m'est bien égal.

— Mais non, fit Adeline en lui passant les bras autour du cou et en le tenant embrassé, cela ne t'es pas égal, puisque tu désires tout ce que je souhaite, et que moi je désire que Madelon ne s'en aille pas.

— Ah! comme ça, c'est autre chose, balbutia Protat, pris à la fois dans les rêts des caresses de sa fille et dans la glu de sa subtilité. — C'est égal, continua-t-il, tu conviendras que c'est un peu fort d'aller faire des excuses à une servante... quand c'est elle au contraire...

— Mais, va donc, répondit Adeline en le poussant du côté du jardin, dans lequel elle venait de voir entrer Madelon.

— J'y vais, j'y vais, murmura le sabotier en faisant quelques pas dans la direction que lui indiquait sa fille ; mais, comme il se retournait subitement avant de quitter la chambre, il aperçut Adeline qui venait de se laisser tomber sur une chaise, et qui se cachait la tête dans ses mains comme si elle pleurait. Protat se disposait à revenir sur ses pas, quand il réfléchit qu'il ne pourrait rien apprendre par Adeline, qui semblait avoir une grave raison pour se taire. Il pensa que Madelon seule était instruite du motif de cette affliction, qui lui paraissait plus que jamais devoir se rattacher à la querelle qu'il avait mission de concilier.

— Allons trouver Madelon, dit Protat, qui commençait à être inquiet.

Et il ajouta tout bas : — Que diable se passe-t-il, et qu'est-ce que je vais trouver au fond du sac?

Adeline, restée seule, ne demeura pas longtemps dans la salle basse. Craignant d'y être surprise au milieu de ses larmes par le retour de son père et de sa servante, elle remonta dans sa chambre, qui n'était séparée de celle qu'habitait actuellement Lazare que par une espèce de cabinet où couchait l'apprenti Zéphyr.

Cette chambre, décorée avec une recherche voisine du luxe, était, comme nous l'avons dit, garnie des meubles apportés de l'hôtel de Bellerie. C'était un réduit charmant, et rendu presque mystérieux par les doubles rideaux de la fenêtre, qui ne laissaient pénétrer qu'une lumière paisible. Il régnait dans cette pièce cette douce odeur des solitudes virginales, un parfum de cellule monastique tempéré par les émanations subtiles que laissaient échapper les tiroirs des meubles, renfermant les aromates destinés à conserver les étoffes des vêtements d'Adeline. Les meubles, comme tous les objets de fantaisie qui les garnissaient, attestaient toutes les minuties d'un soin particulier, dans lequel se révélaient les mains gracieuses d'une femme habituée à toucher les fragiles caprices qui sont pour elle autant de souvenirs. Adeline, en effet, faisait elle-même son *ménage intime*. Tous les jours, elle passait deux heures à chasser grain par grain la poussière qui s'introduisait dans sa chambre. C'était pour elle un plaisir quotidien en même temps qu'un devoir de soigner tous ces objets inanimés, qui semblaient quelquefois prendre une voix pour lui parler de l'amie qui lui en avait fait don, et lui rappeler une époque qu'elle ne regrettait pas sans doute avec l'amertume qui accompagne ordinairement le regret, mais à laquelle elle ne pouvait s'empêcher de penser sans qu'il lui échappât un soupir. Parmi les meubles, il en était un pour lequel la fille du sabotier avait une prédilection particulière. C'était un petit bureau en bois de rose, qui pouvait en même temps servir de table de travail. A ce joli meuble était adaptée une glace surmontée d'une ornementation formant blason; sur le champ de gueules étaient gravées les initiales *A. P.* Cécile, qui avait donné cette table à sa jeune compagne, l'avait fait exécuter sur le même dessin qui avait servi pour la sienne, et elle avait poussé l'imitation jusqu'à exiger que l'on n'oubliât pas ce détail d'apparence héraldique. C'était dans les tiroirs de ce meuble que la jeune paysanne serrait les bijoux de son modeste écrin, ainsi que les lettres que son ancienne amie lui écrivait de temps en temps.

En entrant dans sa chambre, ses yeux tombèrent d'abord sur ce meuble gardien de ses richesses et de ses souvenirs, et elle parut surprise en s'apercevant que la clef, qu'elle avait ordinairement grand soin de retirer, était restée sur l'un des tiroirs.

Cet incident n'éveilla d'abord aucune crainte dans sa pensée. Elle attribua la présence de la clef sur le meuble à un oubli causé par les préoccupations qui l'avaient agitée depuis trois jours, et particulièrement dans cette matinée, qui avait précédé le retour de Lazare à Montigny. Adeline était une jeune fille naïve; mais sa naïveté n'allait point jusqu'à l'ignorance qu'on prête aux Agnès. Elle n'en était plus à chercher quelle était la nature du sentiment qu'elle éprouvait depuis environ une année pour le jeune peintre qui était l'hôte de son père, et dont le nom, lorsqu'on le prononçait devant elle, lui causait un trouble qu'elle pensait bien tenir invisible, et que sa dissimulation même aurait pu rendre encore plus apparent, si on y eût pris garde. Adeline aimait Lazare; elle le savait, elle le sentait, et, pour se convaincre de cette vérité, elle n'avait pas besoin d'en appeler aux souvenirs de quelques romans que la grand'-mère de Cécile lui avait fait lire autrefois. Cet amour était bien né de son cœur et point de son imagination, comme naissent le plus souvent les premières passions de jeunes filles. Avant de voir Lazare, elle n'avait jamais caressé le vague idéal qui enchante les premiers rêves. Les livres qu'une vieille femme imprudente avait mis entre ses mains n'avaient éveillé aucune curiosité dans son esprit, aucun émoi dans son âme tranquille. Elle les avait lus parce que sa position dans l'hôtel de Bellerie ne lui permettait pas de refuser cette complaisance à la mère d'une personne qu'elle considérait comme sa bienfaitrice; mais elle échappait aux dangers de ses lectures parce que, dans les romans qui étaient du goût de la vieille dame, la passion était présentée sous une forme exaltée, pleine d'invraisemblance, et traitée dans un langage violent qui rendait ces récits incompréhensibles pour un esprit ingénu comme l'était le sien. *Paul et Virginie,* ou telle autre histoire du même genre où la simplicité du sentiment s'allie à la vérité de l'expression, est plus dangereux pour une jeune imagination que tel roman écrit pour des gens corrompus. Au début de son amour, qui avait commencé par les enfantillages traditionnels, Adeline avait subi le charme sans même essayer de lutter contre lui. Quand Lazare venait pendant trois mois de l'année habiter la maison de son père, elle était heureuse de se trouver sous le même toit que lui, heureuse de le rencontrer plusieurs fois dans la journée, d'être assise auprès de lui pendant les repas. Quand, le soir, elle entendait retentir sur le pavé de la rue la pique ferrée annonçant le retour de l'artiste rentrant de l'étude, ses mains tremblaient bien un peu en mettant le couvert, elle sentait bien qu'elle rougissait s'il la poursuivait autour de la table pour l'embrasser, jouant avec elle comme un frère avec sa sœur; mais ce bonheur était si calme, si douce était l'impression que lui laissaient les familiarités du jeune peintre, qu'elle ne songeait pas à s'en effrayer. Quant au bonhomme Protat, il était à cent lieues de se douter que sa fille pensât à l'artiste autrement qu'il y songeait lui-même, c'est-à-dire comme à un hôte agréable dont la compagnie lui plaisait, dans la conversation duquel il trouvait souvent à s'instruire, et dont il avait pu apprécier le caractère loyal et le cœur excellent. S'il faut tout dire aussi, le sabotier aimait Lazare, parce que c'était un hôte exact à lui payer sa pension, et que son séjour dans sa maison lui procurait un bénéfice. Il était donc loin de s'inquiéter de cette familiarité que les rapports de la vie en commun établissaient entre lui et sa fille, dans laquelle il voyait toujours ce qu'Adeline paraissait être restée, même aux yeux de Lazare, — une enfant. Ce fut seulement vers la fin du second séjour que le peintre fit à Montigny que les sentiments de la jeune fille se précisèrent plus complétement ; sa tranquillité était traversée par des rêveries qui la pénétraient de langueur ; à de fugaces éclairs d'une gaieté folle succédait soudainement une inquiétante immobilité ou un brusque changement d'humeur : Adeline se montrait irritable, capricieuse... elle rudoyait Madelon, elle rudoyait Zéphyr; elle sevrait son père des câlineries qui faisaient la joie du bonhomme, et quand le peintre demandait à celui-ci : — Qu'a donc la petiote ? le sabotier répliquait : — Bah ! c'est la croissance.

Il ne savait point dire aussi vrai, quand il répondait cette banalité. C'était en effet la croissance de son amour qui modifiait l'humeur, toujours si égale de cette jeune fille. Ces changements s'étaient opérés en elle depuis un soir où, au milieu du dîner, Lazare avait annoncé à son hôte qu'il allait retourner à Paris dans huit jours. Un incident était venu troubler ce repas : comme Lazare achevait de parler, le bonhomme Protat s'aperçut qu'au lieu de remplir le verre qu'il lui tendait, sa fille répandait le vin sur la table.

— Eh bien ! fillette, qu'est-ce que tu fais donc ? avait dit le père en regardant Adeline, devenue toute pâle.

— Rien, dit-elle, en montrant le petit apprenti qui se trouvait assis en face, elle ajouta : — C'est Zéphyr qui vient de me marcher sur le pied. Ça m'a fait faire un mouvement.

Zéphyr avait eu beau protester, le bonhomme Protat, lui allongeant un coup de pied sous la table, l'envoya manger à la cuisine.

Cette nuit-là Adeline n'avait pas dormi, et elle avait pleuré.

La veille du jour où il devait quitter Montigny, comme il rentrait chez lui pour faire ses préparatifs, Lazare trouva Adeline dans sa chambre. Il fut surpris moins de cette rencontre que de l'embarras qui se peignit sur le visage de la jeune fille, et presque de l'effroi qu'elle avait laissé paraître à sa vue. Adeline avait motivé sa présence dans la chambre du jeune homme par quelque détail de ménage qu'elle lui avait expliqué en balbutiant ; puis elle était sortie. Quand Lazare s'était trouvé seul, il avait voulu achever une lettre commencée le matin, et dans laquelle il annonçait son retour à Paris. Cette lettre, qui était restée sur sa table, il ne la retrouva plus, mais plusieurs dessins, qu'il avait également laissés sur cette même table, placée auprès de la fenêtre, et qu'il trouva dispersés dans la chambre, lui firent supposer que le grand vent qui soufflait avait emporté sa lettre dans le jardin, et du jardin dans la rivière. Il ne fit pas d'autres recherches et écrivit une nouvelle lettre.

Pendant qu'il écrivait, Adeline, retirée dans sa chambre, enfermait à double tour, dans le petit meuble dont nous avons parlé, la lettre que l'artiste croyait emportée par le vent. A cette lettre étaient joints un petit lorgnon d'écaille brisé et un bout de croquis à la plume qui avait une vague ressemblance avec Lazare, et qu'un des amis du jeune homme avait dessiné sur un coin de l'album que le *désigneux* portait toujours dans sa poche.

C'était avec ces souvenirs qu'Adeline avait nourri, pendant l'année qui avait suivi le départ de Lazare, l'amour que celui-ci n'avait pas senti battre dans l'embrassement de l'adieu.

On comprendra donc facilement le soin qu'elle prenait de fermer à double tour le tiroir à la garde duquel elle avait confié ce reliquaire amoureux, où elle faisait quotidiennement ses dévotions, non pas sans avoir eu la précaution de pousser le verrou à la porte de sa chambre et de tirer son rideau, pour éviter toute surprise.

C'est par tous ces degrés, dont l'analyse était nécessaire, que l'amour d'Adeline avait passé successivement. Sa joie, en apprenant le retour du peintre, de l'aveu même de son père, elle n'avait pu la contenir. Pendant les trois jours qui avaient précédé son arrivée, elle avait fait mettre les ouvriers à la chambre de Lazare, convertie, comme nous l'avons dit, en atelier, et elle avait activé leur travaux, craignant qu'ils n'eussent pas achevé à temps. Dans toute cette agitation, le bonhomme Protat ne voyait que le désir innocent d'être agréable à l'hôte attendu, et, comme toujours, il y donnait les mains.

La vieille Madelon, plus expérimentée, et qui était femme après tout, avait flairé une fraîche odeur d'amourette dans tout le mouvement que se donnait la jeune fille, sans que celle-ci sans fût même doutée. Pendant la course qu'elle avait faite à Moret pour aller aux provisions, la servante avait fait parler Adeline, qui ne demandait pas mieux d'épancher en paroles le trop plein de sa joie, et, sauf les détails que nous avons révélés, elle avait dit son secret tout entier, qu'elle était encore à se croire seule à le connaître. La Madelon n'avait vu dans cet innocent amour qu'un fait très-naturel et prévu peut-être par son bon sens dès la première année où Lazare était venu habiter la maison. Assez familière avec l'artiste, elle avait compris que le jeune homme ne prenait pas garde à sa jeune maîtresse ; rassurée sur ce point, elle n'avait rien dit au bonhomme Prolat, et elle avait continué à fermer les yeux sur l'inclination d'Adeline.

Cependant, le mot qui lui était échappé dans sa querelle avec la fille du sabotier avait assez effrayé celle-ci. En supposant qu'Adeline en eût encore été à chercher le nom du sentiment qu'elle éprouvait pour Lazare, la peine lui en avait été épargnée par la vieille servante. *Votre amoureux*, avait-elle dit...

Assise auprès du petit meuble, Adeline se demandait ingénument comment la Madelon avait pu découvrir ce secret, et elle avait beau repasser dans sa mémoire tous les incidents des jours précédents et de la matinée ; dans sa conduite et dans ses paroles, elle ne se rappelait aucun fait, aucun propos qui eût pu la trahir. Tout à coup elle trembla de tous ses membres, en songeant que, dans cet instant même, son père avait une explication avec Madelon. Si, au lieu de lui porter des paroles de paix, comme elle l'en avait chargé, le bonhomme se laissait gagner par son penchant à la colère et faisait échouer cette réconciliation, sur laquelle elle comptait pour acheter le silence de la servante, celle-ci, avant d'aller répandre son secret par tout le village, commencerait par le jeter comme une menace à la tête de son père. A cette pensée, tout son sang se glaça. Elle sentit son cœur s'arrêter dans sa poitrine. Un nuage passa devant ses yeux. Elle allait s'évanouir, lorsque sa main brûlante tomba sur un objet qui lui causa une fraîcheur soudaine ;

elle venait de s'appuyer sur la clef restée au tiroir de son petit meuble.

Adeline s'aperçut alors d'une chose qu'elle n'avait pas remarquée jusque-là, c'est que cette clef était précisément restée sur celui des tiroirs qui contenait la lettre, le lorgnon et le portrait appartenant à Lazare.

— C'est singulier, murmura-t-elle avec un commencement d'inquiétude, je suis pourtant sûre de l'avoir fermé, et cette clef! continua-t-elle ; mais je l'avais retirée, comme toujours. — Et son inquiétude redoublait. Tout à coup, comme ses yeux erraient vaguement autour d'elle dans sa chambre, elle vit se mouvoir les plis d'un rideau formant portière et destiné à cacher une communication condamnée ayant issue sur le petit cabinet habité par l'apprenti Zéphyr. Adeline se leva, souleva entièrement le rideau, et vit que la porte condamnée avait été ouverte. On ne l'avait pas même entièrement refermée. Un courant d'air avait agité le rideau qui signala cette quasi-effraction à la jeune fille, dont l'inquiétude s'était changée en soupçon. Cette découverte fit d'abord oublier à Adeline l'incident de la clef ; mais les deux faits ne tardèrent point à se réunir. L'un semblait la conséquence de l'autre.

— On est entré chez moi par la chambre de Zéphyr, pensa Adeline, et tout à coup la lueur se fit dans son esprit. Elle courut au meuble, ouvrit le tiroir, y jeta un regard rapide.

Il était vide.

— Ah! s'écria-t-elle en poussant un cri, tout s'explique ; c'est la Madelon qui a fait le coup.

L'indignation, la terreur, les larmes la suffoquèrent ; elle voulut crier : sa bouche devint muette, ses yeux se fermèrent, elle tomba évanouie.

Pendant que ceci se passait dans la chambre d'Adeline, Lazare, qui avait terminé sa sieste, venait de se mettre à la fenêtre et fumait tranquillement en regardant le père Protat, qui semblait avoir, au bout du jardin, une explication très-animée avec la Madelon.

— Décidément, pensa Lazare, il se passe quelque chose dans la maison : la fillette Adeline pleurniche, maman Madelon crie, le père Protat jure. Je suis très-fâché de ça, le rôti sera brûlé, et mon ami Zéphyr aura des coups.

Depuis une demi-heure environ, le bonhomme Protat rusait avec la vieille servante pour savoir le secret des pleurs de sa fille. Sa colère une fois refoidie, la Madelon, qui était bonne femme au fond, reconnut qu'elle avait eu tort dans la discussion, et qu'elle avait obligé Adeline à lui signifier son renvoi. « J'ai été dure, pensait-elle en se promenant de long en large, très-dure avec cette enfant. Dame ! c'est vif, ça porte la tête aussi haut que le cœur. Où est le mal, quand on n'a rien à se reprocher ? C'est vrai au moins, ce qu'elle m'a dit, qu'il y avait des occasions où les vieilles gens devaient respecter la jeunesse. Qu'est-ce que j'avais besoin d'aller lui parler de ces bêtises-là ? O vieille langue, ajoutait la bonne femme, tu ne pourras donc jamais t'arrêter à temps ? » Elle en était là de son monologue, quand elle fut abordée par le sabotier. Lorsqu'elle apprit par lui qu'il avait quitté Adeline dans les pleurs, la Madelon, qui savait être la cause de ce chagrin, recommença tout haut ses récriminations contre elle-même.

— Ah ! vieille mauvaise, va ; gredine... sans cœur que tu es, vois ce que tu as fait. Voilà *ma* fille qui pleure à présent !

— A quel diable en avez-vous ? demanda le sabotier surpris.

— Eh ! à moi donc, répliqua la vieille. Tenez, monsieur Protat, menez-moi vers *l'enfant*, que je lui fasse excuse. C'est vrai, ça, je ne sais pas ce que j'ai *à* ce matin, mais je l'ai taquinée tant et tant, que le bon Dieu lui-même aurait perdu patience. Menez-moi, vers celle que je lui dise mon tort. Nous autres vieux, ça nous offusque toujours de voir les jeunes gens plus adroits que nous de la parole et des mains. Moi aussi, j'ai été jeune et j'ai eu mon temps. Chacun son tour, c'est naturel.

— Qu'est-ce que vous me chantez là ? fit Protat impatienté. C'est donc vous qui êtes dans vos torts ?

— Oui, c'est moi, *qu'est-ce* qui dit le contraire, puisque j'en conviens ?

— Eh bien ! alors pourquoi ma fille m'envoie-t-elle vous demander pardon ?

La Madelon n'était point sotte. Elle devina quelle crainte avait dû passer dans l'esprit d'Adeline, pour que la jeune fille, qu'elle savait orgueilleuse, et ne ployant jamais quand elle avait le bon droit pour elle, eût consenti à faire faire une pareille démarche.

« Oh ! pauvre enfant, murmura la vieille servante en se parlant à elle-même, je l'ai donc bien cruellement offensée, pour qu'elle me suppose capable de la trahir ! »

— Allons trouver votre fille, dit-elle vivement au bonhomme.

— Ah çà ! répliqua celui-ci, me direz-vous au moins ce que tout ça signifie ?

— Oui, plus tard, répondit Madelon d'un ton qui semblait indiquer au sabotier qu'il y avait bien réellement quelque chose à lui expliquer.

Comme ils se dirigeaient vers la salle à manger, Lazare, qui était resté à sa fenêtre, poussa un grand cri.

La Madelon et son maître relevèrent en même temps la tête.

— A votre bachot... démarrez, vite, s'écria Lazare en faisant signe au sabotier... il y a quelqu'un qui se noie. Et l'artiste quitta brusquement sa fenêtre. Le bruit qu'il fit en descendant l'escalier et les cris qu'elle entendit monter du jardin tirèrent peu à peu Adeline de son engourdissement ; elle put se traîner jusqu'à la fenêtre et l'entr'ouvrir à demi. Une bouffée d'air frais qui la frappa au visage lui rendit complétement l'usage de ses sens.

Voici ce qu'elle aperçut :

Dans le jardin, sur le bord de l'eau, la Madelon faisant des grands bras et poussant des cris d'effroi ; au milieu de la rivière, son père dans son bachot ramant avec vigueur d'après les indications que semblait lui donner Lazare, placé à l'avant du bateau, à moitié déshabillé et une gaffe à la main.

— Encore un coup... là... s'écriait l'artiste, qui jeta la gaffe comme pour sonder ; c'est là, s'écria-t-il, le croc a mordu ; — et il se laissa tomber dans l'eau.

Adeline descendit dans le jardin.

— Oh ! ma fille, s'écria la Madelon en l'apercevant, ne

reste pas là, ça te ferait trop de mal à voir ; on le ramènera mort, bien sûr.

— Qui donc, qui donc ? dit la jeune fille.

— Eh ! Zéphyr qui s'est laissé tomber dans l'eau ! M. Lazare est allé le pêcher.

Adeline devint toute pâle ; il fallut que la Madelon la soutint pour l'empêcher de tomber.

— N'aie point peur, lui dit-elle tout bas... c'est pas pour lui qu'il y a du danger.

A cette parole, Adeline se rejeta rapidement loin de Madelon, à qui elle lança un regard de mépris.

— Sacrebleu ! tonnait le père Protat, debout dans son bachot, dont il avait rembarqué les rames, M. Lazare qui ne revient pas !... Et le sabotier se disposait à retirer ses habits. Comme il allait plonger, l'eau s'entr'ouvrit sous ses yeux, Lazare reparut. Il tirait par les cheveux un corps à demi enveloppé d'herbes aquatiques.

— Aidez-moi, aidez-moi ! cria-t-il au sabotier, il va encore couler.

Aidé par les vigoureux efforts du sabotier, Lazare parvint à retirer entièrement le noyé hors de la rivière.

— Tonnerre ! qu'il est lourd, exclama le père Protat, qui devint tout pâle, en reconnaissant la figure de son apprenti... yeux morts, bouche violette.

— Je crois bien, dit Lazare, il a une pierre à chaque pied. A terre ! à terre !

En deux coups de rames, le bachot atterrissait.

Aidé du sabotier, Lazare déposa le corps du jeune garçon sur le rivage.

8.

— Descendons vite ! vite ! Il vit encore ! s'écria l'artiste qui avait posé sa main sur le cœur de l'apprenti, et l'avait senti battre fortement.

Adeline voulait aider Madelon, mais elle se sentait clouée sur la place par la terreur et par la pitié.

— Tiens ! fit Lazare, qui, en écartant les herbes, avait rencontré un petit sac de toile pendu à même la peau par une ficelle, qu'est-ce que ça ? Voyez donc un peu, mademoiselle Adeline ; et vous, père Protat, allez chercher du secours, un médecin...

Le sabotier disparut.

Adeline ouvrit le sac et en tira trois objets tout mouillés. En les reconnaissant, Adeline posa une main sur son cœur, voulut parler et s'évanouit une seconde fois.

Lazare, l'ayant vu tomber sur le banc, voulut connaître le motif de cet évanouissement : il prit le sac échappé des mains d'Adeline et en retira : — une lettre, — un lorgnon cassé — et un petit dessin, que l'humidité n'avait point encore assez effacé pour qu'il ne pût pas le reconnaître. Une seconde avait suffi pour éclairer l'artiste. Il comprit tout ce qui se passait, et devina qu'il était la cause du drame dont il était le témoin.

— Pauvre enfant ! dit Lazare en regardant Zéphyr, qui ne donnait pas signe de vie. — Pauvre fille ! ajouta-t-il en regardant Adeline toujours évanouie. Et, après avoir paru réfléchir un moment, il coula le sac dans la poche de la jeune fille. Au même instant, Protat arrivait ramenant des secours.

VIII

Les finesses d'Adeline.

Pareil à ce conscrit bravement parti pour la bataille, et qui, revenu sain et sauf d'une chaude affaire, se laissait choir en défaillance en voyant tomber les balles restées dans son habit, l'apprenti du sabotier avait laissé voir une grande terreur, lorsque, revenu à lui, il avait compris à quel sérieux danger on venait de l'arracher. En rouvrant les yeux pour la première fois, Zéphir avait aperçu penché sur lui le bonhomme Protat, épiant avec angoisse un souffle, un mouvement, un regard, qui vinssent le rassurer sur le sort de son apprenti. Le jeune garçon pensa que c'était son maître qui l'avait été chercher au fond de la rivière. Il voulut d'abord remercier Protat, et regarda avec une hésitation embarrassée celui qu'il croyait être son sauveur. Puis, ne sachant que dire sans doute, il enlaça le bonhomme par le cou et l'étreignit avec une fureur d'embrassement qui en disait plus long que les plus belles protestations. Protat fut touché par ce sauvage élan, qui trouvait la parole impuissante pour traduire le sentiment qui l'inspirait. Lui aussi voulait parler, mais sa langue était embarrassée. Il semblait craindre à la fois de dire trop ou de n'en pas dire assez. Il ne se sentait pas la conscience bien nette de cette tentative de suicide. La voix intérieure qui ne parle aux hommes que dans les circonstances solennelles, et qui leur parle impérieusement alors, lui demandait tout bas s'il avait bien réellement accompli le vœu fait un jour au pied de l'autel, et si, en adoptant un orphelin pour conjurer le danger qui menaçait sa fille, il n'avait pas, une fois le danger conjuré, méconnu le caractère de cette adoption, en habituant l'enfant qu'il avait recueilli à ne voir en lui qu'un maître, alors que le besoin d'affection, plus fort chez cet enfant que le sentiment de la reconnaissance, le poussait à souhaiter un père. Cette pensée, qui traversa brièvement l'esprit du sabotier, eut un contre-coup dans son cœur. En tenant dans ses bras l'apprenti, dont le visage portait encore les traces des contractions causées par l'asphyxie, Protat éprouva aussi une terreur rétrospective. Il songea que Zéphyr aurait pu ne point échapper au trépas, et il vit passer devant lui comme le fantôme d'un remords qui s'enfuyait sans doute, chassé par le souffle plus régulier que le retour de la vie ramenait aux lèvres de l'apprenti. En écoutant battre dans le cœur du jeune garçon cette reconnaissance dont il doutait encore le matin, et qui ne s'était dissimulée que parce qu'il en avait comprimé les élans, au lieu de les attirer, Protat se sentit soudainement émouvoir par un tressaillement de paternité. Il appuya la tête de Zéphyr sur sa poitrine, et, appelant d'un geste Adeline, qui se trouvait près de lui, il ajouta, en frappant sur son large buste : — Viens donc, ma fille ; il y a place pour deux.

Pendant la rapide minute où les deux jeune gens se trouvèrent réunis dans les bras du sabotier, si rapprochés l'un de l'autre que leurs deux visages se touchaient presque, Lazare observa silencieusement cette scène. Cédant à un besoin familier à tous les artistes sérieux que leur préoccupation n'abandonne jamais, et qui les pousse à établir par comparaison un rapport perpétuel entre l'art et la nature, source véritable de toute inspiration, il se disait à lui-même : — Parbleu ! voilà un motif qui ferait un joli tableau, si on ne le gâtait pas en voulant trop l'arranger. C'est un sujet de Greuze, moins la recherche de naïveté. La bonne tête grisonnante du sabotier au milieu de ces deux enfants, la Madelon qui souffle le feu, accroupie dans l'âtre, ces grosses solives jaunies par la fumée, ce rustique dressoir où s'étalent les faïences joyeusement enluminées, et ce grand coup de soleil qui crève le cul du chaudron, feraient bien l'affaire d'un peintre de genre. Je suis fâché que mon ami Bonvin ne soit pas là avec une toile de douze.

Cependant, après cette minute accordée à l'étude, l'artiste donna un autre cours à ses observations, et se préoccupa de deviner quels sentiments divers animaient dans ce moment les trois personnes composant le groupe qui semblait en effet poser devant lui.

Comme toutes les franches natures qui ne sauraient, sans étouffer, attacher sur leur visage un masque de dissimulation, Protat laissait voir la joie qu'il éprouvait. Zéphyr, dont la figure pâlie s'était subitement colorée au voisinage d'Adeline, regardait celle-ci avec l'extase muette d'un dévot qui voit s'animer sa madone. Pour lui, le matin encore, paria de cette maison à qui on ne parlait que le bâton à la main et le juron à la bouche, la dure main de son maître devenait caressante, et sa grosse voix lui parlait avec douceur. Bouleversé par ce brusque changement et mal remis des émotions violentes qu'il venait de traverser, sa tête était encore si faible, que le pauvre garçon ne savait pas au juste s'il était au milieu de la réalité ou dans un rêve ; mais songe ou vérité, il se trouvait heureux ainsi, tellement heureux qu'il n'osait pas dire une parole ou faire un mouvement, tant il avait peur de déranger son bonheur. Quant à la jeune fille, sous le repos menteur de sa physionomie, Lazare, qui l'examinait avec curiosité, devinait les confuses pensées qui l'agitaient intérieurement. Adeline, en effet, n'était pas à l'heure présente dans les bras de son père. Réunie à ce garçon qui venait de risquer la mort, une fois que la compassion éveillée par l'idée du péril avait été épuisée en elle, sa pensée était retournée en arrière de cette tentative de suicide. Une seule impression lui restait, c'était l'impression que lui avait causée la découverte faite dans le sac attaché au cou de l'apprenti des objets qu'elle avait un instant cru dérobés par la mère Madelon. La servante n'avait *pas fait le coup*, c'était Zéphyr qui était coupable : telle était la seule idée dont se préoccupait alors la jeune fille, idée obsédante qui la remplissait d'inquiétude et d'alarmes. Zéphyr lui avait *volé* les souvenirs de Lazare. Comment? pourquoi? Elle ne devinait rien et ne sentait rien. Intelligente de cœur et d'esprit, troublée néanmoins par l'égoïsme de sa passion, elle ne cherchait pas les causes et ne se donnait point la peine de rapprocher entre eux toutes sortes de faits, de menus détails, qui pouvaient isolément n'avoir aucune signification, mais dont la réunion dans la circonstance aurait pu servir de fil conducteur à son incertitude. Quant à Zéphyr, si engourdi qu'il fût dans son enchantement, il ne tarda point à s'inquiéter de son côté en s'apercevant de la façon singulière avec laquelle il était regardé par Adeline. Toujours bienveillante pour lui, dans ce moment où pour la première fois il se trouvait aussi près d'elle, souffle à souffle, au lieu de cette sympathie qu'elle lui témoignait quotidiennement, elle le regardait avec une dureté d'expression qu'il ne lui avait jamais connue. Il y avait presque de la menace dans ce regard qui semblait fouiller dans son âme. Que s'était-il donc passé? C'était le père Protat, toujours brutal et grondeur, qui lui témoignait de l'amitié, et c'était Adeline, pour lui caressante et douce, qui lui montrait... Quel nom donner à cet étrange sentiment qui changeait si brusquement la jeune fille à son égard? le pauvre garçon n'en savait rien; mais il éprouva une souffrance plus vive encore que toutes celles qu'il avait endurées pendant sa lutte avec la mort. Tout à coup il revint en même temps de cœur et d'esprit au sentiment de la réalité; il se rappela! et le premier souvenir qui s'offrit à sa mémoire le porta à chercher autour de son cou un objet qu'il ne trouva plus. Ses idées lui revinrent alors lucides et complètes, et la disparition du petit sac lui expliqua le changement opéré dans les manières d'Adeline.

Le mouvement fait par le jeune garçon quand il avait porté la main à son cou n'avait pas échappé à la fille du sabotier. Au moment où Zéphyr retirait sa main, Adeline s'en empara vivement, et, la pressant avec dureté, elle lui dit brièvement, en se penchant à l'oreille, si bas qu'elle ne pouvait être entendue que de lui seul : — Pourquoi m'as-tu volée, Zéphyr ?

Et comme elle lui disait ces deux mots avec un accent qui lui causa plus d'effet qu'un violent reproche, Zéphyr ne sut que pâlir et fermer les yeux. Il lui fallut toute sa force pour contenir un cri qu'il étouffa dans sa gorge. La main d'Adeline, cette petite main frêle, avait acquis tout à coup cette force nerveuse qui donne une puissance passagère et factice aux natures les plus délicates. Cette main mignonne serrait les doigts de l'apprenti comme s'ils eussent été pris dans des tenailles, et il sentait les ongles s'enfoncer dans sa chair. La douleur était si vive, que le cœur lui en manqua presque. En le voyant pâlir, Adeline l'avait lâché. Surexcitée un moment et inhabituée jusqu'ici aux chocs violents, la jeune fille, brisée par l'excès même de ses émotions, retomba dans une calme immobilité.

Le jeu muet de ces sentiments, que le jeune peintre tâchait d'étudier sur le visage de ceux qui les éprouvaient, avait complétement échappé au bonhomme Protat et s'était accompli en dix fois moins de temps qu'il n'en a fallu pour le raconter.

— Eh bien! s'écria tout à coup le bonhomme en dégageant Adeline et Zéphyr de l'étreinte pleine d'effusion dans laquelle il les avait confondus un moment, comment te trouves-tu, mon garçon ?

Et il regarda Zéphyr, qui n'osait lever les yeux, tant il craignait de rencontrer le regard courroucé d'Adeline : celle-ci s'était retirée dans un coin avec la Madelon. Zéphyr répondit avec une contenance embarrassée qu'il se trouvait tout à fait bien.

— Et voilà tout? continua le sabotier. Tu ne dis pas seulement merci à celui qui a été te chercher dans la rivière, au risque d'y rester avec toi!

Et le sabotier, tirant Lazare par le bras, le voulut amener devant l'apprenti; mais le peintre se recula, en faisant au bonhomme un signe négatif dont Protat, après une courte hésitation, parut comprendre le sens, non point cependant sans que sa physionomie eût manifesté un profond étonnement.

— C'est la seconde fois que vous me sauvez, monsieur Protat, répondit Zéphyr... C'est vrai que vous avez pu croire, en voyant ma conduite, que j'avais oublié ce que vous avez fait pour moi. A compter d'aujourd'hui, vous verrez du changement. Autant j'ai été serviteur indocile et paresseux ouvrier, autant vous m'allez voir obéissant et actif, prêt à bien vouloir et disposé à bien faire. Nous ne nous étions pas bien connus, continua-t-il plus lentement avec une demi-intention de reproche qui n'échappa point au sabotier; mais c'est ma faute, reprit vivement Zéphyr..: oui, ma faute... je n'ai pas su montrer..

mais on verra que je ne suis pas, comme on a pu le croire, un mauvais et un ingrat.

Et, en disant ces derniers mots, Zéphyr avait regardé Adeline isolée dans ses réflexions.

— Ne parlons plus du passé, mon garçon ; d'abord tu n'es pas ici un serviteur ni un ouvrier, comme tu as cru l'être, fit le sabotier en baissant la tête ; tu es à peu près comme l'enfant de la maison. Je veux que tu t'habitues à me regarder comme si j'étais ton père, et comme la confiance est le premier devoir d'un enfant et que nous voilà en famille, tu vas commencer par nous dire *en l'honneur de quel saint* tu allais te jeter dans le Loing avec des pierres aux jambes.

A ce commencement d'interrogatoire, Adeline parut se réveiller et prêta l'oreille à la réponse de Zéphyr. Une grande inquiétude se peignit sur le visage de la jeune fille. Quant à l'apprenti, il demeura tout interdit et semblait chercher une réponse qui ne venait sans doute pas. L'inquiétude d'Adeline et l'embarras de Zéphyr avaient été remarqués par l'artiste. Maître du secret de ces deux enfants, il craignit que cet interrogatoire n'arrachât au jeune garçon quelque révélation qui pût, si aveuglé qu'il serait, guider le bonhomme Protat sur la cause réelle de son suicide. Dans l'espérance qu'il était peut-être temps encore de faire renoncer Adeline à sa chimère et Zéphyr à sa folie, il se décida à brouiller le jeu, pour empêcher toute autre personne que lui d'y voir clair.

— Père Protat, dit-il brusquement au sabotier, déjà carré dans son fauteuil et méditant son *instruction*, il est tard ce soir, et il fera jour demain. Quand on est revenu d'où revient Zéphyr, ça peut passer pour un bon voyage. On est fatigué, et on aime mieux dormir que causer. Laissez-le en repos pour ce soir. Vous jaserez demain, si cela vous semble nécessaire de jaser. — Allons, mon garçon, fit l'artiste en regardant l'apprenti, dis bonsoir à la compagnie et va-t'en au lit.

— Est-ce qu'il ne soupera pas avant? dit Protat.

— Il a assez bu comme ça aujourd'hui, répliqua le peintre en riant; cependant que Madelon lui donne un bouillon, et qu'il s'endorme par là-dessus. Demain il aura meilleur appétit. Quant à nous, qui n'avons pas comme lui fait quasiment le voyage de l'autre monde, les vivres ne peuvent pas nous faire de mal, au contraire; aussi, Madelon, le souper, et vivement. En attendant qu'on le serve, je vais mener Zéphyr dans la plume, — et je vais l'enfermer, glissa-t-il à l'oreille de Protat. — Tout à l'heure je vous dirai pourquoi, ajouta l'artiste.

L'apprenti se laissa emmener par Lazare. Quand ils furent arrivés au cabinet dans lequel couchait Zéphyr, Lazare lui dit très-vite : — Demain matin, avant que tout le monde soit levé, je frapperai à ta porte; habille-toi, et sois prêt; j'aurai à te parler.

— A moi? fit l'apprenti étonné.

— Oui, à toi, et je pourrai peut-être te donner des nouvelles de quelque chose que tu as perdu. — Ce n'est pas la peine de chercher, ajouta l'artiste en voyant Zéphyr, qui, tout étonné, portait machinalement la main à sa poitrine. Tu vois bien que ton petit sac n'y est pas.

— C'est vous qui l'avez trouvé ? s'écria Zéphyr avec un regard presque agressif.

Lazare ne fit pas semblant d'entendre et continua : — Si demain, au premier coup, tu n'es pas sur pied, j'instruis Protat de ce qui se passe. Te voilà prévenu, dors bien.

— Ah ! monsieur Lazare, dit Zéphyr, est-ce que vous croyez réellement que je vais dormir ?

— Peut-être pas si bien que si on t'avait laissé dans les roseaux du Loing ; mais tu dormiras. Bonsoir. Tâche de faire de jolis rêves.

Et Lazare sortit en enfermant le jeune garçon à clef. Quand il rentra dans la salle à manger, il trouva le couvert mis. Adeline et son père occupaient leur place ordinaire. Adeline était toujours aussi agitée malgré son apparence de calme. — Allons, se dit tout bas Lazare, j'ai donné un peu de tranquillité au petit Zéphyr, donnons un peu de calme à Adeline. — Et avisant un petit bout de ficelle qui sortait de la poche de la jeune fille, il lui dit très-tranquillement : — Mignonne Adelinette, nous allons perdre quelque chose.

Adeline porta la main à sa poche. Elle sentit sous ses doigts quelque chose d'humide. C'était le sac qu'on avait trouvé au cou de Zéphyr ; c'était ce sac qui contenait son secret, son secret, qu'elle croyait tombé entre les mains de Lazare, qu'elle n'osait plus regarder. Ces souvenirs, qu'elle pensait perdus pour elle et retournés aux mains de celui à qui elle les avait dérobés, comme une dénonciation, comme un aveu même des sentiments qu'elle éprouvait pour lui, ils ne l'avaient donc pas quittée, son secret lui appartenait donc encore ! Mais tout à coup son inquiétude, un instant apaisée, lui revint plus persistante. Comme un coupable qui se croit déjà libre, et à qui une dernière interrogation du juge vient rendre son épouvante, Adeline se trouva en face d'un nouveau soupçon : comment le sac était-il dans sa poche ? Tout était remis en question par ce seul fait. Procédant avec minutie à leur examen, Adeline chercha à se rappeler les faits. Lazare, en trouvant le sac au cou de l'apprenti, le lui avait jeté de loin pour qu'elle le visitât ? En l'ouvrant, et à la vue des objets qu'il contenait, elle avait poussé un cri et était tombée évanouie. Cet évanouissement rompait la chaîne de ses souvenirs. Que s'était-il passé pendant qu'elle gisait sans connaissance sur un banc du jardin ? La pensée d'Adeline s'arrêtait au bord de cette lacune ; mais, faisant trêve à cette nouvelle anxiété, elle poursuivit la recherche d'une conviction rassurante. Ce ne fut qu'après un formidable travail qu'elle réussit à jeter hors d'elle-même le poids qui l'oppressait. Oh ! la bonne bouffée d'air qu'elle respira, quand elle se fut ainsi persuadée ! De tremblante qu'elle était, comme elle devint subitement audacieuse, et se dédommagea de n'avoir point, depuis tant de longues heures, osé lever les yeux sur l'artiste, en le regardant avec cette hardiesse ingénue qui serait l'extrême effronterie, si elle n'était pas l'extrême innocence ! — Étais-je folle, insensée ? pensait-elle pendant que sa main serrait convulsivement dans sa poche le petit sac. Si M. Lazare avait vu ce qu'il y a dedans, est-ce qu'il n'aurait pas deviné tout de suite, en se rappelant que j'étais dans sa chambre le jour où il n'a plus retrouvé la lettre, qu'il écrivait à son ami de Paris ? Et s'il avait deviné, est-ce qu'il ne serait pas changé un peu dans ses manières avec moi ? — Et, en faisant en sourdine toutes ces réflexions, elle pressait toujours le petit sac d'une main, et Lazare, qui entendait bruire les papiers au fond de sa poche, se disait à lui-même : — Voilà mon baume tranquille qui opère.

Adeline, en effet, complétement rassurée du côté de Lazare, commençait à s'inquiéter à propos de Zéphyr. Et, s'il faut le dire, elle se préoccupa beaucoup moins de rechercher la cause qui avait pu le pousser à la tentative de l'après-midi qu'à deviner comment il avait surpris l'existence des objets contenus dans le tiroir mystérieux et la raison qui avait pu le pousser à s'en emparer. Aucune lueur, aucune remarque, ne venaient la guider et mettre ses suppositions confuses sur une trace aboutissant à un prétexte. Elle ne pouvait croire à un sentiment d'hostilité de la part du jeune garçon à qui elle avait toujours accordé une protection bienveillante dont Zéphyr s'efforçait de se montrer reconnaissant par tous les moyens qui étaient en son pouvoir, se trouvassent-ils même en contradiction avec ses défauts les plus coutumiers. Il était vrai cependant que depuis quelque temps Zéphyr avait paru se relâcher dans ses complaisances ; mais Adeline se ressouvint que c'était elle-même qui la première, et préoccupée par le prochain retour de Lazare, s'était montrée un peu plus tiède dans ses relations avec l'apprenti. Indifférente à tout ce qui ne se rattachait pas à cette pensée qu'elle allait revoir l'artiste, elle se rappela qu'elle n'était point intervenue quelquefois avec sa sympathie ordinaire entre les fautes commises par Zéphyr et la brutalité de son père. — Serait-ce donc, se demandait

Adeline, que Zéphyr m'a gardé rancune? mais comment a-t-il pu songer à se venger par un tel moyen? Comment a-t-il pu deviner?"

Un détail qu'il n'est peut-être pas inutile de faire connaître, c'est que depuis son retour à Montigny la fille du sabotier avait toujours considéré et traité Zéphyr comme elle-même était traitée et considérée par Lazare, c'est-à-dire comme un enfant. On ne s'étonnera donc pas si elle n'avait point pris garde à une foule de petits faits de nature à éclairer ses doutes et à diriger ses soupçons. Familière avec l'apprenti ainsi que Lazare l'était avec elle-même, quand elle lui donnait par-ci par-là une petite tape amicale en passant, elle n'avait jamais remarqué que le jeune garçon tremblait et pâlissait à la fois, comme elle-même devenait pâle et tremblante lorsqu'il arrivait à Lazare de la prendre par la taille et de la faire sauter en l'embrassant. Lorsque le bonhomme Protat employait la famine comme moyen de correction avec son apprenti, plus paresseux que de coutume, si Adeline allait porter en cachette à celui-ci son souper retranché, dans le remercîment de Zéphyr elle ne voyait qu'un remercîment; mais l'accent avec lequel il lui manifestait sa reconnaissance, son regard, son geste, le peu de souci qu'il semblait avoir d'échapper à la *diète* à laquelle il avait été condamné pour ne voir qu'elle, n'entendre qu'elle; ses brusques mouvements à son entrée, l'animation passagère qui montait à son visage, et, quand elle lui disait de sa voix douce et traînante : — Tiens, mon *mignon* je t'apporte à souper avec du bon pain tendre; — la lueur rapide qui illuminait l'œil de l'apprenti comme une étincelle jaillissant d'un feu couvert : — ces mille symptômes trahissant le trouble intérieur éprouvé par le jeune garçon quand il se trouvait mis en contact avec la fille de son maître, échappaient toujours à Adeline, ce qui expliquera comment elle n'en avait conservé aucun souvenir. Aussi elle regrettait que Lazare eût empêché son père de poursuivre l'interrogatoire de Zéphyr. Que celui-ci eût avoué ou non la véritable cause qui l'avait porté à cette tentative, il aurait parlé sans doute, et, dans quelques-unes de ses réponses, elle aurait pu surprendre peut-être un indice qui l'eût aidée à pénétrer l'inexplicable mystère de sa conduite, ou qui tout au moins aurait pu servir de point de départ à son incertitude. Cependant, comme elle savait instinctivement posséder une grande influence sur l'esprit de l'apprenti, tout en reconnaissant bien que cette influence avait un peu diminué, particulièrement depuis l'époque où le retour de Lazare avait été annoncé dans la maison de Montigny, Adeline se tranquillisa encore de cet autre côté. Elle pensa qu'elle n'en aurait point pour longtemps à reconquérir le terrain perdu dans la confiance de Zéphyr, et ne douta point qu'elle parviendrait mieux que personne, et avant personne, à voir clair dans la pensée de l'apprenti, à tirer de lui tout ce qu'elle en voulait savoir. Ce fut dans cette disposition, le souper étant achevé, que la fille du sabotier se retira après avoir embrassé son père et souhaité le bonsoir au pensionnaire.

Comme elle était déjà sur le seuil de la porte, Lazare se retourna de son côté en faisant pirouetter son tabouret.

— A propos, mignonne Adeline, lui demanda l'artiste

avec l'accent d'une curiosité sincère, qu'est-ce que vous avez donc trouvé dans la bourse de Zéphyr? En voilà un gaillard égoïste, qui va se noyer avec son trésor pour ne pas faire d'héritiers ! ajouta Lazare en riant.

A cette question, dont elle ne pouvait comprendre le motif, Adeline resta un instant interdite.

— Une bourse! intervint le bonhomme Protat; comment! Zéphyr a de l'argent, et il allait se noyer avec!

— Comme le vieil avare du *Déluge*, de Girodet, continua l'artiste.

— Qu'est-ce que vous me dites là ? reprit le bonhomme, revenu à son état normal. Où diable Zéphyr a-t-il pris cet argent? Il ne l'avait pas gagné pour sûr, il est trop fainéant, le petit gredin!

— Rassurez-vous, dit Lazare, c'était de la monnaie de sauvage, des petits cailloux du Loing, qu'il s'amuse à ramasser quand ils sont de jolie couleur et d'une forme bizarre. C'est une manie qu'il a ; il est plein de manies, ce garçon-là. L'an dernier, lorsque nous allions en course tous les deux, il s'arrêtait tous les vingt pas pour fouiller dans le sable, et quand je l'ai repêché tantôt, il avait au cou une espèce de bourse ou de sac que j'ai donné à votre fille pour qu'elle l'examinât. J'ai présumé que c'était l'écrin où Zéphyr cachait ses pierres précieuses.

— Eh bien ! demanda le bonhomme Protat en interrogeant à son tour Adeline, à qui les paroles de l'artiste prouvaient une fois de plus que le jeune homme ignorait ce qu'elle avait tant craint qu'il n'eût découvert ; eh bien ! petiote, qu'est-ce que tu as trouvé dans le sac de Zéphyr?

9.

— Ce que M. Lazare avait présumé,— des cailloux, répondit Adeline avec une grande assurance. Et elle ajouta, comme pour convaincre l'artiste : Ce n'est pas étonnant ; *l'autre jour*, en allant changer les draps au lit de Zéphyr, la Madelon a trouvé un tas de ces petites pierres sous son traversin.

Le fait était vrai, et Adeline le citait parce que la Madelon aurait pu le confirmer. Seulement il y avait plus de six mois que cet *autre jour* était passé.

Lazare n'avait pu s'empêcher de remarquer la présence d'esprit d'Adeline, et pour la première fois il s'étonna du sang-froid, de l'intelligence dont avait fait preuve cette jeune fille, dans laquelle il n'avait pu voir jusqu'ici qu'une enfant.

— Bonsoir, monsieur Lazare, lui dit-elle en se retirant ; bonsoir, papa.

— Bonsoir, mignonne, répondit Lazare en la suivant des yeux.

— Dors bien, petite, ajouta le sabotier en lui adressant un geste caressant.

— Soyez tranquille, dit Lazare quand Adeline eut fermé la porte derrière elle... elle dormira bien maintenant.

La réticence de ce dernier mot passa inaperçue à l'oreille du sabotier.

IX

La diplomatie de Lazare.

— Ah çà, demanda tout à coup Protat à son pensionnaire en s'accoudant devant lui et en le regardant avec curiosité pourquoi diable m'avez-vous empêché d'interroger mon apprenti ?

— N'a-t-il pas été décidé, dit le peintre, que vous me l'abandonneriez entièrement pendant tout le temps que je dois rester ici ?

— C'est vrai, et je ne vais pas contre, répliqua le bonhomme, mais ça n'empêche pas que j'aurais bien voulu savoir comment cette idée de se noyer lui est venue. Ça m'inquiète pour de bon..... savez-vous, monsieur Lazare ! Et vous, ajouta-t-il, est-ce que vous n'êtes pas curieux de savoir ça ?

— Aussi curieux que vous, répondit l'artiste ; mais je suis patient.

— Vous ne l'avez donc pas questionné tout à l'heure, en montant là-haut avec lui?

— Je ne lui ai pas dit un mot qui rappelât les événements de la journée. Je suis monté avec lui pour l'enfermer.

— Ah ! c'est vrai, et vous m'avez même promis de me dire pourquoi vous preniez cette précaution.

— J'ai mis Zéphyr sous clef pour qu'il ne puisse communiquer avec personne et raconter ce qui s'est passé à tout le village.

— Mais tout le village le sait! s'écria le sabotier, qui trouvait la précaution inutile.

— On sait que Zéphyr a manqué se noyer, dit Lazare ; mais on ignore que c'était volontairement. — Dame ! continua le peintre, j'étais le seul parmi vous qui eût conservé du sang-froid ; je m'en suis servi. J'ai pensé qu'il n'était pas nécessaire que la vraie vérité fût connue, parce que chacun dans le pays se serait livré aux suppositions, et qu'il aurait pu en résulter du désagrément pour vous.

— Vous avez pensé ça, monsieur Lazare ? fit le sabotier, dont le front se rembrunit tout à coup.

— Sans doute, reprit l'artiste. Ces sortes d'événements excitent toujours des commentaires, et dans le nombre il peut s'en trouver de fâcheux.

— Fâcheux! répéta le sabotier, qui écoutait attentivement les paroles de Lazare, et semblait intérieurement les assimiler à sa propre pensée ; fâcheux, dites-vous ?

— Vous devez bien me comprendre. Supposez que nous n'eussions pas été là pour sauver votre apprenti, et qu'on l'eût un matin tiré de l'eau une pierre aux pieds ! Croyez-vous qu'on n'aurait pas jasé dru dans ce pays ? Il y a des mauvaises langues partout, et ici plus qu'ailleurs, si je m'en rapporte à ce que vous m'avez raconté de vos histoires d'autrefois.

— Eh bien ! fit vivement le sabotier, qu'est-ce qu'on aurait pu dire au cas où Zéphyr serait mort ?... On ne m'aurait peut-être pas accusé de l'avoir jeté à l'eau !

— Non, du moins je le crois ; mais...

— Mais quoi ?... s'écria Protat en frappant du poing sur la table.

— Eh parbleu ! répliqua Lazare en imitant le bonhomme, un méchant drôle qui vous en aurait voulu aurait pu dire : Ce n'est pas étonnant que l'apprenti se soit noyé, quand ce ne serait que pour se sauver de son méchant maître !

— On aurait dit ça !... Mais, monsieur Lazare, savez-vous que j'aurais étranglé le premier qui se serait permis...

— C'est possible, continua tranquillement l'artiste, mais vous auriez couru le risque de vous faire étrangler vous-même par ceux qui auraient entendu ce propos. Eh bien ! père Protat, ce qu'on aurait dit si Zéphyr était malheureusement mort, on le dirait de même Zéphyr vivant, si nous ne prenions pas toutes les précautions qui peuvent faire croire que l'événement de tantôt était le résultat d'un accident, et non pas un suicide bel et bien prémédité. Voilà pourquoi j'ai déjà commencé à détourner les soupçons, voilà pourquoi il faut que, dans la maison, tout le monde, c'est-à-dire vous, la Madelon et votre fille, achève ce que je crois avoir heureusement commencé. J'ai fait la leçon à Madelon; d'après mon conseil, elle doit être en train de la faire à Adeline, et moi je prends actuellement la permission de vous la faire, parce qu'étant, comme je suis, étranger à l'événement, je puis juger les choses avec sagacité et prévoir de plus loin que vous les conséquences qu'elles pourraient avoir. Si je vous ai fait signe de vous taire tantôt, quand vous disiez à votre apprenti que c'était moi qui l'avais secouru, c'est qu'il était nécessaire de lui laisser cette croyance que c'était à vous qu'il était redevable de ce secours. Vous avez pu voir de quelle façon il vous a montré sa reconnaissance, et vous n'avez pas oublié les promesses qu'il vous a faites sur sa conduite future. Il ne les oubliera pas, j'en suis certain, pas plus que vous n'oublierez vous-même celles que vous faisiez tantôt.

— A qui ai-je promis quelque chose, et qu'est-ce que j'ai promis? demanda le sabotier, un peu étonné ou du moins feignant de l'être.

— Cette promesse, reprit Lazare sans s'émouvoir, c'est à vous-même que vous la faisiez, quand vous avez pensé que vous n'étiez peut-être pas étranger à la tentative de Zéphyr, et que vous vous êtes senti oppressé comme par une espèce de remords qui s'est éloigné de vous à mesure que le gamin revenait à la vie. Si j'ai deviné ce qui se passait dans votre pensée, père Protat, c'est que vous avez plus de franchise que vous ne le supposez, et que si vous taisez quelquefois vos impressions, sans que vous ayez besoin de parler, qui veut les connaître peut les lire couramment dans votre physionomie. C'est précisément à cette lecture que je me livrais tantôt quand vous teniez Zéphyr entre vos bras, et c'est alors que j'ai pu comprendre que vous vous promettiez à l'avenir d'être plus patient, plus doux que par le passé avec ce pauvre garçon, dont le chagrin devait être bien lourd, puisqu'il ne se sentait pas la force de le porter plus longtemps. Était-ce bien cela ? demanda Lazare en terminant.

Protat ne répondit pas à haute voix, mais il inclina deux ou trois fois la tête en signe d'assentiment. Après un court silence, relevant les yeux qu'il avait tenus baissés, il dit au peintre : — Alors, monsieur Lazare, c'est aussi votre avis que Zéphyr...

— Quoi ? demanda celui-ci.

— Eh bien donc ! dit le sabotier en faisant le geste d'un plongeon, que c'est à cause... enfin parce qu'il se trouvait mal à la maison ?...

— Eh parbleu ! en doutez-vous maintenant ?... Quel autre motif lui supposeriez-vous donc ?

— C'est vrai... aussi je le ménagerai, bien vrai.

— Ce qui vous sera d'autant plus facile, reprit Lazare, rappelant avec insistance les conventions de la matinée, que, pendant deux ou trois mois que Zéphyr va m'appartenir, je le maintiendrai dans les bonnes dispositions qu'il paraît avoir de son côté, et que je vous le rendrai parfaitement assoupli.

— Mais, demanda tout à coup le sabotier en abordant une autre idée, ne trouvez-vous pas un peu drôle que ce soit justement le jour de votre arrivée, et après vous avoir quitté, qu'il ait été se mettre des pierres aux jambes et la tête à l'eau ?

— Diable ! pensa Lazare, pourquoi le bonhomme va-t-il s'aviser de me rattacher à l'événement? Me serais-je inutilement donné tant de mal pour le maintenir dans l'erreur qu'il s'était créée lui-même?

— Et puis, continua le père Protat, comment ça se fait-il que ce soit aussi précisément le jour où nous avons reçu la nouvelle de votre retour que Zéphyr est encore devenu plus maussade que de coutume? Il se trouvait là justement quand Adeline a lu votre lettre, et comme la petiote dansait de joie, il est devenu tout pâle, et sa mauvaise humeur n'a fait qu'empirer depuis ce moment-là.

— Ah çà ! père Protat, fit Lazare en riant forcément, quelle manœuvre faites-vous là ! Sans que personne vous en ait soufflé l'idée, vous avez imaginé que vous êtes peut-être bien pour quelque chose dans l'aventure de Zéphyr; vous en êtes même tombé d'accord avec moi, et voilà que vous essayez maintenant de vous décharger de cette responsabilité en la rejetant sur le compte de ma présence parmi vous! Voyons, est-ce raisonnable ? je vous le demande. Quand je suis ici, j'emmène Zéphyr courir avec moi toute la journée ; or, si paresseux qu'il puisse être, il doit encore préférer ma société à la vôtre, puisque, à part la peine qu'il a de porter mes outils, une fois que j'ai piqué mon parasol dans un coin, Zéphyr peut s'endormir à l'ombre, rêver à son aise ou ramasser des cailloux qu'on trouve sous son lit. Encore une fois, pourquoi serait-il fâché de mon retour, lorsque j'ai pour habitude de l'emmener régulièrement tous les jours à trois ou quatre lieues de votre établi de sabotier et de votre bâton, ce qui fait pour sa paresse comme sept dimanches par semaine? Mais au lieu d'être fâché de mon arrivée, il aurait dû danser de joie.

— Eh bien! oui; mais voilà précisément ce qui *m'aguiche*; c'est qu'il n'a pas dansé, au contraire; c'est Adeline qui dansait de joie, et plus elle était joyeuse, plus elle s'occupait de vous et de tout mettre en ordre là-haut, plus il était sombre.

— Aïe! aïe! pensa Lazare; voilà ses soupçons qui sonnent la *piste*, tout à l'heure ils vont sonner la *vue*.

— C'est-à-dire, reprit le bonhomme, qu'à le voir faire la grimace chaque jour qu'on parlait de vous, et Adeline en parlait du matin au soir, on aurait dit que Zéphyr était jaloux...

— A votre santé! père Protat, s'écria Lazare, et il poussa bruyamment son verre contre celui du sabotier, espérant que le bruit causé par le choc, uni à l'éclat de la voix, étoufferait la dernière parole du bonhomme, et empêcherait peut-être que ce mot, échappé machinalement, n'arrêtât sa pensée et n'y répandît une lumière soudaine; mais le sabotier, ayant vidé son verre, le posa sur la table et reprit comme s'il n'avait pas été interrompu : — Oh! mon Dieu, oui; on aurait pu penser ça, que Zéphyr était jaloux de vous...

Ce qui rassura heureusement Lazare, c'est que le bonhomme disait cela tout simplement, et que dans son attitude, dans sa voix, dans son regard, il n'y avait aucune intention, aucune arrière-pensée. Il comprit cependant qu'en faisant une plus longue opposition à l'idée nouvelle de Protat il courrait le risque d'augmenter ses doutes et de l'engager dans un soupçon de traverse aboutissant à la vérité.

— Au fait, dit-il à Protat, vous pouvez avoir raison. Au motif que vous supposiez d'abord, il est possible que Zéphyr en ait ajouté un autre, et c'est peut-être pour ça qu'il avait mis deux pierres à ses jambes, dit Lazare en essayant de tourner la chose en plaisanterie.

— Ah! vous voyez donc bien que vous voilà de mon avis, s'écria Protat; il y a une autre raison

— C'est plus que probable, et c'est même, j'en suis sûr, celle-là qui, avant toute autre, aura poussé Zéphyr à faire ce qu'il a fait.

— Vous croyez? continua Protat, heureux de cet aveu, qui lui causait un soulagement. Eh bien! mais quel rapport voyez-vous entre ce motif-là et la tristesse que votre arrivée a causée à Zéphyr?

— Il y revient, se dit Lazare, et tout haut il reprit : — Pas grand rapport à première vue; mais, quand on cherche, il faut chercher partout.

— Ça, c'est vrai, dit le sabotier avec un geste approbateur. Eh bien?

— Eh bien! en cherchant, voici ce que je trouve. Écoutez-moi.

— J'y suis, fit Protat, la tête appuyée sur les mains et les coudes sur la table.

— Vous savez que c'est dans quinze jours la fête de Montigny. Or, parmi les divertissements autorisés par M. le maire, vous savez aussi qu'il y a un certain tir à l'oie qui, outre la bête, devenue le prix du vainqueur, rapporte encore une grande considération à celui-ci dans tout le village.

— Parfaitement. Zéphyr, qui pendant toute l'année était si maladroit de sa main, était même très-malin à ce jeu-là. Pendant trois années de suite, c'est lui qui a gagné l'oie, et le violon venait lui jouer une aubade.

— Ce qui lui donnait par-dessus le marché le droit de choisir sa danseuse.

— Et, fit le père Protat en riant, le gaillard n'était pas bête : il allait tout droit aux plus beaux brins de fille et aux plus belles toilettes, aux joues les plus roses, aux rubans les plus rouges ; mais il faut être juste, quand ma fille est revenue à Montigny, Zéphyr a été poli, il lui a fait cadeau de l'oie, et il l'a invitée, comme c'était son droit. Cependant elle était un peu pâle encore, et elle n'avait pas de rubans rouges.

— Pardi ! fit Lazare en appuyant sur cette insinuation, Adeline était toujours la plus belle et la mieux mise : si elle n'avait pas de rubans, elle avait des bijoux, un bracelet.

— En or, dit Protat avec orgueil, en vrai or.

— Et des boucles d'oreilles, continua l'artiste.

— En diamants, dit Protat, en vrais diamants, et elle en a comme ça la valeur de trois arpents, prés ou vignes, dans une petite boite rouge.

— Ce qui explique pourquoi Zéphyr tenait tant à la faire danser. Avec son bracelet, Zéphyr croyait que votre fille le faisait reluire. Il est plein d'amour-propre, ce petit bonhomme !

— Revenons à nos moutons, dit le sabotier à Lazare.

Quel rapport ces histoires-là peuvent-elles avoir avec ce qui nous intéresse?

— Attendez donc! fit le peintre; tout se tient dans la vie, comme vous venez de vous le rappeler tout à l'heure. Pendant plusieurs années, c'est Zéphyr qui a remporté le prix de l'oie à la fête du pays, et chaque fois votre apprenti a joui des honneurs attachés à cette victoire. Eh bien! rappelez-vous maintenant que l'an dernier c'est un certain Lazare, de votre connaissance et de la mienne, qui a eu l'avantage d'apporter triomphalement l'oie à votre tournebroche, et que nous avons eu le plaisir de la déguster ensemble, au grand dépit et déplaisir de votre apprenti, qui, par orgueil, n'a point même voulu accepter une part de la conquête, que je lui offrais en rival généreux.

— C'est parbleu vrai, fit le père Protat en joignant les mains.

— Et voilà comment vous aviez raison tout à l'heure, quand vous disiez que Zéphyr était jaloux de moi. Zéphyr, battu par moi dans le champ clos de l'oie l'an dernier, par moi dépossédé des avantages sus-mentionnés, n'a pas subi cet échec sans rancune. Il espérait peut-être rétablir cette année sa réputation d'adresse, restée sur le carreau à la pointe du coupe-chou municipal; mais il apprend mon retour : il se désole, c'est tout naturel. Et notez bien encore qu'en arrivant à Bourron, où vous l'aviez envoyé me joindre, j'ai commencé, — fatale imprudence! — par lui rappeler l'aventure de l'an dernier, en le prévenant que je comptais bien encore concourir cette fois-ci!

— Vous croyez que ce serait à cause de ça?...

— Écoutez donc ! vous m'avez dit : Cherchons ensemble quelle raison Zéphyr a pour être fâché de mon retour. Je vous donne celle-là, non point qu'elle soit suffisante et me paraisse peser autant que la pierre qu'il avait aux jambes ; mais c'est la seule que je trouve, et c'est la seule probable. Que cela vous surprenne, je le comprends ; mais moi je m'en étonne moins que vous. L'amour-propre a fait faire à des gens plus graves que Zéphyr des folies du genre de la sienne, et pour des causes plus futiles en apparence. Une fois par an, lui chétif, mal venu, mal mené par vous et par tout le monde, une fois par an il était triomphant, flatté, recherché. Cette journée-là, c'était la seule dans l'année où il respirât avec bonheur. Ce moment d'orgueil balançait toutes les humiliations des autres jours. Arrive un étranger, un flâneur, qui, sans raison, pour se distraire enlève à ce pauvre diable cette heure unique de contentement qu'il découpait en autant de parts qu'il y a de jours dans l'année. Eh bien ! il a souffert, et souffert cruellement. Le pauvre qui n'a qu'un sou et à qui on vole son sou souffre autant et perd autant que le millionnaire à qui on vole un million. Cette malheureuse oie, si maigre et si dure, que j'ai passée, je n'ose pas dire au fil de mon sabre, car c'était une scie, — cette oie était le trésor de Zéphyr, c'était le capital annuel de sa pauvre joie, et le souvenir lui en payait la rente. Pendant toute l'année, elle charmait ses rêveries, il ne pouvait pas rencontrer une volaille sans se dire en lui-même : Voilà ma conquête future qui s'engraisse. Il comptait peut-être sur mon absence cette année ; mais me voici de retour. C'est dans quinze jours la fête de Montigny : Zéphyr a perdu la tête. Et avec l'autre raison que vous avez primitivement..... supposée,... supposition que j'ai partagée avec vous, celle que je vous révèle fait bien la paire, et nous avons notre compte.

— Bien possible, bien possible ! fit le sabotier en secouant la tête.

— Ce n'est pas bien possible, c'est bien sûr qu'il faut dire, insista Lazare.

— Oui, oui, c'est comme ça que j'entends, reprit le bonhomme avec un air et un accent également convaincus.

— Ah ! pensa Lazare en lui-même, j'ai eu assez de mal à le convaincre. — Et voyant que Protat s'efforçait de dissimuler un bâillement, il ajouta : En voilà encore un qui va dormir tranquille.

Cette conversation s'était prolongée assez tard ; la demie de dix heures venait de sonner à l'église de Montigny. Le bonhomme Protat, qui avait laissé passer l'heure habituelle de son coucher, semblait avoir grand besoin de dormir. Quant à Lazare, s'il ne souhaitait point le repos, il désirait au moins la solitude. Le sabotier s'étant levé, l'artiste l'imita, prit au clou la clef de sa chambre, et alluma son bougeoir, où, par une précaution d'Adeline, la bougie avait remplacé la chandelle, pour laquelle la répugnance de l'artiste était connue.

Avant de se séparer, et comme s'il eût voulu se débarrasser d'une dernière inquiétude en recevant de la bouche de Lazare une dernière confirmation de sécurité, Protat dit à l'artiste : — Comme ça, monsieur Lazare, vous pensez bien que l'événement n'aura pas de suite, et que tout est est fini là ?

— Les précautions sont prises, et je vous les ai fait connaître, répondit le peintre. Madelon a le mot d'ordre, et Adeline l'a reçu d'elle. Vous êtes sûr de moi comme de vous : l'affaire de Zéphyr restera donc un secret entre nous ; ce n'est pas lui qui parlera. En eût-il l'idée, d'ailleurs, il ne le pourrait pas puisque je l'ai enfermé.

— Bon pour ce soir... mais demain ? fit Protat.

— J'ai pensé à cela. Aussi demain, et sous le prétexte d'éviter la chaleur du soleil, dès la petite pointe du jour, j'emmène Zéphyr avec moi à la Mare aux Fées, où je compte faire une étude. Les gens de Montigny ne rôdent guère de ce côté là, et si Zéphyr était disposé à se laisser tirer les vers du nez par les curieux à propos de son bain, j'aurai toute la journée pour le détourner de cette idée-là et le disposer, au contraire, si on l'interroge, à parler comme nous allons faire tous, afin que les soupçons rentrent dans leur trou : mais je crois que c'est là un luxe de précautions, et que le petit bonhomme ne songe pas à nous démentir. Il pense vous devoir la vie une seconde fois, il vous l'a dit lui-même, et le petit discours qu'il vous a adressé tantôt indique qu'il est, d'intention au moins, prêt à racheter par sa conduite future tout ce que vous étiez en droit de trouver répréhensible dans ses anciennes façons d'agir, ou plutôt de ne pas agir. De votre côté, vous êtes, je crois, disposé à lui tenir compte de tout ce qu'il fera ?

— Ah ! tout prêt, dit le sabotier. Je n'ai pas besoin de vous le cacher, puisque vous vous en êtes aperçu ; mais tantôt, quand je l'ai tenu tout mouillé et tout froid... ça m'a donné un coup... sacrebleu! Je n'avais rien éprouvé de pareil depuis le temps où les gens d'ici m'appelaient mauvais père. Il me semblait déjà les entendre m'appeler *mauvais maître* et *bourreau d'enfants*, et puis d'ailleurs ce garçon est un peu mon enfant au fait, puisque je l'ai adopté. Aussi, voyez-vous, je n'ai pas attendu qu'il m'ait promis de se bonifier pour me promettre à moi-même de devenir meilleur.

— J'ai vu cela, fit Lazare, quand vous le teniez dans vos bras et que vous appelé Adeline auprès de lui... Savez-vous de quoi vous aviez l'air? continua l'artiste en étudiant fixement le visage du sabotier.

— De quoi avais-je l'air? lui demanda celui-ci.

— Vous aviez l'air de lui donner votre fille en mariage.

L'artiste avait lancé cette parole comme on jette une pierre dans un abîme pour en sonder la profondeur. Le sabotier ne se doutait pas qu'en mettant, sous forme de comparaison et brusquement, cette idée en contact avec lui, c'était tout simplement une interrogation anonyme que lui adressait l'artiste, qui, sa phrase achevée, redoubla d'attention, pour lire dans les traits du bonhomme les impressions qu'elle allait éveiller dans son esprit. Protat tomba dans le piége avec toute la naïveté désirable.

— Ah! ah! ah! fit-il en ouvrant la bouche pour un immense éclat de rire; ah! ah! ah! quelle idée vous avez là! Oh! que c'est donc drôle! Ah! ajouta le sabotier en se tenant les côtes, ça fait mal de rire comme ça! mais c'est plus fort que moi, voyez-vous? Zéphyr, Adeline... Où diable allez-vous donc chercher vos comparaisons, vous autres artistes.

— Bon, pensa Lazare, voilà pour l'étonnement : je m'y attendais bien. — Et il répondit : — Nous prenons nos comparaisons dans notre métier. Il y a au Louvre un tableau intitulé : *les Accordailles*, où un honnête paysan comme vous donne sa fille en mariage à un brave garçon de l'endroit ; le groupe que vous formiez tantôt avec la petiote et Zéphyr m'a rappelé ce tableau, et de là est venue naturellement ma comparaison.

— Est-ce que le père me ressemble ? demanda Protat.

— C'est une bonne tête de brave homme comme la vôtre. Il a l'air de dire en regardant son gendre : J'en aimerais mieux un autre ; mais puisque ma fille préfère celui-là, ma foi, ça la regarde : c'est elle qui épouse après tout, et pas moi.

— Il pense bien, ce père-là, reprit Protat ; s'il y a une inclination entre les jeunes gens, faut jamais se mettre en travers. C'est mauvais, ça.

— Ainsi, dit Lazare avec un mouvement de vivacité aussitôt réprimé, vous ne contrarieriez pas le choix de votre fille, quel qu'il soit ?

— Quel qu'il soit... fit le bonhomme en hésitant, c'est encore à savoir. Avec la brillante éducation qu'elle a reçue, vous pensez bien que ma fille ne pourra jamais penser qu'à épouser un homme très-distingué.

— Enfin, poursuivit l'artiste, si Adeline vous disait un beau matin : Tu ne sais pas ? il m'arrive une drôle de chose... j'ai une inclination... pour... Zéphyr ?

10

— Oh! oh ! oh! quelle farce, dit le sabotier, qui recommença à rire; — puis, redevenant insensiblement sérieux, il répondit : — Je dirais à ma fille : Va-t'en faire un tour dans ta chambre, et, pendant qu'elle irait, je prendrais Zéphyr par les oreilles et je lui... — Protat acheva sa pensée par un geste énergique.

— C'est bon, pensa Lazare; je sais tout ce que je voulais savoir.

— Ah çà! mais, demanda le sabotier, de quoi parlons-nous là, au fait?

— Pardi ! fit Lazare, nous parlons peinture à propos d'un tableau qui est au Louvre. — Et l'artiste se mit à rire lui-même d'une façon si bruyante, que le sabotier étonné lui en demanda la raison.

— Eh! vous ne voyez donc pas que je m'amuse, et que cette idée du mariage de votre fille avec... ce gamin... me fait étouffer de rire moi-même...

— Adeline et Zéphyr! fit Protat en se mettant à l'unisson de la gaieté du jeune homme.

— Votre fille, qui a l'air d'une dame...

— D'une grande dame... ajouta le sabotier.

— Une demoiselle qui a au moins... mille écus de dot.

— Qu'est-ce que vous dites donc là, mille écus? dit le sabotier comme humilié par cette évaluation ; mais rien que de ses propres elle a dix mille francs, qui sont en train de lui faire des petits à Fontainebleau, à Nemours, à Montereau... et jusqu'à Paris... Ajoutez ce que je lui donne... et comptez...

— C'est vrai... fit Lazare ; Adeline aura une quinzaine de mille francs en mariage.

— Ptch ! exclama Protat. Tenez, mon cher... voilà la dot de ma fille. — Et le sabotier, avec un indéfinissable orgueil, ouvrit six fois de suite, en la refermant chaque fois, sa large main, dont il écartait les cinq doigts en éventail.

— Diable ! dit le peintre, faisant à la fois claquer sa langue et ses doigts, comme s'il eût voulu flatter par ces signes d'étonnement le sentiment d'amour-propre qui avait gonflé le sabotier énumérant cette fortune. — Eh bien ! ce que vous me dites là, père Protat, rend ma supposition de tout à l'heure encore plus comique. Voyez-vous votre fille, une riche héritière enfin, épousant Zéphyr ! Voyez-vous d'ici l'apprenti sabotier déclarant au contrat ses économies de paresse, un sac de cailloux !..... Zéphyr en marié, disant au maire : Je ne sais pas mon nom !

Le bonhomme se tordait sur la table en écoutant ce parallèle entre sa fille, belle, riche, heureusement douée, et cet être malingre, orphelin et pauvre, avec Zéphyr réunissant dans sa chétive personne les deux plus grandes plaies sociales : sans nom et sans le sou. Ce n'était point un méchant homme que le père Protat ; mais de ce tableau évoqué devant ses yeux il ne voyait qu'un côté, et ce n'était pas le côté pitoyable, c'était l'aspect grotesque.

— O vanité ! pensait l'artiste en observant le sabotier ; mauvaise graine qui germe en tout terrain, aussi bien dans les meilleures que dans les pires natures ! Mettez un écu dans la poche d'un gueux, et il crachera sur son ombre. — Et, après cette réflexion philosophique, Lazare frappa sur le ventre du sabotier, qui fit un brusque soubresaut.

— Oh! fit Protat, je n'en peux plus!...

— C'est bon de rire comme ça, dit l'artiste ; ça purge des idées noires. — Puis, comme onze heures sonnaient au même instant, ils se séparèrent en échangeant une poignée de main, Protat pour aller dormir, Lazare pour aller rêver.

— Maintenant, dit Lazare en se jetant tout habillé sur son lit, récapitulons. — Et il repassa brièvement dans sa mémoire tous les faits qui avaient précédé et suivi l'événement dont son retour à Montigny avait hâté la péripétie. — Si étrange que cela paraisse, pensait Lazare, il n'y a pas à douter, les faits sont là. Cette enfant m'aime. Une enfant! eh! parbleu, non, elle ne l'est plus, quoique j'aie bien de la peine à me la figurer autrement; c'est bien une fille, et une jolie fille. Adeline a dix-huit ans ; elle n'est donc ni en avance, ni en retard pour aimer; elle est à l'heure. Mais pourquoi cette ingénue a-t-elle songé à moi? Ah! pourquoi? Ce n'est pas difficile à comprendre, et le bonhomme Protat me l'a expliqué lui-même tout à l'heure en me disant qu'une fille si bien élevée n'aimerait jamais qu'un homme distingué. Eh bien! il me semble que je rentre complétement dans les conditions du programme, et tous les *beaux* qui composent la fleur des pois de Montigny ne me vont pas seulement à la cheville comme distinction. Peut-être que cette *demoiselle* de village eût songé en mon absence à quelqu'un d'entre ces messieurs ; mais je suis venu : *Veni, vidi, vici.* C'est la première fois qu'il m'arrive de réaliser la devise césarienne ; il est vrai que je n'y tâchais guère, et que nous sommes à Montigny. Enfin je ne me dédis pas.

Elle est jolie, cette enfant-là, et ça me fait tout de même quelque chose de savoir qu'elle m'embrasse en effigie depuis un an. Avec cela qu'elle est rusée à ajouter des ruses au dictionnaire du genre : une vraie Rosine rustique dont je suis le Lindor. Quelle idylle à promener sous les étoiles, dans ces chemins creusés comme tout exprès pour les faux pas, au milieu de cette nature favorable aux *Oarystis!* Quel charme de faire bégayer à cette innocente l'alphabet amoureux depuis A — jusqu'à Y ! seulement. Mon ami Lazare, interrompit brusquement l'artiste en s'apercevant qu'il ne laissait pas d'éprouver une certaine douceur à descendre la pente de cette rêverie, vous êtes un drôle. Avoir seulement cette idée-là pour le plaisir de l'avoir, c'est déjà coupable. Songez que cette petite Adeline est comme votre sœur, que vous l'avez fait danser cent fois sur vos genoux, et que vous aviez même ce matin, en partant de Paris, l'intention de lui apporter une poupée et des dragées, ce que vous avez, heureusement pour son amour-propre de grande demoiselle, complétement oublié de faire, comme vous oubliez toujours, parce que vous êtes un étourdi, tellement étourdi, mon bon ami, qu'il ne vous est pas venu à l'idée un instant que le petit cœur de cette enfant-là sautait plus fort que ses jambes quand vous la faisiez danser à la corde. Or donc je vous conjure et au besoin vous ordonne de guérir au plus tôt le mal que vous avez apporté céans, en y développant toutes les grâces de votre personne et les agréments de votre esprit. Eh ! au fait, s'écria Lazare en faisant un saut qui fit bondir sa pantoufle au plafond, je suis encore bien bon de me donner tant de mal que ça. Cette petite ne m'aime

10.

pas sérieusement, et il n'y a aucunement péril en la demeure. Ce qu'elle éprouve pour moi, c'est l'habituelle amourette des petites filles, c'est la première fermentation de l'imagination éveillée par des lectures de romans. Je suis sûr que sa cervelle est une bibliothèque de fadaises sentimentales. Romans et rubans, c'est avec ça qu'on amuse les fillettes dans le beau monde où son père est si fier de l'avoir fait élever. Le premier joli garçon qui se présente est habillé en Galaor par l'innocent caprice d'une innocente. C'est là mon histoire avec Adeline. J'ai été trop prompt à m'alarmer, et, sans doute parce que ma vanité y trouvait son compte, je me suis trop dépêché de crier au feu — pour une étincelle. Eh bien! non, reprit Lazare après avoir secoué la tête en manière de doute, non, je ne me trompe pas, et il n'y a point de quoi rire dans tout cela. C'est mieux qu'une fantaisie passagère, ou plutôt c'est pis : Adeline m'aime pour de bon ; c'est bien l'allure de la passion qui va droit devant elle, et sans savoir où elle va ; tous mes souvenirs du passé, toutes mes observations d'aujourd'hui l'attestent. A cause de moi, cette enfant va souffrir beaucoup. Il faut au moins qu'elle ne souffre pas longtemps ; il faut que, le jour où la porte de cette maison se refermera derrière moi, Adeline ne pleure pas mon départ et n'espère plus mon retour. Comment opérer cette conversion? Les moyens sont à trouver, et c'est en cherchant qu'on trouve.

Quant à Zéphyr, continua Lazare, j'avoue que celui-là m'étonne et m'intrigue encore davantage, non point que ce soit précisément la précocité de sa passion qui me surprenne, — on en a vu des exemples, — mais il est rare qu'à cet âge la passion procède avec ces violences. Zéphyr amoureux d'Adeline et jaloux de moi! à quinze ans! cela peut faire rire d'abord; mais Zéphyr allant se jeter à l'eau, cela fait songer, et j'y songe. Qui diable aurait deviné cela sous cette lourde enveloppe? — Étrange, tout à fait étrange! murmurait Lazare. Heureusement, poursuivit-il, que le père Protat était déjà mieux disposé pour lui, et qu'il me l'abandonne : je pourrai étudier ce mystérieux gamin qui a les passions d'un homme, car, pour choisir un remède et l'appliquer utilement, il ne suffit pas de connaître le mal, il faut en découvrir l'origine. Oui, mais Zéphyr voudra-t-il me donner sa confiance? J'en ai besoin, et tout entière. Son bain de tantôt paraissait avoir un peu refroidi sa jalousie, il était moins farouche avec moi ce soir; mais demain sera-t-il dans les mêmes dispositions? Voudra-t-il croire à mon intérêt? Il est rusé sous son air bête. Bon, fit fit Lazare, j'ai un moyen de lui prouver que je suis son ami.

Et l'artiste, ayant sauté à bas de son lit, s'approcha de la table qui était dans l'atelier, tira d'un buvard une feuille de papier à lettres sur laquelle il écrivit quelques lignes, fit sécher l'écriture à la flamme de la bougie, cacheta la lettre en hésitant un moment à choisir le pain à cacheter : puis, du ton d'un homme qui en appelle à un souvenir, il murmura tout bas : — Il était bleu. — Et la lettre fut fermée d'un cachet bleu. Ce travail achevé, Lazare s'en fut décrocher la glace qui était sur la cheminée, l'appuya sur la table où il vint s'asseoir, disposa la lumière d'une certaine façon, et commença, *d'après lui-même*, un dessin sur un feuillet d'album déjà plein de croquis. Ce travail lui prit une demi-heure.

Le dessin terminé, Lazare le mit auprès de sa lettre, et, débouclant son sac de voyage, il parut y chercher quelque chose qu'il ne put trouver sur-le-champ, sans doute à cause du désordre qui avait présidé à la confection de sa valise. Drôle de fille ! murmurait le peintre en fourrageant dans son sac avec impatience ; me voler mon lorgnon, et encore il était cassé ! Après ça, l'amour fait relique de tout. Diable de paquet, où l'ai-je fourré ? Ah ! voilà ! — Et il ouvrait une petite boîte dans laquelle étaient renfermés une demi-douzaine de lorgnons dits *monocles* pareils à celui qu'il portait au cou. — Dire, continua Lazare, qu'il y a des êtres qui portent ça comme un ornement ! c'est bien gai d'être myope ! Si on laisse tomber son lorgnon par terre, il faut en acheter un second pour retrouver le premier. — Et tout en parlant il cassait la queue d'un des monocles pris dans sa boîte. — Et maintenant, dit-il en ajoutant le lorgnon à la lettre et au portrait, avec ces trois choses-là, j'aurai le secret de Zéphyr... Oui... mais il est malin, et serait capable de ne pas les reconnaître : j'ai eu l'imprudence de me faire plus joli dans cette seconde édition de mon image que je ne l'étais dans la première ; la seconde lettre est toute fraîche, l'autre était coupée par les plis. Zéphyr ne croira pas... Attends un peu, Zéphyr. — Et Lazare, ayant décacheté la lettre, la fripa légèrement, la frotta sur le carreau, dont la poussière vint adhérer au papier, et finit par la tremper dans une cuvette d'eau. Le portrait fut soumis à la même opération.

— A présent, dit Lazare en se mirant, comme on dit, dans son ouvrage, lettre et portrait sont méconnaissables, raison de plus pour que Zéphyr les reconnaisse. Résumons la situation et le plan de conduite à tenir. Me rendre indifférent à Adeline, elle ignore que je suis instruit de ce qui se passe dans son cœur et n'attribuera pas mes façons d'agir à une ruse ; rendre Adeline indifférente à Zéphyr, et, tout en travaillant à rendre la paix à ces deux cœurs troublés, empêcher que Protat n'évente le secret de sa fille et celui de son apprenti ; de plus, empêcher que les curieux de ce pays-ci soupçonnent un seul instant tout ce que le sabotier était en chemin de soupçonner tout à l'heure, si je ne l'avais pas arrêté à temps. Tout orphelin et tout pauvre qu'il est, si Zéphyr, au lieu d'être plus jeune qu'Adeline était au contraire plus vieux, il y aurait bien à manœuvrer autrement, sinon pour le présent, au moins pour l'avenir. Adeline, ne songeant plus à moi, aurait pu se retourner du côté de Zéphyr, — du bon côté ; — Protat eût fait de l'opposition, mais il aurait bien fallu qu'il voulût ce qu'aurait souhaité sa fille. Malheureusement il ne faut pas songer à cela. Eh bien mais ! me voilà de la besogne taillée, sur laquelle je ne comptais pas. Je croyais être venu ici pour faire du paysage, et c'est au contraire pour faire de la diplomatie. Si j'avais prévu cela, j'aurais apporté une douzaine de toiles en moins et une douzaine de cravates blanches en plus.

Minuit sonnait à l'église de Montigny.

— Allons, dit Lazare en se déshabillant tout à fait, c'est moi qui suis chargé de réveiller le soleil demain matin. Il est temps de dormir.

X

La mare aux Fées.

Le lendemain matin à la pointe du jour, Lazare sortait discrètement de sa chambre-atelier, n'emportant avec lui qu'un grand carton à dessin, son parasol et sa chaise de campagne. En passant devant la porte de Zéphyr, l'artiste y gratta légèrement pour lui dire de s'apprêter à le suivre.

— Monsieur Lazare, monsieur Lazare, murmura tout doucement Zéphyr, qui était déjà levé; ne faites pas de bruit et surtout n'ouvrez pas ma porte.

— Pourquoi ça? demanda Lazare, un peu surpris et baissant la voix.

— C'est que mamzelle Adeline m'a *tapé* hier au soir et m'a dit au travers du mur que j'aille l'attendre au jardin ce matin. Elle veut me parler avant tout le monde. Ah! je sais bien à propos de quoi. — Et la voix de l'apprenti trahissait une crainte. — Si vous ouvrez la porte, ça va la réveiller parce que ça secoue son mur, et bien sûr elle m'empêchera d'aller avec vous.

— Il préfère venir avec moi, c'est bon signe, pensa l'artiste. Et il répondit doucement : Mais pour que tu puisses sortir, il faut bien ouvrir la porte.

— Ce n'est pas la peine, dit Zéphyr. J'ai laissé ma fenêtre ouverte exprès hier ; vous mettrez l'échelle, et je descendrai comme ça. Allez-vous-en doucement ; ôtez vos souliers pour ne pas faire crier l'escalier. Je vais vous attendre à la fenêtre.

La précaution conseillée par Zéphyr était bonne, car l'escalier de bois criait et ébranlait toute la maison. Lazare retira ses chaussures, et en descendant chaque marche il prit tant de précautions, que c'était à peine s'il se sentait descendre lui-même. Une fois dans le jardin, il trouva l'échelle, l'appliqua au mur et fit descendre l'apprenti.

— Nous allons? demanda celui-ci, qui était déjà chargé du carton et de la chaise de Lazare.

— Nous allons à la Mare aux Fées.

— Deux lieues, répliqua Zéphyr, et il fit la grimace.

— Bon, pensa Lazare, il n'a pas laissé sa paresse au fond de l'eau. Et il répondit : — Si tu n'es pas content, je t'emmène à la Mare aux Corneilles.

— Trois lieues alors! fit Zéphyr avec un mouvement d'effroi.

— Et si tu n'es pas encore content, ajouta Lazare, nous pousserons jusqu'à Arbonne.

Zéphyr leva le nez en l'air comme s'il eût cherché à calculer les distances.

Lazare montra cinq doigts d'une main.

— Cinq lieues! dit Zéphyr en laissant tomber le carton et la chaise.

— Ramasse-moi ça bien vite. Comment, tu te plains déjà, drôle, pour deux méchantes lieues?

— Oh! d'ici à la mare, fit Zéphyr, il y a bien une borne en plus.

— Mais tu n'as que le carton et la chaise à porter, ça ne pèse rien.

— Oui, mais il y a le pochon qui est lourd, le pochon, continua Zéphyr en inclinant la tête du côté de la cuisine.

Lazare ne put s'empêcher de sourire; il avait compris. L'apprenti faisait allusion au grand sac dans lequel les artistes emportent leurs provisions de vivres quand ils vont travailler dans un endroit éloigné de la forêt.

— L'appétit revient, dit Lazare en lui-même, et il ajouta en regardant l'apprenti : Tu as déjà faim?

— Déjà! répondit Zéphyr, voilà quasiment plus de trois jours que je n'ai ni mangé ni bu.

— Ah! fit Lazare, je croyais que tu avais bu hier, et un bon coup encore.

Zéphyr feignit de ne pas avoir entendu l'allusion, et se dirigea vers la salle à manger, qui ouvrait sur le jardin.

— Oh! fit Lazare en le suivant, le cri de la nature..... Mais, dit-il à Zéphyr, je n'ai point prévenu Madelon que j'allais en forêt ce matin ; elle n'aura point préparé le sac.

— Je vais le préparer donc, répondit Zéphyr.

— Mais les clefs pour ouvrir l'armoire ? Tu sais bien que Madelon les retire, dit Lazare.

— Oui, mais il y a un an Madelon a perdu une clef. Je ne sais pas comment ça se fait, dit Zéphyr en baissant la tête mais...

— Tu l'as trouvée ? dit Lazare, qui devina.

— Oui, répliqua Zéphyr en fouillant dans sa poche, d'où il retira une clef. — Dame ! continua l'apprenti, quand on vous fait jeûner les trois quarts du temps... — Et ayant ouvert l'armoire, il commença à tirer un plat dans lequel restait un morceau de viande du souper de la veille.

— Brûlé, fit-il avec dépit en tournant le gigot dans tous les sens.

— C'est ta faute ; la Madelon ne pouvait pas être hier, à la broche et à te faire chauffer des serviettes pour te secourir.

— C'est vrai, dit Zéphyr en enveloppant le gigot dans un journal et en le glissant dans le bissac ; puis il se remit à l'inventaire de l'armoire. Il amena l'un des deux brochets que l'on n'avait pas entamés la veille. Avant de le mettre dans le sac, il le flaira avec soin, et secoua la tête d'un air à demi satisfait. Il se décida à l'emporter en murmurant :

— Pas frais ! Enfin, avec de la sauce...

— Tu vas emporter de la sauce ? fit Lazare, étonné de tous ces préparatifs ; dans quoi ? s'il te plaît.

— Dans ça, répondit Zéphyr avec le même laconisme. Et il se mit à verser, dans une petite bouteille, de l'huile et du vinaigre, en ayant le soin d'ajouter le sel et le poivre,

11

très-minutieusement dosés. Ceci achevé, il mit la bouteille dans sa poche et retourna à l'armoire.

— Que cherches-tu encore? demanda Lazare.

— Vin, dit Zéphyr tranquillement, et il monta sur une chaise pour atteindre à un rayon supérieur de l'armoire, où l'on apercevait trois ou quatre bouteilles cachetées.

— Ce n'est pas le vin d'ordinaire, fit l'artiste.

L'apprenti secoua la tête, montra le cachet et murmura: — Meilleur. Puis, ayant enveloppé deux bouteilles séparément dans un torchon, pour qu'elles ne se brisassent point au choc, il les coula dans le grand sac, où il ajouta encore la moitié d'un pain et des couverts, ainsi que deux gobelets. Ensuite il ferma l'armoire et laissa la clef dessus.

— Tu vas donc dire à Madelon que tu as retrouvé la clef? demanda Lazare.

— Non, vous direz que c'est vous qui l'aviez emportée l'an passé.

— Pourquoi donc l'aurais-je emportée?

— Pour lui faire une niche. — Et s'étant chargé du bissac, Zéphyr sortit de la salle à manger. On était déjà sur le seuil de la porte, quand l'apprenti parut frappé d'une idée et retourna au jardin.

— Où vas-tu encore? demanda Lazare.

— Dessert, répondit Zéphyr avec son même laconisme, et il se mit en devoir de cueillir trois ou quatre fruits qui pendaient à l'espalier, et dont il avait eu grand soin d'examiner le degré de maturité. Il ouvrit le bissac et mit le dessert dans une double poche.

— Tu oublies le café et les liqueurs, lui dit Lazare en riant quand ils furent dehors.

Zephyr leva les bras au ciel en ayant l'air de dire : A la guerre comme à la guerre! et il commença à cheminer.

— Quel logogriphe que cet être-là! pensait Lazare.

Lazare, ayant rejoint Zéphyr, qui marchait plus allègrement que de coutume, lui dit en plaisantant : — Mais j'y songe. Maintenant que tu as rendu la clef de l'armoire aux vivres, comment feras-tu pour t'en procurer quand le père Protat te rognera ta portion?

— Il ne me la rognera plus, répondit Zéphyr avec un accent de conviction.

— C'est selon, fit Lazare. Protat est bon homme au fond, ton accident d'hier l'a, sur le moment, rendu plus doux avec toi que tu n'étais accoutumé à le voir; mais de ton côté tu lui as promis de changer de conduite. Si tu lui tiens parole, ton maître te tiendra aussi compte de tes efforts; si au contraire, à peine séché de ton bain d'hier, tu reprends tes mauvaises habitudes, il est à peu près certain que Protat essaiera encore de t'en corriger, et alors gare les coups, le pain sec et le reste! Protat n'a pas la main tendre, mais tu as la tête dure.

— A quoi ça lui a-t-il servi d'être comme ça avec moi?

— Pas à grand' chose, je le veux bien, mais ce n'est pas à ta louange. Entre nous, voyons, n'est-il pas honteux pour un garçon de ton âge de n'être bon à rien ? Comment, voilà je ne sais combien de temps que le bonhomme Protat essaie de t'apprendre son métier, et tu n'es pas encore en état, il le dit lui-même, de mettre une paire de sabots sur talon!

C'est donc bien long et bien difficile d'apprendre à faire des sabots, hein ?

— Est-ce que ça vous amuserait, vous, monsieur Lazare, d'apprendre à faire des sabots ? demanda l'apprenti.

— Je ne suis pas sabotier, moi, et d'ailleurs on n'a pas un état pour s'amuser. C'est au contraire pour travailler, pour s'assurer des moyens de vivre, et acquérir plus tard, selon l'état qu'on a choisi, la fortune, ou l'aisance, ou tout au moins l'indépendance.

— Oui, murmura Zéphyr, faire ce qui vous plaît, être libre !

— Mais ce qui te plaît à toi, c'est de ne rien faire, à ce qu'il paraît, dit l'artiste. Réfléchis donc un peu que nous sommes tous au monde pour faire quelque chose, et utiliser nos bras ou notre intelligence, quand le bon Dieu a oublié de nous donner des rentes. Et d'ailleurs, si tu ne t'en doutes pas, je t'apprendrai qu'il y a beaucoup de gens riches qui travaillent...

— A s'amuser, fit Zéphyr, sans qu'il y eût pourtant dans cette parole aucune intention d'amertume ou d'envie.

— Eh ! mon ami, c'est plus fatigant que tu ne crois, cette occupation-là, répliqua Lazare.

— Vous vous êtes donc bien fatigué, monsieur Lazare ? demanda Zéphyr.

Cette façon de l'interroger surprit beaucoup le peintre, déjà étonné par l'interrogation elle-même. — Mon cher, répondit-il très-sérieusement, j'ai tout à l'heure le double de ton âge : eh bien ! tel que tu me vois, à dix ans, je savais combien il fallait de jours pour gagner un écu, et j'étais déjà devenu un homme, que j'ignorais encore qu'on pût le dépenser en une heure. Or, comme je n'ai jamais été assez riche pour acheter du plaisir, ce qui est la plus chère denrée de ce monde, j'ai dû tirer mon amusement de mon propre travail, et comme j'ai beaucoup travaillé, pour ne pas dire toujours, je me suis effectivement beaucoup fatigué — en m'amusant, si c'est ce que tu veux savoir.

— Ah! vous faisiez déjà des peintures à dix ans! demanda naïvement Zéphyr.

— Je ne t'ai pas dit ça. Comme j'étais trop jeune pour travailler d'esprit, si faibles qu'ils fussent, je travaillais des membres. Tu te plains que l'état de sabotier ne soit pas amusant; celui que je faisais ne l'était guère non plus, et à la fin du jour j'étais bien aussi fatigué que pourrait l'être la roue du moulin de Montigny, si elle était une force vivante, car, moi aussi, je faisais un travail de mécanique. Mais pourquoi me demandes-tu tout ça?

— C'est pour savoir, monsieur Lazare... et puis, tenez... voulez-vous me permettre de vous demander encore quelque chose?

— Va, mon garçon, repondit l'artiste, qui étudiait sur la physionomie de l'apprenti à quel but tendaient ses questions, en même temps qu'il observait quel effet produisaient ses réponses.

— Eh bien! monsieur Lazare, continua Zéphyr, quand ça vous a ennuyé d'être *roue de moulin*, vous avez fait autre chose?

— Oui; c'est alors que j'ai commencé à faire des peintures, comme tu dis.

— Mais pour en faire, il faut qu'on vous ait appris encore ?...

— J'ai d'abord commencé à m'apprendre tout seul, du moins tout ce qu'on peut apprendre sans maître.

— On peut donc apprendre quelque chose tout seul ? demanda Zéphyr, feignant la niaiserie.

— Sans doute, quand on aime la chose que l'on apprend, et qu'au désir d'apprendre on ajoute encore le goût et l'intelligence.

— C'est égal, poursuivit Zéphyr, il faut tout de même un maître.

— Oui, parce que les dispositions naturelles ont toujours besoin du secours de l'étude.

— Et il y a longtemps que vous étudiez ? continua Zéphyr.

— Il y a quinze ans.

— Alors vous devez être quasiment comme maître, et parfait maître dans votre partie ?

— Un apprenti, Zéphyr, un modeste apprenti. Ainsi juge un peu où tu serais, si on t'avait mis dans ma partie, toi qui en sept ou huit ans n'as point pu apprendre à faire une paire de sabots !

— Ah ! fit Zéphir en rétablissant sur son épaule l'équilibre de son fardeau d'un port plus léger que commode, il y a beau temps que je sais les faire, les sabots.

— Ah ! bah ! exclama Lazare en s'arrêtant au milieu du chemin.

— Mais, oui, reprit l'apprenti en s'arrêtant aussi et en examinant quel effet cette révélation venait de produire sur son compagnon.

Au même instant, ils étaient arrivés à la croix qui est au bout du *pays*. Devant eux commençait la route sablée qui traverse les *Longs-Rochers* ; à gauche, le pavé qui conduit à Bourron et à Marlotte. Par ce chemin, en traversant ce dernier village, on trouvait au bout et dans la forêt un sentier qui en se roidissant aboutit à la *Mare aux Fées*. Par les *Longs-Rochers,* route plus courte, mais rendue fatigante par les pulvérisations de grès qui ont fini par s'ensabler, on pouvait également arriver à la mare ou au *plateau*, comme on la désigne encore à cause de sa situation élevée.—Quel chemin voulez-vous prendre ? demanda Zéphyr en s'arrêtant à la *croix* et en regardant Lazare, encore abasourdi par le dernier mystère que l'apprenti venait d'ajouter à tous ceux qu'il s'était donné la mission de pénétrer.

— Prenons le plus court, dit l'artiste, voulant, par cette concession faite à la paresse de son compagnon, le disposer favorablement à subir la question qu'il méditait de lui appliquer.

Zéphyr, à qui le choix de la route était abandonné, parut hésiter un instant. — Il y a du vent, dit-il en regardant un peuplier qu'une brise assez fraîche inclinait en face de lui.

— Petit vent, fit Lazare ; c'est bon le matin, ça réveille. Et il ajouta en voyant que l'apprenti hésitait toujours : — Qu'est-ce que ça peut nous faire que le vent souffle d'un côté ou d'un autre ? Nous ne marchons pas à la voile.

— Ça peut nous faire, répliqua tranquillement Zéphyr, que si nous prenons par là, — et il montrait les gorges des

Longs-Rochers, — nous aurons du sable jusqu'aux genoux, et que le vent nous en soufflera plein les yeux ; mais par ici, dit-il en regardant l'autre route, c'est le plus long.

— Quand il y aurait encore deux cents pas de plus, fit Lazare impatienté.

— Eh monsieur ! reprit Zéphyr, deux cents pas de plus ou de moins, ça se sent dans les jambes et sur le dos, quand on est chargé.

— Mais, malheureux, si le bissac est lourd, c'est toi qui l'as rempli. Je ne demandais pas à emporter des vivres, puisque je comptais revenir de la mare à onze heures, pour déjeuner à la maison.

— C'est ça, fit Zéphir, à onze heures, en plein soleil n'est-ce pas ?

— Ah çà ! tu as donc peur de te faner le teint ? Ah ! mon ami, quand tu seras conscrit, tu feras un aussi mauvais soldat que tu fais un mauvais sabotier. Tu aimes trop tes aises, mon garçon.

— Mais je ne serai pas soldat, dit Zéphyr.

— Tu crois donc qu'on te laissera choisir ton numéro dans le sac ? ou espères-tu que le père Protat t'achètera un remplaçant, si tu tombes au sort ?

— Ah ! le pauvre cher homme ! je lui coûte déjà assez comme ça. Tenez, décidément, dit l'apprenti en détournant à gauche, prenons le pavé ; ça fait qu'en passant à Marlotte, nous pourrons boire la goutte chez Saccault.

— Mais, dit Lazare en renouant l'entretien, tu conviens que tu coûtes gros au père Protat ; ce n'est pas le tout d'en convenir ; puisque tu sais ton état, ce serait bien plus honnête d'essayer de t'acquitter envers lui par ton travail. Et, si tu avais commencé plus tôt à prouver ta reconnaissance, Protat, qui t'a élevé et qui est riche, aurait pu te venir en aide quand tu tireras à la conscription.

— On se passera de lui, dit Zéphyr, et puis d'ici ce temps-là !....

— En attendant, reprit Lazare, je dois te prévenir que j'avertirai Protat, et que ce soir même il saura que tu es un excellent ouvrier.

— Il s'en apercevra bien lui-même, fit Zéphyr. Je veux, ajouta-t-il en frappant sur le pavé, qu'avant trois mois on n'entende pas sonner sur ce chemin-là une paire de sabots qui ne soit de ma façon ; je veux que le père Protat n'ait pas seulement le temps de caresser sa fille ou de fumer sa pipe, ant je vais l'occuper à me débiter des frênes, des châtaigniers et des ormes. Puisqu'il faut qu'il tape, cet homme, il tapera sur du bois. Tiens donc, au fait ça ne me fera plus de *bleus* aux épaules.

— Et la cause de ce brusque changement ? demanda Lazare.

— Ah ! la cause, fit Zéphyr avec un peu de tristesse, la cause... et, après une courte hésitation, il murmura entre ses dents : C'est un secret.

— Et ce secret, poursuivit Lazare, on ne peut pas le connaître, mon garçon ?

— Non, monsieur, fit l'apprenti assez sèchement.

— Hé ! pensa l'artiste, on dirait qu'il pousse le verrou. Puis il reprit : Mais si je te l'achetais ton secret, hein ?

— Il n'est pas à vendre, monsieur, continua l'apprenti avec le même laconisme.

— Pourtant, si je t'en offrais un bon prix?

— Tenez, monsieur Lazare, reprit Zéphyr en regardant fixement son compagnon, je ne suis pas si endormi que j'en ai l'air. Vous voulez me faire jaser, je sens ça. C'est pourquoi vous m'emmenez avec vous ce matin; mais, voyez-vous bien, ajouta-t-il en se frappant le front, quand je me suis mis quelque chose là, ça y est.

— Je n'en doute pas, fit Lazare.

— Et quand ça y est, reprit Zéphyr, le diable ne me l'ôterait pas.

— Eh bien! mon pauvre Zéphyr, une drôle de chose, je m'en vais te l'ôter, ce que tu as là! dit l'artiste en se frappant le front par le même geste que venait de faire l'apprenti, et il ajouta : Je tâcherai même de t'ôter ce que tu as ici, — en se frappant la poitrine à l'endroit du cœur.

Zéphyr devint un peu pâle, et un demi-sourire railleur courut sur ses lèvres.

— Écoute, mon garçon, reprit le peintre, je suis plus ton ami que tu ne le crois. Ton secret, je le connais en partie; si je veux le savoir entièrement, ce n'est point pour te nuire. Au contraire, je t'ai proposé tout à l'heure de te l'acheter, je me suis trompé; je ne veux pas te l'acheter, je veux seulement l'échanger avec toi, et, quand tu sauras ce que je veux t'offrir en échange, je suis sûr que tu toperas au marché.

— Et qu'est-ce que vous me donnerez donc, monsieur Lazare? fit l'apprenti avec curiosité.

— Des conseils d'abord.

— Des conseils... dit Zéphyr avec méfiance, et puis encore?

— Et puis encore... ce qui est renfermé dans ce petit paquet, répondit Lazare en tirant de sa poche un papier enveloppé qu'il secoua dans sa main. Quoique tu ne m'aimes pas beaucoup, puisque tu sembles te défier de moi, j'ai découvert que tu avais mon portrait ; j'ai découvert aussi que tu possédais de mon écriture, et que, pour mieux la lire sans doute et pour mieux examiner mon image, tu t'étais procuré, je ne sais comment, un petit instrument pareil à celui-ci, dit Lazare en montrant le lorgnon qui lui dansait autour du cou. Tu as donc la vue basse? acheva l'artiste.

— Et vous me rendrez tout ça! s'écria Zéphyr avec impétuosité.

— Tout est là-dedans, reprit Lazare en faisant passer rapidement le petit paquet qu'il tenait à la main devant les yeux de l'apprenti, je te le rendrai... si tu me dis tout. Tu entends bien? tout!

— Donnez! fit Zéphyr.

— Donnant, donnant, répliqua Lazare.

— C'est bon, dit l'apprenti ; nous causerons quand nous aurons déjeuné.

Par une espèce de convention tacite, ils demeurèrent alors muets l'un et l'autre jusqu'à ce qu'ils fussent arrivés à leur destination. Lazare prit un côté du chemin et marcha en méditant sans doute le programme de ses interrogations, et Zéphyr suivit l'autre côté, occupé probablement à préparer les explications qu'il venait de s'engager à fournir. Au bout de trois quarts d'heure de marche, ils gravissaient, l'un suivant l'autre et tous les deux un peu essoufflés, le *raidillon* par lequel on arrive de Marlotte à la *Mare aux Fées*.

Le plateau, qui doit sans doute son nom à quelque superstition légendaire dont la tradition n'a pas été conservée, domine d'un côté toute l'étendue du pays dont nous avons donné la description au premier chapitre de ce récit. Souvent reproduit par la peinture, c'est assurément l'un des lieux les plus remarquables que renferme la forêt. Aussi, l'on comprend que tous les artistes, non-seulement y viennent, mais encore y reviennent, car à la vingtième visite on peut encore découvrir une beauté nouvelle, un aspect nouveau, dans les mille tableaux, d'un caractère différent, qui d'eux-mêmes se dessinent à l'œil, et peuvent à loisir se rattacher au tableau principal ou s'en isoler, comme dans ces merveilleux chefs-d'œuvre épiques où l'abondance des épisodes apporte de la variété sans répandre de la confusion dans la grandeur et dans la simplicité de l'ensemble. Peu de sites offrent en effet autant de variété, et surtout dans un espace aussi restreint, car le plateau se développe sur une superficie de moins de quatre hectares. De dix pas en dix pas, l'aspect se métamorphose comme par un brusque changement à vue, et d'une heure à l'autre, suivant l'élévation ou la déclinaison du soleil, le tableau se modifie, dans son ensemble et dans ses accidents, comme une toile dioramique exposée successivement aux différents jeux de la lumière. Toutes les écoles de paysage peuvent rencontrer là des sujets d'étude. A ceux qui aiment les gras pâturages normands, où les troupeaux se noient jusqu'au poitrail dans les hautes vagues d'une herbe odorante et drue, que la brise fait houler comme une onde, le plateau offrira le *dormoir* où viennent les vaches de Marlotte. A ceux qui préfèrent les lointains lumineux baignés de vapeurs violettes ou dorées, et les collines aux croupes boisées, et les vallons creux d'où s'élève un brouillard bleu, le plateau échancrera par un côté son cadre de verdure, et par une brusque échappée, après les premiers plans de la forêt, océan de cimes éternellement agité comme une mer de flots, déroulera les plaines tranquilles qui s'enfuient vers la Brie et que limite aussi loin que peut atteindre le regard la bande immobile de l'horizon. Ceux qui manient la brosse enragée de Salvator, le plateau les fera descendre par un ravineux escarpement au milieu des profondeurs solitaires de la *Gorge au Loup*, qu'il domine dans son extrémité occidentale. Là, comme si la lutte du sol avec les éléments était encore récente, on peut suivre dans toutes les traces qu'il a laissées le passage du cataclysme qui dut ébranler des carrières et pousser devant lui les blocs arrachés de leurs entrailles, comme un ouragan soulève à son approche la poussière du chemin. En pénétrant dans cette gorge, on croirait visiter les débris de quelque Ninive inconnue. Les masses gigantesques de rochers semblent encore recevoir l'impulsion du bouleversement, et se poursuivre, s'escalader comme une armée de colosses en déroute. Les uns, inclinés dans un angle de vingt degrés, paraissent prendre un nouvel élan pour continuer leur course; les autres, penchés au bord d'un ravin dans une attitude menaçante, inquiètent le regard par leur immobilité douteuse. Les arbres, comme s'ils étaient encore tourmentés par un vent de fin du monde, se courbent avec des mouvements qui les font ressembler à des êtres en péril et faisant des signaux de détresse; les uns agitent leurs rameaux avec des torsions et des contorsions épileptiques; les autres, comme des athlètes qui se provoquent à la lutte, avancent l'un contre l'autre une branche dont l'extrémité noueuse ressemble à un poing fermé. Les grands chênes séculaires, qui plongent peut-être leurs racines dans les limons diluviens et jadis ont fourni la moisson du gui aux faucilles druidiques, ont seuls conservé leur apparence de force et de beauté primitives. Tassés sur leurs troncs formidables, ils ressemblent à des Hercules au repos qui, ramassés sur leur torse, développent puissamment leur vigoureuse musculature.

C'est au point central du plateau que se trouve la mare, ou plutôt les deux mares formées sans doute par l'accumulation des eaux pluviales qu'ont retenues les bassins naturels creusés dans les rochers. Ce roc immense règne en partie dans toute l'étendue du plateau. Disparaissant à des profondeurs irrégulières, il reparaît à chaque pas, éventrant le sol par une brusque saillie. Aux fantastiques rayons de la lune, on se croirait encore sur quelque champ de bataille olympique où des cadavres de Titans mal enterrés pousseraient hors de terre leurs coudes ou leurs genoux monstrueux. Ce qui permet de supposer que cet endroit est situé au-dessus de quelque crypte formée par une révolution naturelle, c'est que le sabot d'un cheval ou seulement la course d'un piéton éveille des sonorités qui paraissent se prolonger souterrainement. A l'entour des deux mares, et profitant des accidents de terre végétale, ont crû les herbes aquatiques et marécageuses, où les grenouilles chassent les insectes, où les couleuvres chassent les grenouilles. Dans toutes les parties que les eaux de la double mare ne peuvent atteindre par leurs irrigations, les terrains se couvrent à peine d'une végétation avare : gazon ras et clairsemé où la cigale ne peut se cacher à l'oiseau qui la poursuit; pâles lichens couleur de soufre, qui semblent être une maladie du sol plutôt qu'une production; créations éphémères d'une flore appauvrie; plantes maladives sans grâce et sans couleur, dont la racine est déjà morte quand la fleur commence à s'ouvrir, qui redoutent à la fois le soleil et la pluie, qu'une seule goutte d'eau noie, qu'un seul rayon dessèche. Au bord de la grande mare, deux énormes buissons, surnommés les Buissons-aux-Vipères, enchevêtrent et hérissent leurs broussailles hargneuses, mêlant aux dards envenimés des orties velues l'épine de l'églantier sauvage et les ardillons de la ronce grimpante, qui va tendre sournoisement parmi les pierres les lacets de ses lianes dangereuses aux pieds nus. Terrains lépreux ou fondrières, eaux croupissantes, arbustes agités incessamment par des hôtes venimeux, — tel est l'aspect de la mare qui donne son nom à l'endroit; mais cette aridité et cette désolation prêtent encore un relief puissant aux splendeurs du cadre qui les environne. Qu'une vache se détache du troupeau et vienne boire à cette eau croupie; qu'une paysanne s'agenouille au bord, pour laver son linge ou plutôt pour le salir; qu'un bûcheron vienne aiguiser sa cognée sur le roc, et ce seront autant de tableaux tout faits, que le peintre n'aura qu'à copier. Aussi la *Mare aux Fées* est-elle de préférence le lieu choisi par les artistes qui vont à Fontainebleau dans la belle saison : ceux qui habitent les confins éloignés de la forêt y viennent souvent, ceux qui résident dans les environs y viennent toujours.

Lorsque Lazare et son compagnon débouchèrent sur le plateau, le soleil commençait à cribler de flèches lumineuses les futaies des *Ventes à la Reine*, qui le bordent d'un côté, et l'on entendait, dans les profondeurs d'un chemin creux, les clochettes d'un troupeau que le vacher matinal amenait au dormoir du pays.

— Ne restons pas là, dit Lazare à Zéphyr, dans une heure tous les rapins des environs vont venir planter leur parasol autour de la mare, et le plateau aura l'air d'un carré de champignons.

Comme pour justifier les craintes qu'il venait de manifester, au même instant où Lazare achevait de parler, un groupe de jeunes gens arrivait sur le plateau par un autre chemin. Un âne, guidé par un paysan, était chargé de chevalets, de boîtes de couleurs et de havresacs. Au milieu de ce groupe marchait un personnage qui paraissait plus âgé que ses compagnons, et à qui ceux-ci semblaient témoigner une respectueuse attention. Lazare s'aperçut de loin que le monsieur qui semblait conduire les autres portait la décoration rouge sur son paletot d'été. Le groupe passa bientôt devant Lazare, qui s'était arrêté ; il observa que tous les jeunes gens étaient généralement mieux mis que ne le sont les peintres pour courir la forêt : ils avaient des chaussures vernies, quelques-uns même portaient des gants.

— Quels sont ces messieurs? demanda-t-il à Zéphyr, qui s'était tourné d'un autre côté, au passage du groupe.

— C'est les *désigneux* de Marlotte, qui vont prendre leur leçon avec leur maître.

Au même instant, celui que Zéphyr désignait ainsi se retournait vers la petite troupe, et Lazare put l'entendre dire à ses élèves, auxquels il montrait l'effet produit sur le paysage : — Messieurs, il est six heures; c'est l'heure où le jaune de Naples règne dans la nature.

— Ah! fit Lazare, je veux assister à la leçon.

— Oh! monsieur, répondit Zéphyr en regardant le sac aux provisions d'une façon piteuse...

— C'est vrai, dit le peintre, nous avons à déjeuner d'abord et à causer après. — Et ils continuèrent dans une direction opposée à celle que venaient de suivre les paysagistes.

XI

La confession de Zéphir.

La place où l'on devait s'arrêter fut complaisamment abandonnée par Lazare au choix de Zéphyr. Après beaucoup d'hésitation, l'apprenti sabotier finit par découvrir un lieu qui réunissait toutes les recherches de sybaritisme désirables, telles que frais ombrages au-dessus de la tête, terrain d'une inclinaison propice à la paresse et douillettement revêtu d'un épais gazon. Quand le repas fut achevé, Lazare adressa à son compagnon un avertissement amical pour l'exhorter à se montrer confiant. Avec le langage qui devait le mieux frapper l'apprenti, l'artiste lui fit comprendre qu'en s'étant fait volontairement son allié, il avait au moins le droit d'être son confident, et que pour l'avenir il était urgent qu'il fût instruit de tout ce que sa conduite renfermait de mystérieux. — Bref, lui dit-il pour conclusion, je suis déjà intervenu entre toi et ton maître, que j'ai à mon retour trouvé si mal disposé, qu'il ne parlait pas moins que de te renvoyer de la maison. — Zéphyr devint pâle à cette révélation. — Rassure-toi, reprit Lazare ; j'ai ramené Protat à l'indulgence et à la patience. Le changement que tu as remarqué dans ses manières n'est pas dû seulement à ton aventure d'hier ; mon influence y est pour quelque chose. Tu ne peux donc raisonnablement avoir aucune prévention contre moi, qui ne t'ai donné que des preuves d'intérêt. Hier encore, continua l'artiste en montrant à l'apprenti le paquet qui renfermait le *fac-simile* des *souvenirs* d'Adeline, quand j'ai trouvé ces objets sur toi, je me suis empressé de les cacher pour qu'ils ne pussent pas te compromettre, et je les ai conservés avec l'intention de te les rendre ; je te les rendrai en effet. Comme j'ai fait déjà, je continuerai à te servir dans l'esprit de ton maître ; mais pas de demi-sincérité, Zéphyr, pas de dissimulation, ou bien j'agis tout autrement que je n'ai fait jusqu'ici : je déclare, par exemple, à ton maître qu'il n'a pas à compter sur toi. Je parlerai à Protat, non pour te défendre, mais pour reconnaître avec lui qu'il a recueilli un mauvais sujet dont la présence dans sa maison ne peut apporter que le trouble et le désordre, et ce sera seulement quand tu l'auras perdue que tu t'apercevras combien ma protection pouvait t'être utile.

Zéphyr se montra sensible encore plus aux protestations amicales de Lazare qu'à l'espèce de menace qui les terminait ; mais ce qui parut, mieux que tout le reste, le convaincre et le décider à montrer toute la confiance que l'on désirait de lui, ce fut la présence des *souvenirs* que l'artiste lui mit sous les yeux, et qu'il reconnut en effet, justement parce qu'ils étaient méconnaissables.

— Et vous me les rendrez, bien sûr? demanda Zéphyr.

— Je vais faire mieux, répliqua l'artiste en lui mettant le paquet dans la main, je vais te les rendre tout de suite; mais rappelle-toi bien ce que je viens de te dire.

— Oh! monsieur Lazare s'écria Zéphyr avec une véritable effusion, oh! que oui, que je vais tout vous dire, car j'en ai long, et ça me pèse là, ajouta-t-il en se frappant la poitrine du poing. Au fait, je peux bien parler avec vous; vous êtes mon ami, n'est-ce pas? Si vous ne l'étiez point, vous ne m'auriez pas rendu ça.

— Oui, mon garçon, je suis ton ami; je t'en ai déjà donné des preuves, et je suis tout disposé à t'en donner de nouvelles.

— Eh bien! fit Zéphyr, que je sois piqué d'un aspic, si ce n'est pas toute la vraie vérité que vous allez savoir!

Lazare n'eut pas besoin d'écouter longtemps pour être convaincu que Zéphyr était véridique, comme il venait de le promettre. L'animation qu'il donna à son récit, l'abondance de ses paroles, cette persistante complaisance qui l'amenait à revenir sur certains faits, son émotion, tour à tour empreinte d'attendrissement ou d'amertume, avaient effectivement le cachet de la vérité. On ne pouvait nier qu'elles vinssent d'une source sincère, les larmes échappées de ses yeux, quand ses souvenirs renouvelaient, avec les paroles qui les traduisaient, les souffrances qui les avaient pendant si longtemps fait couler dans son isolement.

Cette confession dura plus de deux heures, pleine de confusion et de répétitions. Aussi nous ne la reproduirons pas telle que la fit Zéphyr, avec une vivacité d'expressions qui élevait quelquefois la rusticité du langage à la hauteur de l'éloquence ; nous n'en donnerons que le résumé succint, dans lequel on trouvera cependant ce que voulait y trouver celui qui la provoquait, c'est-à-dire l'explication du mystérieux caractère de notre petit personnage.

On se souvient dans quelles circonstances Zéphyr avait été recueilli par le bonhomme Protat, qui, on a pu le voir assez souvent dans ce récit, laissait passer peu d'occasions sans se plaindre du méchant cadeau que lui avait fait la Providence en lui mettant sur les bras un enfant chétif et mal venu, ainsi que l'était en réalité l'abandonné qu'il avait trouvé dans la neige au milieu de la route. La beauté ou la grâce, chez les enfants comme chez les grandes personnes, est un aimant naturel qui attire la sympathie même des étrangers, même des passants. La piteuse apparence de l'orphelin lui nuisit tout d'abord dans l'esprit de son père adoptif. Dès le premier jour où il l'avait confié à une paysanne qui nourrissait et gardait les enfants, le sabotier s'était senti mortifié par la mauvaise grâce avec laquelle cette femme avait consenti à prendre ce petit monstre. Son amour-propre était froissé de l'éloignement que Zéphyr paraissait causer aux autres enfants du pays, et chaque fois qu'il lui arrivait de faire une dépense pour l'entretien de l'orphelin, en lâchant ses écus il ne manquait jamais de dire entre ses dents : — Voilà un marmot qui me coûte gros et qui ne me fait guère honneur.

Le père Protat était de cette nature d'honnêtes gens qui, à leur insu, résument tout dans un total ; qu'un premier mouvement généreux pousse à faire une bonne action, mais qui, l'action faite, considèrent ensuite quel profit ils en pourront tirer. Sans qu'il s'en aperçût lui-même, il arriva que Protat traita le petit Zéphyr comme l'enfant était traité par les gens du pays, sans dureté cependant, mais aussi sans aucune attention qui pût faire établir dans les premières réflexions de l'orphelin une différence entre la maison de son père adoptif et la rue. Doué nativement d'un grand fonds de sensibilité à laquelle s'unissait une grande timidité, Zéphyr éprouvait ce besoin de caresses et de soins naturel aux enfants. Si ignorant qu'il fût de sa position, un vague pressentiment lui disait que ce n'était point l'air de la famille qu'il respirait dans cette maison. Les rares tentatives qu'il avait faites pour quêter quelque cajolerie de son père adoptif avaient été accueillies par celui-ci avec indifférence, pour ne pas dire repoussées. Aussi Zéphyr s'était-il abstenu de toute démonstration caressante, et se tenait-il dans un coin, les yeux dans les cendres quand il était au logis, les yeux au ciel quand il était dehors. Sans comprendre que c'était sa froideur qui causait le silence du petit garçon, Protat l'accusait alors du soin qu'il prenait à chercher l'isolement.

— C'est un sournois, disait-il : tout petit qu'il est, il devrait déjà comprendre ce que je fais pour lui, et essayer de se rendre utile dans la maison, selon son âge et sa force ; mais il aime mieux se vautrer dans les coins. Patience, patience !

Enfin, sans qu'il eût un seul moment la pensée de s'en

préoccuper et si peu loin que les événements fussent derrière lui, le sabotier recommençait à être avec Zéphyr ce qu'il avait été avec Adeline. Dès que l'orphelin eut l'âge, Protat le mit à l'école. — Apprenez-lui vite tout ce qu'il faut pour n'être point un âne, avait dit le sabotier au *magister*, et dare, dare! que je puisse lui mettre un outil à la main. S'il ne me fait pas honneur, au moins qu'il me fasse profit; c'est bien le moins après tout ce que j'ai fait pour lui. — Et il avait ajouté : — Je crains qu'il n'ait l'entendement un peu dur; mais ne vous gênez pas, vous pouvez taper.

La recommandation allait d'autant mieux à son adresse, que le *magister* de Montigny ne pratiquait point la patience comme vertu scolaire. Quand il faisait une explication à ses écoliers, si elle n'était pas comprise du premier coup, ce n'était pas lui qui la recommençait, c'était la *palette*, et il frappait comme un sourd qu'il était. Zéphyr, aussi bien doué du côté de l'intelligence qu'il l'était peu physiquement, aurait pu, sans doute, apprendre vite et bien; mais le maître d'école, habitué à l'opacité têtue des marmots confiés à ses soins, confondit de confiance le nouvel écolier avec les autres, et ne remarqua point où ne voulut pas remarquer les heureuses dispositions de Zéphyr; il le mit au régime commun : la brutalité et les coups. L'orphelin, s'apercevant qu'il n'y avait dans le résultat aucune différence entre bien faire et ne rien faire, prit le parti de suivre la pente naturelle qui le portait à l'indolence. Un vague sentiment de justice et de fierté froissées commença à développer en lui des instincts de rébellion. A l'active brutalité du maître, l'écolier opposait une obstination passive ; maltraité en outre par ses petits camarades, qui avaient repoussé ses avances, ses instincts d'expansion refoulés commencèrent à déposer en lui les germes d'une misanthropie qui lui donnèrent une apparence farouche. Quant à Protat, les renseignements du maître d'école ne firent, comme on le pense, qu'augmenter encore les fâcheuses dispositions qu'il avait à l'égard de Zéphyr, et cette fois elles se montrèrent d'autant plus agressives, qu'elles semblaient puiser dans les mauvaises notes du maître d'école une apparence de justification.

— Mauvais écolier, mauvais ouvrier, avait dit Protat en retirant Zéphyr de l'école pour le mettre à son établi de sabotier ; mais nous allons voir ! J'aurai Zéphyr, sous ma main, et ma main a son poids, ajoutait Protat avec un geste significatif. Cependant Zéphyr, éclairé sur sa situation réelle dans la maison du sabotier, comprit que c'était chose juste qu'il aidât par son travail l'homme qui l'avait recueilli et avait eu soin de lui pendant longtemps. N'ayant pu, quoi qu'il eût fait, trouver un père véritable en lui, l'enfant le reconnut pour maître et s'efforça de le contenter comme tel, moitié par reconnaissance et moitié par un sentiment d'honorable fierté.

Protat s'aperçut que son apprenti avait bonne envie de bien faire, il lui en sut gré, mais sans le lui témoigner, sans qu'une parole ou un geste d'encouragement vînt dire au pauvre garçon : Je suis content, continue. Protat pensait intérieurement, en voyant Zéphir actif au travail : « Il ne ait que son devoir. » Cet aveu mental fait, il croyait que tout était dit. Par exemple, s'il arrivait à Zéphir de ne pas comprendre du premier coup une explication, mal entendue ou mal donnée quelquefois ; s'il mettait un peu plus que le temps nécessaire à ébaucher un sabot ; s'il enlevait un copeau de plus, qui obligeait Protat à jeter un morceau de frêne ou de châtaignier au rebut, il poussait alors des cris qui retentissaient dans toute la maison : Zéphir le *ruinait*, Zéphyr était un ingrat, un fainéant, un bon à rien faire ! et si l'apprenti essayait de se justifier doucement, la colère du maître tonnait avec plus de violence : — C'est bien fait, s'écriait-il ; ça m'apprendra à recueillir dans ma maison des gueux, des mendiants ! Pourquoi ne l'ai-je pas laissé au coin de la borne ?

Un jour, en entendant ces paroles, Zéphir s'était levé de son établi, avait regardé son maître en face, et lui avait dit tranquillement : — Monsieur Protat, je m'en vais. — Et où vas-tu ? répliqua le maître exaspéré. — Où vous m'avez pris, dit l'apprenti. — Ah ! tu crois ça, que je vais te laisser partir ! Ah ! tu crois que tu m'auras coûté plus d'écus que tu n'es gros, que je t'aurai élevé, instruit comme *mon enfant*, et que tu n'as qu'à t'en aller en me souhaitant le bonjour ! mais je suis ton maître, sais-tu ? La loi me donne tous les droits sur toi, et tu ne t'en iras que lorsque je voudrai, et je ne le voudrai que lorsque tu m'auras regagné tout ce que tu m'as dépensé depuis que tu es entré dans ma maison pour mon malheur. — Zéphyr secoua la tête et se remit à la besogne.

Cependant, ces violentes scènes se reproduisant tous les jours, la colère du sabotier faisant explosion à propos du plus petit prétexte qui lui était fourni, Zéphyr commença à se montrer indifférent. Les récriminations du sabotier étaient pour ainsi dire ponctuées de coups ; l'apprenti entendait les unes sans les écouter, recevait les autres sans les sentir. Ne sachant plus distinguer lui-même quand il faisait bien ou mal, ahuri par l'éternel ouragan qui grondait au-dessus de sa tête, Zéphyr tournait presque à l'idiotisme. Ce fut alors qu'Adeline revint à Montigny. Zéphyr, assez indifférent à ce retour, parut d'abord étonné lorsqu'il entendit parler Adeline. C'était chose si nouvelle pour lui qu'une voix humaine qui ne fût ni aiguë, ni bruyante, ni querelleuse, que ce frais et sonore organe le surprit comme le mouvement d'une montre surprenait jadis les sauvages. Il fallut même quelque temps à la jeune fille pour apprivoiser l'apprenti, que l'habitude des mauvais traitements et de l'isolement avait rendu farouche ; mais peu à peu le charme de cette voix, les câlineries de ces gentilles façons, les harmonieux mouvements de ces gestes, cette distinction de manières qui avait d'abord éveillé la curiosité du jeune garçon, attirèrent sa sympathie. Adeline, se rappelant son enfance, effrayée par les brutalités paternelles, et pensant que Zéphyr l'avait peut-être remplacée, sembla, comme nous l'avons dit, prendre à tâche de faire oublier le passé à ce frère adoptif. Recueilli pour accomplir un vœu fait à cause d'elle, elle ne fut pas longtemps à deviner de quelle façon son père avait compris l'accomplissement de ce vœu, et c'est alors qu'elle avait essayé, dans les bons soins qu'elle témoignait à l'apprenti, de donner à son père une leçon de paternité adoptive. Quant à Zéphyr, son besoin d'affection, jusque-là refoulé, ayant trouvé une issue, s'y précipitait avec la violence d'un torrent qui a rompu sa digue. Sevré de caresses, ou plutôt ne les ayant jamais connues, le premier baiser qu'Adeline lui mit au front lui causa une émotion telle qu'il faillit chanceler. Il aima Adeline, amour d'enfant sans doute, mais d'enfant plus vieux que son âge, et mûri par les méditations : sentiment étrange, si l'on veut, mais dont la précocité même avait sa cause dans des souffrances précoces qui avaient avancé moralement l'heure de la virilité ; amour qui faisait explosion comme un cri de reconnaissance, et dans lequel se résolvaient toutes les tendresses méconnues d'une enfance orpheline. Si Adeline était revenue trois ans plus tôt, Zéphir, en recevant son baiser, l'aurait peut-être appelée : Ma mère ; mais elle venait déjà trop tard pour qu'il l'appelât : Ma sœur. La fraternité lui semblait un sentiment trop étroit pour contenir tout ce qu'il sentait vaguement remuer dans son cœur.

Ce fut à compter de ce moment que s'opéra dans Zéphyr cette métamorphose que le bonhomme Protat avait remarquée dans son apprenti. Autant Zéphyr, avant l'arrivée d'Adeline, avait hâte de sortir de la maison, autant il était devenu, après son retour, casanier, triste, quand on l'envoyait en course, et prompt à revenir au logis. Puis tout à coup l'apprenti était retombé dans sa paresse, dans sa lenteur, dans son insouciance des remontrances, si doucement qu'elles lui fussent adressées d'ailleurs. Ce changement coïncidait avec le deuxième séjour que Lazare était venu faire à Montigny. C'était alors que l'amour d'Adeline pour le peintre avait commencé. Avec le flair que donne la passion, l'apprenti avait deviné celle qui commençait à troubler le cœur d'Adeline, avant que celle-ci y songeât peut-être. Il avait remarqué, si doucement qu'elle lui parlât toujours, que la jeune fille trouvait à mettre une autre douceur dans ses paroles, quand elle s'adressait à Lazare. Il la voyait trembler sous l'innocent baiser du jeune homme, comme il avait lui-même pâli et tremblé sous le sien. Il s'aperçut en outre qu'Adeline s'occupait moins de lui depuis que le peintre résidait à Montigny, qu'habituée à dormir la grasse matinée, elle se levait avant tout le monde pour rencontrer Lazare avant qu'il ne partît pour l'étude. Il la voyait dans le jardin, cueillant les plus beaux fruits pour les glisser dans le bissac de l'artiste. Enfin, quand celui-ci était parti pour Paris, la tristesse d'Adeline n'avait point échappé à Zéphyr, qui, tout en haïssant Lazare, ne lui laissait rien voir de cette haine. Le jour du départ de ce dernier, l'apprenti ne l'avait pas quitté d'un instant. Après avoir mis le peintre en voiture à Bourron, Zéphyr était revenu plus joyeux à Montigny. Il pensait que, son rival parti, il allait, comme autrefois, avoir part entière aux bons soins et aux caresses de la jeune fille ; mais il l'avait, au contraire, trouvée plus triste et plus indifférente à son égard. Le jour, elle passait des heures entières dans sa chambre ; la nuit, à travers sa cloison, il l'entendait se relever et fouiller dans les meubles.

Ce fut alors qu'un soupçon traversa l'esprit de Zéphyr, rapide et brûlant comme une flèche de feu. Il avait fait un trou dans la porte et avait espionné Adeline ; il l'avait surprise pressant sur son cœur et portant à ses lèvres des objets qu'elle prenait dans le tiroir de son petit meuble. Longtemps la jalousie l'avait porté à violer ce secret, longtemps aussi un sentiment d'honnêteté l'avait retenu; puis était arrivée tout récemment l'annonce du retour de Lazare. La joie qu'Adeline avait témoignée avait rendu Zéphyr fou de douleur et de jalousie. Pendant trois nuits, il n'avait pas dormi; pendant trois jours, il était allé errer sur les bords du Loing; trois fois il s'était attaché des pierres aux jambes en regardant l'eau. Enfin, le matin du retour de l'artiste, et avant d'aller au-devant de lui, Zéphyr avait profité du voyage qu'Adeline avait fait à Moret; il avait forcé la porte condamnée qui séparait les deux chambres; il avait trouvé la clef du meuble; il avait ouvert le tiroir et emporté les objets qu'il contenait.

— Quand j'ai été au-devant de vous, monsieur Lazare, dit Zéphyr en terminant son récit, je m'étais condamné à mort; je ne pouvais plus vivre. Le père Protat m'aurait battu avec des barres de fer rouge que je n'aurais rien senti. Oh! tenez, quand je vous ai vu sur l'impériale de la voiture au père Orson, il y a eu un moment où le timonnier de droite a manqué de s'abattre pendant la descente, vous avez même fait un mouvement en arrière sous le cabriolet...

— C'est vrai, dit Lazare; j'ai eu peur de verser. — Eh bien! Zéphyr?

— Eh bien! monsieur Lazare, moi, j'ai fermé les yeux, j'ai joint les mains, et j'ai prié le bon Dieu...

— Ta prière m'a porté bonheur, fit l'artiste; nous n'avons pas versé.

— Ce n'est pas cette prière-là que j'avais faite, — dit Zéphyr en baissant les yeux. — Dame ! reprit-il, monsieur Lazare, vous m'avez dit de tout vous dire, je vous dis tout ; je n'ai pas besoin de vous dire le reste ; vous savez ce qui est arrivé.

— Et tu sais que, si Protat se doutait que tu songes à sa fille, il te renverrait ?

— Aussi ne le lui apprendrez-vous pas, répliqua Zéphyr. Vous m'avez dit que vous étiez mon ami.

— Mais, après les bonnes intentions que vous aviez à mon égard, je ne sais pas si je dois vous conserver mon amitié, fit l'artiste en riant.

— Oh ! monsieur, dit Zéphyr, hier j'étais fou !... fou, voyez-vous ! ajouta-t-il en frappant du pied.

— Et depuis hier, tu as donc laissé ta passion au fond de l'eau ?

— Non, monsieur, dit Zéphyr fermement, et il ajouta en montrant son cœur : — Elle est là, toujours ! Seulement, au lieu d'en mourir, j'en vivrai.

Par le récit qui venait de lui être fait et surtout dans des termes qui l'avaient souvent ému, Lazare s'était convaincu qu'il pouvait parler, avec la certitude d'être compris, à l'apprenti du sabotier. Comme il l'avait présumé la veille, ce n'était point à un enfant ni à une amourette qu'il avait affaire. Il raisonna donc l'apprenti comme il eût raisonné un ami de son âge et de sa condition, se faisant à la fois persuasif et affectueux. Zéphyr lui répondit que toutes ses remontrances, il se les était lui-même cent fois adressées.

— Mais, mon pauvre ami, lui dit Lazare, songe donc qu'Adeline est la fille la plus riche du pays, et que son père ne la donnera qu'à un homme au moins aussi riche qu'elle.

— Et vous, monsieur Lazare, êtes-vous riche?

— A peu près comme toi, répondit le peintre en allant au-devant de la crainte que l'apprenti semblait manifester dans cette interrogation. Sois tranquille, je n'épouserai pas Adeline, et toi ou moi nous sommes des gendres trop gueux pour le père Protat. Et puis je n'aime pas Adeline. — Mais ce n'est pas tout, reprit Lazare, il te reste encore quelque chose à m'apprendre. Tu me disais en venant que tu connaissais ton état de sabotier depuis longtemps ; sais-tu que ce n'est pas honnête de ta part de ne pas avoir fait profiter ton maître de ce qu'il t'avait appris, et que ta paresse était comme un vol, puisque ton travail était un moyen de t'acquitter envers lui?

— Je m'acquitterai plus tard, dit Zéphyr avec fierté.

— Temps passé, temps perdu, dit Lazare : tu as été bien longtemps paresseux pour devenir laborieux!

— Mais, dit Zéphyr, parce que je ne faisais pas de sabots, je ne restais pas à rien faire. J'ai fait comme vous, monsieur Lazare, quand vous avez quitté un état qui vous déplaisait pour en apprendre un autre. Moi aussi, j'en ai appris un tout seul, parce qu'il me plaisait, et qu'on apprend bien quand on a du goût, et qu'on a envie de réussir, comme vous me le disiez tantôt. Si je faisais semblant de ne pas savoir mon métier, c'est que ça fatiguait M. Protat, et qu'il aimait encore mieux me savoir loin de son établi qu'occupé à lui gâcher du bois. Je recevais des coups et je mangeais du pain sec, c'est vrai, mais j'étais libre deux ou trois heures par jour, et pendant ce temps-là je travaillais en cachette de tout le monde.

— Mais à quoi? à quoi? demanda Lazare.

Au moment où Zéphyr allait répondre, des abois se firent entendre auprès d'eux, et au même instant un chien, qui venait déjà de passer devant eux, se dirigeait de nouveau vers l'un des paysagistes, qui était venu, sans que Lazare et son compagnon s'en fussent aperçus, piquer son parasol à une vingtaine de pas de l'arbre sous lequel ils avaient déjeuné. Un de ses compagnons, qui se trouvait à une égale distance, mais du côté opposé, lui cria : Théodore, donne les allumettes à *Lydie*.

— Voilà! cria le paysagiste. — Et Lazare s'aperçut que son confrère mettait un objet dans la gueule du chien qui se disposait à rejoindre son maître.

— Parbleu ! dit Lazare, voilà une jolie bête, et commode!

Et pour voir le chien de plus près, au moment où il passait devant eux, l'artiste lui montra l'os du gigot. Lydie parut hésiter un moment, puis se rapprocha de Lazare ; mais, pour prendre l'os, la chienne fut obligée de lâcher l'objet qu'elle tenait dans la gueule. Lazare fit un geste d'amiration en ramassant le porte-allumettes que la bête avait laissé échapper.

— Ah! la charmante chose! fit-il en tournant et retournant dans ses mains ce petit meuble de bois de houx sculpté, ciselé, fouillé avec une grâce à la fois naïve et élégante. Cela vient peut-être de la Forêt-Noire.

— Ça vient de la forêt de Fontainebleau, dit Zéphyr en se levant. Si vous en voulez un pareil, venez à ma boutique.... vous n'aurez qu'à choisir... Vous en verrez bien d'autres, monsieur Lazare!..

Et voyant que Lazare demeurait tout interdit comme un homme qui ne comprend pas, Zéphyr ajouta avec une petite pointe d'orgueil : — C'est moi qui ai fait ça!

— Avec quoi?... demanda machinalement Lazare.

— Avec un couteau, du bois et de la patience... Mais ce n'est qu'un *chétit* échantillon ; allons un peu à mon atelier, vous en verrez bien d'autres !

— Attends, dit Lazare, que j'aille reporter ceci au voisin.

Celui-ci accepta très-gracieusement les excuses que lui présenta Lazare en lui remettant son porte allumettes : — Vous avez là une bien jolie chose, monsieur, lui dit l'artiste.

— Oui, reprit le paysagiste ; j'ai trouvé cela à Fontainebleau, chez un marchand de curiosités.

— Ça coûte cher ? demanda Zéphyr.

— Assez, répondit le jeune homme: il faut faire venir cela d'Allemagne ; j'ai payé cette boîte-là vingt francs.

— Eh bien ! moi, monsieur Lazare, dit tout bas Zéphyr à son compagnon, je l'ai vendue vingt sous.

Comme Lazare et l'apprenti traversaient le plateau, ils aperçurent de nouveau, au milieu de ses élèves, le professeur décoré ; d'une main il tenait sa montre, et de l'autre main il indiquait autour de lui le paysage rendu incandescent par l'ardeur du soleil.

— Messieurs, dit-il, il est midi; c'est l'heure où le jaune de chrôme règne dans la nature.

Au bout de trois quarts d'heure, Zéphyr amenait Lazare

devant une grotte située dans la partie la plus solitaire des *Longs-Rochers*, et y faisait pénétrer l'artiste. Dans le creux d'une excavation masquée par une pierre étaient cachés une vingtaine d'objets de fantaisie en bois sculpté applicables à plusieurs usages. Lazare les examina les uns après les autres très-soigneusement et très-silencieusement ; quand il eut achevé, il prit Zéphyr par la main et lui dit : — A l'avenir, je te défends de faire une seule paire de sabots.

— Qu'est-ce que vous voulez donc que je fasse, puisque M. Protat...

— Il faut acheter des outils, — et faire ta fortune.

XII

L'atelier de Zéphyr.

L'étonnement manifesté par Lazare en voyant l'apprenti sabotier se révéler tout à coup sous un aspect aussi nouveau qu'imprévu, et la curiosité admirative qu'il avait laissé voir en examinant les productions de Zéphyr n'avaient point échappé à celui-ci. Comme la visible aurore d'un orgueil naissant, son visage s'était coloré d'une rougeur subite en écoutant les éloges donnés à ses ouvrages. L'apprenti éprouvait en ce moment le sentiment du bien-être que le témoignage d'autrui, quand il est favorable, procure à tous ceux qui ont connu les défaillances du travail ignoré, à tous ceux qui ont poursuivi l'accomplissement d'un œuvre si humble qu'elle fût d'ailleurs, ayant à vaincre non-seulement les obstacles étrangers, mais encore à triompher des incertitudes qui les font douter de leur propre force ; on comprendra facilement quelle valeur l'opinion de Lazare avait aux yeux de l'apprenti, et de quelle joie vinrent le remplir les marques de sympathie que la vue de ses petits ouvrages avait arrachées à la franchise du jeune peintre, qui avait l'enthousiasme aussi prompt et aussi facile que la sympathie. Aidé par une intuition spontanée, Zéphyr comprenait combien il avait grandi dans l'esprit de Lazare, et devinait peut-être qu'à la bienveillance et à la protection de celui-ci s'ajoutait, à compter de cet instant même, un sentiment qui pour l'avenir donnerait un caractère plus sérieux à cette bienveillance et à cette protection dont la pitié avait sans doute été la source primitive. En effet il y avait déjà un changement qui à l'insu de Lazare s'était opéré dans ses façons d'être et de parler avec Zéphyr, et si peu apparentes qu'elles fussent, ces nuances avaient été appréciées par l'apprenti. Interrogé par Lazare, qui était curieux de savoir comment la vocation de l'art s'était révélée dans cette âme rustique, le jeune garçon lui raconta naïvement l'origine de ses premiers essais. Machinalement, et pour occuper ses heures de paresse, il s'était amusé à tailler des morceaux de bois avec un mauvais couteau. Cette distraction était plutôt, si cela pouvait se dire, une rêverie de ses mains qu'une occupation. Lentement, sans étude, sans prendre aucun souci de ces grossières ébauches, il avait acquis une certaine facilité qui attira un jour son attention. En examinant un de ces rustiques caprices, il s'était étonné sincèrement d'en être l'auteur ; ce fut alors que l'idée lui était venue de reproduire les objets qui l'entouraient. Il copia avec servilité les feuilles des arbres et les plantes; mais pénétré du sentiment de l'art, et sans qu'il eût conscience du mot et de la chose, les modèles qui attiraient plus particulièrement ses regards étaient précisément ceux qui se distinguaient par l'originalité ou l'élégance de leur forme. Peu à peu il avait introduit de la variété dans ses sujets; outre les feuilles, les fleurs, les fruits et les plantes, il s'appliqua à reproduire les oiseaux, les insectes, le lézard ermite des pierres, la couleuvre furtive, la grenouille habitante des marécages. Au bout d'un an de pratique quotidienne, sans autre guide que la nature, sans autre étude que l'observation, sans autre outil que son couteau, il possédait une habileté véritable; mais cette habileté même, qui avait par toutes les transitions du progrès succédé à la barbarie de l'exécution primitive, n'avait rien altéré de sa naïveté. Ce qui n'avait d'abord été qu'une distraction et un amusement lui devint bientôt une nécessité impérieuse, un besoin véritable. Quand il avait un sujet en tête, il éprouvait cette fièvre connue des artistes, et qui ne se calme que dans les ardeurs du travail même. Ce fut alors qu'au prix d'une rude correction ou de la suppression d'un repas il achetait chaque jour quelques heures de liberté. Ces fréquentes disparitions, que le bonhomme Protat attribuait à la paresse, étaient motivées par ces soudains accès de création. Pendant longtemps, il avait travaillé en plein air, au milieu de la prairie qui de l'autre côté du Loing s'étendait devant la maison du sabotier; mais dans la crainte d'être découvert, il avait imaginé de chercher un lieu où il pût en toute sécurité se livrer au travail; c'était cette grotte où nous l'avons vu pénétrer avec Lazare. C'est à cette même époque qu'il exaspérait particulièrement son maître par sa lenteur et l'assiduité de ses absences. En effet, quand on l'envoyait faire une course, que le message fût pressé ou non, que l'endroit où on l'adressait fût proche ou lointain, à deux pas ou à deux lieues, Zéphyr ne reparaissait pas de quatre heures au moins. Tous les chemins, et même ceux qui leur étaient le plus opposés, le conduisaient aux Longs-Rochers, où était son atelier. Il arriva cependant un moment où Zéphyr, comparant la plus délicate et la mieux réussie de ces récentes productions à une paire de sabots, ne put se dissimuler que son dernier état était bien plus *amusant* et bien plus *comme il faut* que celui de son maître. Ce jour-là, pour la première fois, il avait eu vaguement le sentiment de sa supériorité. Demeuré naïvement en extase devant son œuvre, il s'était félicité intérieurement d'avoir abandonné l'établi de Protat. Si encore le bonhomme lui avait permis d'ajouter quelque ornement aux grossières productions de son art grossier! Mais pour une fois qu'il s'était avisé de faire courir un feston autour d'un sabot, son maître avait failli le lui casser sur la tête, et lui avait dit brutalement qu'il ne lui confiait point des outils et du bois pour qu'il jouât avec.

Cette tentative n'avait pas encouragé l'apprenti à prendre Protat pour confident, et il avait au contraire redoublé de précautions pour rendre plus impénétrable le mystère de ses stations quotidiennes aux Longs-Rochers. Cependant il s'était demandé un jour si cette industrie de son choix était susceptible de nourrir son maître; et comme cette appréhension l'inquiétait, il résolut d'en avoir le cœur net. Il se rendit donc un matin à la foire de Nemours, emportant avec lui une douzaine de ses petits ouvrages qu'il étala sur le pavé, et il attendit gravement la pratique. Les curieux vinrent, mais point les chalands. Vers la fin du jour, et comme Zéphyr commençait à se désespérer, un homme s'était brusquement arrêté devant son étalage, avait examiné les uns après les autres les objets composant sa pacotille, et, sans même lui en demander le prix, lui avait proposé d'acheter tout l'étalage en bloc pour une somme de dix francs. Zéphyr n'avait point réfléchi qu'il allait livrer presque pour rien le résultat de six mois de travaux : il était demeuré ébloui par l'éclair des deux écus qu'on faisait briller à ses yeux, et il avait consenti au marché. Son acquéreur, qui était un marchand de curiosités de Fontainebleau, lui avait en partant laissé son adresse, en l'informant qu'il était tout disposé à lui acheter tous ses ouvrages aux mêmes conditions. Zéphyr était revenu à Montigny quasiment fou de joie. Il embrassait son petit couteau qui lui avait fait gagner cet argent qu'il faisait sonner dans sa poche. Il regardait les passants avec hauteur : il avait un état qui pouvait *nourrir son maître*. Depuis sa rencontre avec le marchand de curiosités, Zéphyr avait été à Fontainebleau plusieurs fois et lui avait vendu d'autres ouvrages. Cet homme lui avait même dit qu'il lui en prendrait autant qu'il pourrait lui en fournir.

— Je le crois bien ! avait interrompu Lazare ; au prix où il te les paie, il ne se ruinera pas. Mais, demanda-t-il à Zéphyr, qu'est-ce que tu fais de ton argent ?

Zéphyr lui avait alors expliqué quelles avaient d'abord

été ses espérances. Il voulait travailler beaucoup, amasser un gros sac d'écus, et l'offrir au bonhomme Protat pour s'acquitter envers lui des dépenses que son adoption lui avait occasionnées, et que celui-ci lui reprochait tous les jours. Dans cette intention, il avait déjà mis de côté près de quatre-vingts francs. Mais son amour pour Adeline et les derniers événements qui en avaient été la conséquence avaient ensuite modifié le programme de son ambition; aussi, depuis la veille, il était bien décidé à faire toutes les volontés de son maître, tant il craignait de quitter la maison.

— Ainsi, lui avait demandé Lazare, pour rester auprès de mademoiselle Adeline, tu consentiras à faire une besogne qui te répugne?

— Oui dit Zéphyr.

— Et tu renonceras à un travail qui te plaît?

— Oui, continua l'apprenti avec un accent qui indiquait suffisamment combien cette renonciation lui était pénible, surtout depuis que Lazare, dans la fougue d'un premier mouvement d'enthousiasme, avait élargi et pour ainsi dire doré l'horizon de ses ambitions.

Ce qui avait surtout frappé l'artiste dans les compositions de Zéphyr, c'était leur cachet véritablement naïf, non point la naïveté uniforme et un peu commune qu'on remarque, par exemple, dans la bimbeloterie de Nuremberg, non point la naïveté niaise que les pâtres de la Suisse donnent aux fantaisies sculptées qui garnissent les cheminées d'un salon bourgeois; ce n'était pas, en un mot, de l'art *d'étagère*, et parmi ces groupes rustiques que Lazare venait d'examiner, il en était plus d'un qui n'aurait point été déplacé dans la vitrine d'un musée. Il y avait plus et mieux que de la patience dans ce travail conçu et exécuté en dehors de toute notion d'art et de toute règle d'esthétique. L'originalité s'y montrait sans recherche et la grâce sans effort. L'adresse d'une main expérimentée et rompue à toutes les rouéries de l'instrument aurait pu sans doute trouver à reprendre dans l'exécution, mais ces défauts étaient le plus souvent d'heureuses gaucheries; ils n'attiraient point l'œil tout d'abord par une de ces brutales saillies qui, à la vue d'un chef-d'œuvre même, font parler la critique avant l'admiration. On avait déjà été séduit par le charme de l'ensemble quand l'examen venait signaler une de ces imperfections de détail qui peuvent choquer un puriste en matière de forme, mais que l'on hésite cependant à corriger, si l'on se préoccupe avant tout de l'expression et du sentiment. Le caractère du talent de Zéphyr le rattachait à cette famille d'artistes pour la plupart anonymes qui, à l'époque de la renaissance, créèrent ces meubles merveilleux que la spéculation sut d'abord rechercher au fond des vieilles provinces, et dont la reproduction fut ensuite livrée au ciseau banal d'une foule d'artisans malhabiles. En disant à l'apprenti de son hôte qu'il avait une fortune entre les mains, Lazare n'avait rien exagéré, pour l'avenir du moins. Ce débouché que Zéphyr avait trouvé pour ses productions dans la boutique du *bric-à-brac* de Fontainebleau, il le trouverait de même à Paris, plus facile encore et plus avantageux. Du gain de ce travail il pourrait vivre, en même temps qu'il demanderait à l'étude le complément et le développement de ces facultés naturelles, et, au bout de quelques années, grâce à l'originalité de son talent et surtout grâce à sa rareté, il pouvait prendre dans l'art moderne une place honorable. Dans des termes qu'il s'efforça de mettre à la portée de l'intelligence de Zéphyr, Lazare lui fit comprendre à quel avenir il pouvait prétendre.

— Moi qui te parle, lui dit-il, voici déjà plus de dix ans que j'étudie ; quand j'aurai encore étudié pendant dix autres années, peut-être aurai-je du talent. Toi qui n'as jamais étudié, tu en as déjà. Je te parle sérieusement, écoute-moi de même. Dès aujourd'hui tu es le maître de ta destinée. Ce que tu pensais n'être qu'un état plus amusant que celui de sabotier, c'est un art. Tu n'es pas ouvrier, tu es un artiste. Si tu veux te confier à moi et te laisser guider par mes conseils, il arrivera un moment où, si tu aimes encore Adeline, tu pourras songer à elle autrement que comme à une sœur, et où Adeline songera peut-être à toi autrement que comme à un frère.

Les brillantes promesses contenues dans ce pronostic semblaient produire un grand effet sur l'esprit de Zéphyr. Son compagnon lui parlait avec trop de gravité pour qu'il pût soupçonner dans ses paroles l'intention d'abuser de son ignorance ou de sa crédulité. De même que les fumées d'un vin capiteux, les éloges montaient au cerveau de l'apprenti et commençaient à l'enivrer visiblement. Cependant il demeurait silencieux et paraissait hésiter avant de répondre aux propositions qui venaient de lui être faites.

— Eh bien ! lui demanda Lazare, ne t'en ai-je pas dit assez, et que veux-tu savoir de plus ?

— Monsieur Lazare, répondit l'apprenti, je me fie à vous et je ferai absolument tout ce que vous me conseillerez mais c'est à la condition que je n'aurai pas besoin de me séparer de mademoiselle Adeline.

— C'est pourtant par là qu'il faudra commencer, dit Lazare, et c'est précisément pour te rapprocher d'elle qu'il est nécessaire de t'en éloigner. Tel que tu es, ou plutôt tel qu'elle te voit, Adeline ne pourra jamais penser à toi.

— Surtout tant que vous serez là, dit Zéphyr.

— Je n'y serais point qu'elle n'y ferait pas attention davantage. Les goûts que lui ont donnés l'éducation qu'elle a reçue, la fortune qu'elle possédera un jour, sont autant d'obstacles qui la séparent de toi. Puisque tu possèdes un moyen de faire disparaître ces obstacles, il faut le mettre en usage. Adeline a bon cœur et s'est intéressée à toi comme à un être chétif, pauvre et souffrant. Pour que cette pitié se change en un autre sentiment, il faut que toi-même tu te métamorphoses. Lorsque tu auras passé quelque temps à Paris, quand les habitudes d'une existence nouvelle t'auront dégourdi, et qu'à l'intelligence que tu possèdes l'instruction aura ajouté tout ce que tu ignores, quand tu reparaîtras à Montigny avec un nom que tu te seras fait par ton talent, quand tu seras riche ou en train de le devenir, si tu n'as point oublié Adeline, tu pourras peut-être espérer quelque chose. Il n'y aura plus entre vous d'autre inégalité que celle de l'âge. Si Adeline t'aime, et que cette raison-là soit la seule qui puisse vous séparer, Adeline sautera par-dessus et fera sauter son père avec elle.

— Mais, dit Zéphyr, qui commençait par se laisser convaincre et trouvait, en écoutant les raisonnements de Lazare, que *cela allait tout seul,* qu'est-ce que M. Protat va penser de tout ça ?

— Ne t'inquiète de rien, laisse-moi agir et parler. Ton maître t'a confié à moi pour tout le temps que je dois demeurer ici : c'est donc à peu près trois mois de liberté que tu as devant toi ; tu pourras travailler a ton aise et commencer à prendre des leçons de dessin avec moi. Quand je retournerai à Paris, je t'emmènerai.

— Et si M. Protat ne veut pas me laisser partir ?

— Encore une fois, c'est mon affaire. Je me suis chargé de mener ta barque, tu n'as qu'à te laisser conduire. Et maintenant, ferme boutique, mets le sac au dos, et en route ! Voilà presque une journée que je perds à cause de toi ; mais je ne la regrette pas.

Lazare avec son compagnon reprit à travers les gorges des Longs-Rochers la route sablonneuse qui les devait ramener à la maison de Protat, où le trouble régnait depuis l'absence du peintre et du jeune apprenti.

Le matin, environ dix minutes après le départ de ceux-ci, Adeline s'était réveillée. Après s'être habillée en toute hâte, elle appliqua l'oreille à la cloison qui la séparait de Lazare, et n'ayant entendu aucun bruit, elle supposa que le pensionnaire dormait encore. Elle sortit alors de sa chambre, et s'approchant de la porte de Zéphyr, après avoir frappé deux petits coups, elle l'appela à voix basse. N'ayant pas entendu de réponse, elle frappa plus fort et appela plus haut. Comme on ne lui répondait pas davantage, elle commença à s'inquiéter et descendit dans le jardin, pensant que l'apprenti était peut-être allé l'attendre. Ce fut alors qu'elle aperçut la fenêtre de Zéphyr ouverte, et l'échelle appliquée au mur à la hauteur de cette fenêtre. Son inquiétude se changea en une crainte véritable. Elle appela son père, et lui raconta en deux mots la fuite de l'apprenti et ses soupçons.

— Ce n'est pas possible, dit Protat pour se rassurer lui-même autant que pour rassurer sa fille, Zéphyr est là-haut; il ne t'aura pas entendue l'appeler. Il dort comme une souche, tu sais bien ! Mais l'échelle est aussi bien là pour monter que pour descendre. Viens me la tenir ; je vais aller réveiller Zéphyr.

Protat monta à l'échelle, et sauta par la fenêtre dans le cabinet de l'apprenti.

— Eh bien ? s'écria la jeune fille.

Son père ne lui répondit pas. Une chose l'avait frappé d'abord à son entrée dans la chambre ; c'était le nom de sa fille! formé très-lisiblement sur la table par un assemblage de petits cailloux de différentes couleurs. Au-dessous du nom d'Adeline, celui de Zéphyr était écrit de la même façon, seulement avec des cailloux beaucoup plus communs que les autres.

— Ah! fit le sabotier ; mais ce qui l'étonna plus que tout le reste, ce fut la découverte qu'il fit d'un fond de vieux bas qui contenait quatre-vingts francs en menue monnaie. — Ah! ah! continua-t-il sur deux tons différents.

— Eh bien, mon père ! s'écriait Adeline du jardin, et Zéphyr ?

Protat brouilla d'un revers de main les noms formés par les cailloux, qu'il dispersa dans la chambre, puis il se mon-

13.

tra à la fenêtre. — Zéphyr n'est pas là, dit-il; attends un peu, je vais voir si M. Lazare ne pourrait pas m'en donner des nouvelles. Et d'un coup de genou violemment appliqué à la porte du cabinet de son apprenti, Protat fit céder le pêne; la porte s'ouvrit, et le sabotier fut dans le corridor. Il allait frapper à la porte de l'artiste, quand il se rappela que celui-ci l'avait prévenu qu'il avait l'intention d'emmener l'apprenti de grand matin en forêt : — Eh! pardi, fit-il à sa fille, qui était venue la rejoindre, il est en route avec M. Lazare.

— Mais, — dit la jeune fille, qui, venant, pour se convaincre, d'entrer dans la chambre du peintre, avait aperçu le chevalet et la boîte de couleurs, — ils n'ont pas emporté es affaires. Ah! mon Dieu! s'écria-t-elle tout à coup, Lazare n'a pas ses guêtres !

— Eh bien ? dit Protat qui ne comprenait pas.

— Et les vipères ? dit Adeline, devenue toute pâle et se tenant au mur.

— Ma fille! dit Protat, qui reçut dans le cœur le contrecoup de ce cri d'effroi; Adeline! silence! Les plus mauvaises vipères ne sont pas dans le bois. — Et, par une fenêtre du corridor qui donnait sur la rue, le sabotier désigna à son enfant, qui devina sa pensée, le village de Montigny, qui commençait à s'éveiller.

— Eh! Monsieur! s'écria tout à coup la Madelon qui montait l'escalier; voilà des nouvelles !

— Quoi? fit Protat.

— Une lettre. Ah! fit Madelon appercevant Adeline, te

voilà levée, ma fille; c'est pour toi les nouvelles. Et elle tendit à sa jeune maîtresse une lettre que celle-ci décacheta avec curiosité.

— La poste à cette heure-ci, fit Protat étonné; il n'est pas six heures !

— C'est le facteur qui s'est attardé aux boules hier soir, répondit la Madelon, et que j'ai rencontré en route; il vous fait ses excuses et vous prie de ne rien dire.

— Mon père, mon père ! s'écria Adeline, joyeuse, en agitant la lettre; c'est Cécile qui m'écrit; elle vient passer huit ours avec moi !

— Et elle arrive? demanda Protat.

— Par le convoi de trois heures; elle sera ici à sept. Où allons-nous la loger ? Tu lui donneras ta chambre.

— Non, répondit le sabotier en montrant la pièce occupée par Lazare, nous lui donnerons celle-ci.

—Voilà un prétexte pour l'éloigner, pensa Protat, devenu silencieux pendant qu'Adeline devenait triste.

— Qu'est-ce que vous avez donc, notre maître? demanda la Madelon, étonnée de l'embarras du sabotier.

— J'ai ce que j'ai, dit le sabotier.

— Et toi, ma fille?

Adeline ne répondit pas.

— Ah *ben*, fit la servante en descendant l'escalier, en *v'là* du nouveau, sans compter la clef de l'armoire qui est revenue.

La double découverte que venait de faire le bonhomme Protat l'avait rendu singulièrement soucieux. Les événements de la veille étaient restés pour lui comme une phrase dans laquelle la suppression d'un mot répand la confusion et égare l'esprit du lecteur dans le labyrinthe de mille suppositions qui ne font que l'éloigner davantage du sens véritable; une fois ce mot remis à sa place, la lumière se fait, et l'énigme s'explique d'elle-même. Tel fut à peu près le résultat de cette découverte; pour le sabotier, sans avoir besoin de guide, il pouvait aller droit devant lui, marchant de déductions en déductions, rappelant ses souvenirs, rapprochant les faits, et par un chemin de preuves atteignant la vérité; c'était pour lui maintenant besogne facile, et ce fut aussi besogne prompte. Comme les gens aveuglés devenus subitement clairvoyants, il finit par se dire à lui-même : — Comment n'ai-je rien vu de tout cela ? — Relativement à Zéphyr, qui se permettait de se jeter à l'eau à cause de sa fille, la première pensée de Protat avait été de se débarrasser purement de son apprenti; puis, en se rappelant l'antipathie que le jeune garçon témoignait à Lazare avant même que celui-ci fût de retour, Protat, devenu tout à coup très-subtil, flaira une jalousie dans l'éloignement de Zéphyr pour le peintre; s'il était jaloux, c'était donc qu'il avait découvert l'inclination d'Adeline pour son pensionnaire; renvoyer Zéphyr serait imprudence, pensa Protat, il pourrait jaser dans le pays, et ma fille en souffrirait. Ce qui l'intriguait le plus, et ce qu'il se promit bien de rechercher, c'était la source de cet argent trouvé dans la chambre de son apprenti; revenu tout à coup à ses mauvaises dispositions, Protat n'eût point été fâché d'acquérir une preuve que cet argent avait une origine coupable; il se fût emparé de la découverte pour chasser Zéphyr et fermer la bouche à ses récriminations par une accusation de vol. Relativement à Adeline et Lazare, son embarras était plus grand. Le cri échappé à sa fille avait été pour lui toute une révélation; mais il ignorait si cette inclination était réciproque. En se rappelant la querelle qui la veille avait eu lieu entre Adeline et la Madelon, au souvenir des larmes qu'il avait surprises dans les yeux de son enfant, il imagina que son pensionnaire avait pu n'être pas étranger à cette querelle et à ces pleurs. — Qui sait, se demandait-il, non pas sans être sérieusement alarmé par cette pensée, Madelon était peut-être leur confidente. Ce fut sous l'impression de cette idée de complicité qu'il aborda la vieille femme; aussi cette démarche, entamée brutalement, n'eut-elle aucun résultat. Si Madelon avait pu voir son maître venir à elle ému par un sentiment d'inquiétude paternelle, elle l'eût peut-être rassuré en lui donnant les renseignements qu'elle avait en sa connaissance; mais Protat lui avait mis l'interrogation sous la gorge avec toute l'impétuosité de l'impatience. Fidèle à son caractère, qui était d'opposer instinctivement la rébellion à toute chose imposée, et intérieurement effrayée par l'agitation peinte sur le visage du sabotier et par les menaces de son accent, Madelon se fit muette, d'abord par la charitable intention de ne point trahir le secret de sa maîtresse, et ensuite pour le plaisir qu'elle éprouvait à contrarier son maître. Elle le mit presque à la porte de sa cuisine, en lui disant que les affaires de sa fille ne le regardaient pas, qu'il était fou, et que c'était une vilaine chose d'avoir seulement de semblables pensées à propos d'une jeune personne qui avait été si *bien élevée*.

Dans la bouche de Madelon, ce mot avait toujours l'air d'un reproche, et cette fois, bien qu'elle l'eût prononcé sans intention ironique, il excita la colère de Protat, déjà dépité par cette réserve de la servante, qui semblait lui prouver qu'elle ne voulait point parler, précisément parce qu'elle aurait trop à dire. Une querelle était devenue imminente, si Adeline n'était point descendue attirée par le bruit. Protat prit sa fille par le bras et l'emmena au fond du jardin. Egaré par le délire de son inquiétude, irrité par les obstacles que rencontrait son investigation, pour la première fois depuis le retour de sa fille à Montigny, le sabotier se montra dur avec elle. Comme il venait de faire avec Madelon dans cette interrogation qui exigeait les précautions les plus délicates, les termes les plus mesurés, il procéda avec emportement, maladresse et grossièreté. Quelles que fussent ses craintes, il laissa échapper des paroles qui les outrepassaient, et que sa fille ne put entendre sans que le rouge lui en montât au visage. Il lui semblait, en se retrouvant en face de cette violence inaccoutumée, qu'elle entendait gronder l'écho des ouragans qui jadis avaient fait trembler le berceau de son enfance. Elle fut surprise d'autant plus douloureusement, que venant d'elle-même au-devant de cet interrogatoire, elle était descendue avec l'intention de tout raconter à son père, comme si elle avait deviné l'inquiétude qui devait l'agiter, en même temps qu'elle venait chercher auprès de lui des consolations pour les premières souffrances que lui causait cet innocent et discret amour. Mais cet aveu avait été brusquement arrêté sur ses lèvres. Protat l'avait accueillie non point comme une enfant troublée qui choisit son père pour confident, mais comme une fille coupable qui vient demander pardon. Attérée par le doute offensant que semblaient exprimer les paroles de son père et la douleur qu'il témoignait, Adeline demeura un instant immobile et silencieuse. Protat ne savait point qu'il y a de ces accusations tellement innattendues qu'elles foudroient ceux qui en sont frappés et paralysent même l'instinct de défense.

Sans qu'il eût soupçonné sa fille véritablement coupable, le sabotier avait parlé comme sous l'impression d'une conviction réelle; espérant qu'Adeline allait protester, se défendre, et qu'en plaidant, comme on dit, le faux, il pourrait découvrir le vrai; mais le silence gardé par Adeline changea brusquement en certitude les soupçons qu'il venait de simuler. Ne pas répondre à une telle accusation, c'est avouer, pensa Protat. Il éclata alors en reproches dont l'amertume atteignait tout le monde : la Madelon, qu'il accusait d'avoir prêté les mains à une telle intrigue scandaleuse, et lui-même qui n'avait rien su voir, rien deviner, quand tout le monde autour de lui s'unissait pour le tromper. Il s'accusait de sa bonté coupable envers sa fille, de la confiance qu'il lui témoignait, de la liberté dont il la laissait jouir. On lui avait dit bien souvent que c'était imprudent d'abandonner, comme il le faisait, une jeune fille à ses caprices, de la laisser, non-seulement maîtresse d'elle-même, mais encore de tous ceux qui l'entouraient. Au lieu de l'encourager dans des goûts qui ne devaient pas être ceux d'une personne de sa condition, il aurait dû combattre ses penchants à la tyrannie, à l'oisiveté. Il regrettait de ne l'avoir point mise aux durs travaux de la maison ou de la terre. Il avait, disait-il, mérité par son aveugle tendresse l'ingratitude qui en était le paiement ; puis, las de frapper sur Madelon, sur Adeline et sur lui même, la colère du sabotier se tourna avec encore plus de fureur vers Lazare, ce misérable séducteur, qui était venu apporter la honte sous le toit où on l'avait reçu mieux qu'en étranger, en ami, mieux qu'en ami, presque en enfant de la maison. Dans la confusion de ces propos inspirés par une indignation qui n'avait plus rien de factice, lorsque Adeline entendit à l'injure succéder la menace, et que ces menaces semblaient s'adresser à Lazare, la pauvre fille, qui jusque-là avait préféré douter du bon sens de son père, l'arrêta tout à coup au milieu de son irritation, effrayée subitement, non pour elle-même, mais pour l'artiste. Ce fut moins une justification qu'elle entreprit qu'une accusation qu'elle fit entendre à son tour. Sans pleurs et sans cris, cette véhémente révolte de l'innocence outragée par le soupçon paternel courba Protat aux pieds de sa fille. Il devinait quelle profonde blessure il venait de faire au cœur de son enfant. Dans la manière dont Adeline le regardait, il croyait voir renaître un ressouvenir des jours du passé. Sa fille eût-elle été véritablement coupable, se fût-elle accusée, qu'il ne l'aurait point crue maintenant ; aurait-elle même fourni les preuves de sa faute, qu'il les aurait niées. Il ne voulait plus même entendre les explications qu'elle tenait à lui donner à propos de son inclination pour l'artiste pensionnaire ; mais Adeline l'obligea à l'écouter. Quand elle eut achevé cette révélation ingénue, Protat s'emporta de nouveau contre lui-même : — Et c'est pour ça que j'ai fait tant de bruit, s'écriait-il ; c'est pour ça que je t'ai si durement traitée! Et il se mettait à genoux devant Adeline, et lui demandait pardon.

Comme tous les gens qui subissent l'impression du moment, rassuré par les aveux de sa fille qui établissaient l'ignorance dans laquelle était Lazare des sentiments dont il était l'objet, Protat était passé de l'extrême inquiétude à la sécurité extrême, exagérant l'une comme il venait d'exagérer l'autre. Dans tous les détails que sa fille lui avait fait connaître, il ne voyait plus qu'un badinage, le caprice éphémère d'une enfant un peu sentimentale. Il ne trouvait dans ce penchant aucune matière à s'alarmer, et craignant même d'offenser son pensionnaire par une précaution, malgré l'embarras que l'arrivée de Cécile allait apporter dans la distribution des logements, il avait presque renoncé à l'idée de s'emparer de ce prétexte pour inviter l'artiste à prendre provisoirement gîte ailleurs. Ce fut Adeline qui le força à maintenir cette décision.

— Non pas à cause de moi, dit-elle, mais à cause de Cécile. M. Lazare comprendra bien cela.

— Ma foi, dit Protat, tu te chargeras mieux que moi de le lui faire comprendre. La négociation m'embarrasse, et je ne sais pas comment j'ai pu avoir un moment l'idée de renvoyer ce jeune homme, quoiqu'il eût cependant mieux valu qu'il ne mît pas les pieds chez nous.

Adeline l'interrompit pour le prier de ne plus faire aucune attention à ce qu'elle lui avait raconté. Elle lui avait fait cet aveu pour n'avoir plus à y songer elle-même. Elle avait réfléchi; elle ne voulait plus songer à ce jeune homme autrement que comme à un étranger. Elle éviterait de le voir, ce qui lui serait d'autant plus facile que Lazare était plus souvent absent qu'à la maison ; elle ne lui parlerait plus que pour lui répondre. A quoi le bonhomme répondit sagement que ce changement dans ses habitudes pourrait surprendre Lazare, qu'il en chercherait peut-être le motif, et que cela pouvait être dangereux. Il était donc préférable qu'Adeline restât avec lui ce qu'elle était habituellement. Cette détermination soudaine d'indifférence n'avait, comme on le pense, rien de sérieux. Adeline, inquiétée instinctivement, et à qui la passion ne s'était révélée jusqu'à présent que par des sensations douces qui agitaient son cœur sans le troubler, s'effrayait aux premiers symptômes douloureux. En adorant Lazare, elle lui en voulait de ce que lui faisait déjà souffrir son amour pour lui. Elle avait regretté le calme des jours qu'elle avait passés sans le connaitre ; elle avait désiré reconquérir cette paix du cœur et de l'esprit. Elle s'était promis d'oublier, ne sachant pas combien ces sortes de promesses sont elles-mêmes faciles à oublier, ignorant combien sont fatigantes les luttes du devoir avec la passion, comme l'un est faible, prompt à céder, comme l'autre est puissante, habile à vaincre par sa force et même par ses faiblesses. Cette résolution, qui datait de deux heures à peine, elle la sentait déjà fléchir à la seule pensée qu'elle allait revoir l'artiste, qu'elle allait lui parler. Pendant quelques minutes elle tira à moitié de sa poche, pour les rendre à son père, *les souvenirs de Lazare*; mais au moment où le bonhomme, qu'elle avait instruit de ce larcin, lui demandait ce qu'elle avait fait de ces objets, au lieu de les lui remettre, comme elle en avait eu l'intention, elle répondit qu'elle les avait brûlés. Protat ne douta point un seul instant du fait. Une minute il eut l'idée d'instruire Adeline de la passion qu'elle avait, elle aussi, sans le savoir, inspirée à Zéphyr; mais il pensa que ce n'était point utile et se tint bouche close à ce sujet.

XIII

Cécile.

Peu d'instants après cette scène, dont le dénouement plus pacifique avait laissé le bonhomme Protat rassuré et sa fille tranquillisée au moins en apparence, une élégante voiture descendait Cécile à la porte du sabotier. Adeline entraîna la fille de madame de Bellerie dans sa chambre. On avait au moins deux grandes heures avant le souper; deux heures d'intimité, ce n'était pas trop pour échanger le premier mot du *revoir* après trois années d'absence. Ce n'était point un caprice de belle dame qui amenait Cécile à Montigny, c'était une sympathie réelle que ni le temps, ni les plaisirs d'une vie brillante, ni les préoccupations d'une condition nouvelle, n'avaient effacée de son cœur; c'était donc plus qu'une distraction qu'elle venait chercher au milieu de cette villégiature villageoise, c'était une amie. Telle elle avait quitté Adeline, telle elle la retrouvait; il n'en était pas de même pour la fille de Protat, qui trouvait son ancienne amie bien changée, et qui ne put s'empêcher de le lui dire naïvement. Quoiqu'elle fût du même âge qu'Adeline, Cécile en effet paraissait plus vieille que son amie ; ce n'était pas seulement le hâle parisien qui avait pâli et fatigué son jeune visage ; c'était le souci, le regret, la douleur peut-être. Mariée cependant suivant son penchant, elle n'avait point tardé à s'apercevoir qu'elle ne trouverait pas dans cette union le bonheur qu'elle avait espéré. Le comte de Livry, qu'elle avait épousé, était un homme dont la jeunesse avait déjà dit son dernier mot quand il avait donné sa main à Cécile. Dans les premiers temps de son mariage, il avait fait ostensiblement à sa femme les honneurs d'une apparence de grande passion, mais ce n'avait été de sa part qu'une convenance polie dictée par les classiques traditions de la lune de miel. Cécile avait beaucoup souffert de ce désenchantement. Pour se distraire elle avait tenté de courir le monde ; mais dans ce monde parisien où sa fortune et son rang la mettaient aux premières places, elle apportait des goûts, une sincérité de caractère et de langage qui la firent remarquer comme une personne singulière ; elle n'inspira aucune sympathie aux femmes, non-seulement parce qu'elle en imposait trop aux hommes, mais surtout à cause du profond dédain qu'elle parut manifester tout d'abord à propos de certaines conventions sociales qui érigent l'hypocrisie en nécessité. Cette allure indépendante alliée à une conduite irréprochable lui donnèrent bientôt pour ennemies toutes les femmes de sa société ; elle avait donc vécu à peu près dans l'isolement jusqu'à l'époque où elle était restée veuve, car M. de Livry avait péri victime, disait-on dans le monde, d'un duel déguisé en accident de chasse, un peu moins d'un an après son mariage. Son mari était mort comme Cécile commençait à ne plus l'aimer, peut-être à l'instant où elle allait commencer à le haïr ; elle porta son deuil sans douleur hypocrite, et ce fut en chaise de poste qu'elle étrenna sa première robe noire. Pendant dix-huit mois elle avait voyagé en compagnie d'une gouvernante anglaise, une de ces femmes créées pour le cosmopolitisme, qui parlent toutes les langues en venant au monde, connaissent d'avance les mœurs de tous les pays, mangent de toutes les cuisines, font dix lieues à pied sans se fatiguer, et gravissent tranquillement les pics les plus élevés des quatre parties du monde, en portant l'ombrelle de leur maîtresse d'une main et tenant un roman de l'autre. Depuis environ six mois, Cécile était revenue de voyage ; restée seule à Paris par suite du départ de sa mère qui avait accompagné le marquis de Bellerie envoyé lointainement en mission diplomatique, Cécile avait décidé qu'elle irait passer sa campagne d'été au château de Moret qui était devenu sa propriété, et c'est alors qu'elle avait pensé à revoir son amie d'enfance ; comme elle l'avait annoncé par sa lettre, elle lui donnerait huit jours entiers.

— Quel bonheur ! s'écria Adeline en frappant dans ses mains.

— Si ma présence dans la maison devait causer le moindre dérangement, dit Cécile, il faudrait me prévenir ; je continuerais ma route vers Moret, où miss m'attend.

Miss, c'était la gouvernante anglaise.

Au même instant, les deux jeunes femmes furent interrompues par la Madelon qui venait demander où elle devait déposer les affaires de la *dame*.

— Pourquoi nous interrompre? dit Adeline avec impatience.

— Ne te fâche pas, mademoiselle, répondit la servante mêlant à la fois la familiarité au respect, c'est M. Protat qui m'a dit de venir te demander ça.

— Mettez les malles et les paquets de madame, reprit Adeline, dans la chambre du pensionnaire.

— Bon, dit Madelon, on y va. A propos, ma petite, le souper sera prêt dans dix minutes. Faut compter que M. Lazare sera peut-être bien revenu.

— S'il n'est pas de retour, on ne l'attendra pas, fit Adeline.

— On n'attendra pas M. Lazare, exclama Madelon d'un air profondément surpris. Mais sur un rapide coup d'œil que lui lança sa jeune maîtresse, elle se retira, sans ajouter d'autre commentaire.

Demeurée seule avec Adeline, son amie lui reprocha doucement son petit mensonge. — Voici déjà quelqu'un qui va se trouver gêné à cause de moi.

— Qui donc? fit Adeline.

— Mais, cette personne dont tu parlais.

— Ah! le pensionnaire?

— Oui, ce... monsieur, qu'on appelle... comment un nom assez joli.

— Tu trouves? dit Adeline.

— Et toi, tu ne trouves pas? continua Cécile en souriant.

Comme la causerie reprenait une autre direction, elle fut interrompue par un bruit de pas et de voix, qu'on entendit au bas de l'escalier : c'était Lazare qui rentrait accompagné de Zéphyr. Protat s'était décidé à expliquer à l'artiste l'embarras où il se trouvait à propos des logements. Lazare n'avait manifesté aucune contrariété.

— C'est bon, répondait-il aux excuses que lui adressait le sabotier, j'irai coucher à la *Maison-Blanche*, et même, si cela vous accommode mieux, j'y prendrai aussi mes repas.

— Ah! pour ça ce n'est pas utile, dit Protat. Je vous remercie bien de votre complaisance, monsieur Lazare. Et il redescendit l'escalier enchanté de l'issue de sa négociation.

L'artiste, en entrant dans sa chambre, y trouva les objets appartenant à Cécile, que Madelon était venue y apporter.

— Ah! dit-il, cette dame a pris possession. Zéphyr, mon ami, tu vas me déménager et transporter tous mes ustensiles à la *Maison-Blanche*.

— Dites donc, monsieur Lazare, fit l'apprenti en faisant les paquets, la Madelon assure qu'elle est belle comme le jour la dame qui va demeurer ici. Ça n'est pas étonnant; au fait... puisqu'elle vient de Paris.

— En voilà une raison ! murmura Lazare.

— Avez-vous vu son châle, dans la salle à manger? continua l'apprenti. *Cristi!* quelle belle pièce : c'est plus brillant que la chasuble à M. le curé. Et la plume qui est sur son chapeau donc! Ah! oui, ma foi, ce doit être une bien belle dame.

— Ah ça! interrompit Lazare, est-ce que tu vas en devenir amoureux aussi, et oublierais-tu déjà Adeline pour un châle brodé et un brin de marabout?

— Il faudra bien deux voyages pour porter toutes vos affaires à la *Maison-Blanche*, dit l'apprenti.

— Eh bien, tu les feras. Cette dame peut avoir besoin de la chambre, il faut qu'elle la trouve libre ; dépêche-toi. Puisqu'il y a du monde à dîner, je vais me donner un coup de rasoir. Je suis bien fâché de n'avoir pas apporté un habit noir, acheva l'artiste en se parlant à lui-même.

— Dites donc, monsieur Lazare, reprit l'apprenti, elle doit aimer les bonnes choses, la dame qui vient d'arriver... J'ai vu la Madelon qui décrochait le four de campagne. Il se pourrait bien qu'il y eût du gâteau.

— Il se pourrait, dit Lazare.

— Dans ce cas-là, dit Zéphyr, vous, qui serez-là, tâchez donc qu'on m'en garde un peu ; j'ai peur que M. Protat n'y pense pas.

L'artiste lui promit de ne pas oublier la recommandation, et Zéphyr descendit pour opérer le déménagement. Comme nous l'avons dit, la mince cloison qui séparait la chambre où se trouvait Adeline et son amie de celle occupée par Lazare, permettait de l'une à l'autre d'entendre tout ce qui se disait dans les deux pièces.

— Qu'est-ce que c'est donc que ce M. Zéphyr, qui est amoureux de toi et de mon châle? avait demandé Cécile à son amie.

— L'apprenti de mon père, répondit Adeline, un enfant abandonné que mon père a recueilli.

14

— Et il est amoureux de toi ? continua Cécile.

— C'est une plaisanterie sans doute, répondit la fille du sabotier. Zéphyr est un enfant; d'ailleurs tu le verras.

Cependant Adeline fut un peu préoccupée par les paroles qu'elle avait entendu Lazare adresser à l'apprenti.

— Ces dames sont servies, vint dire la Madelon avec une certaine majesté d'attitude et d'accent.

— Nous descendons, répondit Adeline. Moins cérémonieuse avec le pensionnaire, la servante fut lui sonner le dîner à coups de poing dans sa porte, et lui cria simplement: Monsieur Lazare, la soupe est sur la table.

— On y va, répondit l'artiste. — Tiens, murmura-t-il, il y avait du monde à côté.

Avant de descendre, Cécile s'était placée devant la glace du meuble qu'elle avait autrefois donné à son amie, et réparait avec un petit peigne le léger désordre qui s'était introduit dans les boucles de sa chevelure.

— Puisque le voisin se fait la barbe à cause de moi, dit-elle à voix basse à son amie, c'est bien le moins que je me coiffe un peu.

Mais Cécile parut très-étonnée en s'apercevant que cette simple plaisanterie avait fait pâlir Adeline. Ce détail, ajouté à quelques remarques qu'elle avait déjà eu le temps de faire, rendirent Cécile rêveuse. On descendit dans la salle à manger. Derrière les deux femmes arriva Lazare, qui avait donné à sa toilette plus de soin que de coutume. Il avait quitté la blouse et le pantalon de travail pour des vêtements de simple toile, mais plus frais; sa cravate, ordinairement roulée en corde à puits autour de son cou, était mise avec plus de

soin; il avait même essayé vainement un simulacre de
nœud. De cette tentative, l'intention seule était restée apparente. Adeline ne lui en sut aucun gré. Elle devinait que
toutes ces élégances avaient pour but de s'attirer les regards
de Cécile, et elle se mit à les observer tous les deux avec
une ténacité singulière. Lazare et son amie avaient échangé
un salut muet et poli, et, debout auprès de la table, ils
semblaient hésiter à s'asseoir. La fille du sabotier s'aperçut que le hasard avait, par les mains de Madelon, disposé
la place des couverts de façon que Cécile allait se trouver
la voisine de l'artiste. Cet arrangement déplut instinctivement à Adeline. Avec beaucoup d'adresse et sans être aperçue, elle changea rapidement de place sa serviette roulée
dans un petit rond à son chiffre. Par suite de cette manœuvre, le placement primitif se trouvait modifié, et, quand tout
le monde se fut assis, Adeline se trouva entre Lazare et son
amie. Le repas fut très-animé. Adeline elle-même, qui était
restée d'abord silencieuse, se mit à l'unisson de l'animation
générale. Après quelques mots, Cécile et Lazare s'étaient
sentis sympathiques l'un à l'autre. Il avait suffi de quelques
points de rapports dans des opinions naturellement émises
de part et d'autre, dans le cours d'un de ces avant-propos
pendant lesquels on semble chercher quelque terrain on
donnera à parcourir à la conversation. On avait d'abord
parlé de voyage; ensuite on parla d'art. Cécile, qui avait
promené son mignon brodequin dans toutes les cités classiques, racontait les impressions recueillies sur sa route.
Protat écoutait sans trop comprendre les récits de la voyageuse, qui n'avait point emprunté son enthousiasme dans

les amplifications tarifées des cicérone ou des guides-Richard, et de temps en temps le sabotier donnait par politesse un signe d'assentiment. Lazare prêtait à ses discours mieux que l'attention polie qu'un homme bien élevé accorde à la parole d'une femme. Dans les remarques de Cécile à propos de ses visites dans les principaux musées de l'Europe, elle avait parlé de certaines écoles et de certains maîtres, non point d'après le ouï-dire traditionnel, et son admiration s'exprimait autrement que par des formules empruntées au dictionnaire des lieux communs artistiques. Lazare trouvait dans ses jugements une conformité de goûts avec les siens propres; il s'étonnait de rencontrer une femme, qu'il supposait frivole et ne sachant que parler chiffons, porter dans ses discussions, devenues presque sérieuses, des jugements qu'il trouvait d'autant plus sensés, qu'ils s'appareillaient parfaitement avec ses propres idées. Pendant que Lazare causait ainsi avec son amie, Adeline semblait un peu dépitée de se trouver mise à l'écart d'une conversation où l'on traitait de choses un peu trop abstraites pour qu'elle y pût prendre part. Cécile, qui l'observait, ramena habilement la causerie sur des sujets qui permettaient à sa compagne d'y prendre part.

La fille du sabotier prit alors une brillante revanche du silence qu'elle avait dû garder pendant la première partie du dîner, et comme Cécile, qui connaissait le répertoire de ses connaissances, lui donnait complaisamment la réplique pour qu'elle en pût faire montre, Adeline se révéla tout à coup à Lazare sous un aspect qui lui avait échappé jusqu'ici. Adeline n'était point, comme il l'avait supposé, une rustique enfant frottée par hasard d'un vernis d'instruction; elle ne s'en était point tenue à la lettre de ce qu'on lui avait appris, son intelligence avide en avait pénétré l'esprit. Cette attention, qu'elle attirait à son tour, animait davantage la jeune fille, devenue rouge de plaisir en voyant l'étonnement qu'elle causait à l'artiste, qui se trouva tout à coup obligé, pour lui répondre, de modifier lui-même le langage qu'il avait l'habitude d'employer avec elle. En écoutant sa fille parler tour à tour avec Cécile et Lazare, répondant sans hésiter jamais, et sans affectation, sans pédanterie, ne se laissant point arrêter par les contradictions, paraissant les provoquer au contraire, et finissant par ranger les contradicteurs à son impression personnelle, le bonhomme nageait dans l'extase. Plus la discussion s'éloignait hors de la portée de son intelligence, plus le langage s'élevait à la hauteur des idées, moins il comprenait, plus il était fier de son ignorance et se glorifiait béatiquement, du triomphe de sa fille. Il n'y avait pas jusqu'à la Madelon qui, en faisant le service, s'arrêtait tout *ébaubie*, en écoutant les belles choses que disait sa maîtresse. Protat se renversait alors sur sa chaise, et, montrant Adeline du doigt à la servante immobile, il semblait lui dire en clignant les yeux : — C'est elle qui parle! c'est pourtant elle! Il y eut un instant où Lazare, à propos d'une discussion historique relative à un monument voisin, commit une erreur de date qui fut relevée par Adeline. L'artiste avoua son erreur et applaudit à la rectification. Cet hommage rendu à la science de sa fille mit le comble à l'orgueil du sabotier. Il attira l'artiste auprès de lui et lui dit tout bas à l'oreille : — Qu'est-ce que vous voulez, nous ne sommes pas de force !

Comme on en était arrivé au dessert, et au moment où la Madelon dressait sur la table le beau gâteau doré qui avait été deviné par la friande convoitise de Zéphyr, l'apprenti, ayant terminé le déménagement de Lazare, parut lui-même sur le seuil de la salle à manger. Désignant le gâteau à l'artiste, qui était précisément occupé à le partager, Zéphyr paraissait lui rappeler sa promesse par un expressif coup d'œil. Voyant que tout le monde était de bonne humeur, et le bonhomme Protat particulièrement, qui débouchait avec circonspection une vieille bouteille de vin réservée pour les grands jours, Lazare pensa que l'apprenti ne serait point mal accueilli, et lui fit signe de s'approcher :

— Père Protat, dit le peintre au sabotier, placé de façon à ne point voir son apprenti, je me suis permis de faire espérer à Zéphyr qu'il aurait du dessert, et le voici qui vient me sommer de tenir ma promesse.

Protat tourna brusquement la tête, fronça le sourcil, et regardant le jeune garçon avec une sévérité déjà voisine de la colère :

— Ah ! te voilà, petit gredin, nous avons un compte à régler depuis ce matin.

Et, s'étant levé précipitamment de table, il prit l'apprenti par le collet et l'entraîna rapidement dans le jardin. Cécile, Adeline et Lazare, restés seuls, se regardèrent, profondément étonnés de cette brusque sortie.

— Qu'arrive-t-il encore ? demanda Lazare.
— Qu'a donc fait ce pauvre garçon ? ajouta Cécile.

— Je ne sais pas, répondit Adeline vaguement inquiète.

Au même instant, la porte s'ouvrit, Zéphyr rentra, et courut se réfugier auprès de Lazare. Derrière l'apprenti rentrait le sabotier... Tout le monde s'était levé.

— Monsieur Lazare ! s'écria Zéphyr en prenant l'artiste par le bras.

— Eh bien ! fit celui-ci, que me veux-tu ?

Le jeune garçon paraissait en proie à une grande agitation, tout son corps tremblait, ses lèvres étaient blanches et serrées, la sueur ruisselait de son front et de grosses larmes roulaient sur ses joues.

— Monsieur Lazare, reprit-il avec un accent où l'indignation se mêlait à la douleur, dites donc que je ne suis pas un voleur.

A ce mot, tout le monde se regarda.

— Eh bien ! dit Protat, justifie-toi. Et le sabotier versa dans son assiette une poignée d'argent qu'il avait tirée de sa poche. Explique-moi la possession de cet argent ; où l'as-tu pris ?

— Je ne l'ai pas pris, répondit Zéphyr.

— Non, père Protat, ajouta Lazare d'une voix ferme, cet argent appartient à votre apprenti : c'est le fruit de son travail.

— De son travail ! répliqua le sabotier avec étonnement ; quel travail, s'il vous plaît ? Entendons-nous, monsieur Lazare, continua le père d'Adeline avec gravité... vous vous intéressiez à ce drôle, et je vous ai laissé faire ; mais, cette fois, c'est sérieux ?

— Très-sérieux, plus que vous ne pensez, répondit le

peintre. Zéphyr a gagné cet argent, et l'a gagné honorablement.

— Ah! pardi, s'écria le sabotier, je suis curieux d'apprendre comment. — Et Protat se rassit à sa place.

Lazare raconta à son hôte comment il avait découvert le talent de l'apprenti, et expliqua ainsi la possession de l'argent trouvé dans sa chambre : — C'est le prix des ouvrages qu'il vend au marchand de Fontainebleau, dit-il.

Cette révélation n'eut point le résultat que paraissaient en attendre l'accusé et celui qui se constituait son défenseur. Protat commença par nier le talent de son apprenti; il prétendit que Lazare était victime d'un mensonge, et que Zéphyr était incapable de rien faire de ses deux mains.

— Il vous en donnera la preuve! dit Lazare.

— Eh bien! s'écria Protat, s'il est vrai qu'il sache travailler, et qu'il tire un gain de son travail, c'est un gredin; son argent ne lui appartient pas davantage.

— Aussi votre apprenti avait-il l'intention de vous le restituer quand la somme aurait été plus forte, répondit l'artiste, qui commençait à se passionner un peu.

Protat revint alors à sa première idée : il maintint que Zéphyr était hors d'état de faire usage d'un outil; mais au même instant un démenti lui arriva sous forme de preuve. Pendant le débat qui s'était prolongé entre Lazare et Protat, qui avait longuement, pour justifier sa colère, raconté à Cécile l'histoire de son adoption et des bienfaits dont il avait comblé l'apprenti, celui-ci s'était brusquement isolé dans un coin ; ayant pris d'une main un gros bâton qui était dans a salle, il en tailla le manche avec son couteau; au bout d'une demi-heure de travail, et comme son maître l'accusait d'ignorance, l'apprenti lui présentait par le manche le bâton de houx, qui faisait depuis longtemps sur ses épaules l'office d'exécuteur des hautes colères de Protat.

— Si j'ai menti, monsieur Protat, dit Zéphyr en tendant le dos, tuez-moi tout de suite avec ça, et que ça finisse.

Les yeux du sabotier s'étaient portés sur le manche du gourdin. La poignée, largement ébauchée, représentait deux serpents enroulés. Si rapidement que cette ébauche eût été exécutée, le résultat atteint n'était pas ordinaire; l'enlacement des deux reptiles avait un aspect effrayant d'abord, et d'une vérité inquiétante.

— Eh bien! oui, dit Protat, c'est gentil. Et il se retourna du côté de Zéphyr, auquel il parlait d'un ton déjà radouci.

— Ce n'est pas seulement gentil, répondit Cécile, qui avait examiné ce travail improvisé, c'est un petit chef-d'œuvre, et pour avoir pu faire cela en aussi peu de temps, il faut que votre apprenti soit un artiste véritable.

— Bah! répliqua le sabotier, à quoi ça peut-il être utile?

Et Adeline, qui à son tour admirait l'œuvre de Zéphyr avec une admiration naïve, interrompit son père : — Tout ce qui est beau est utile d'une certaine façon; mais bien des choses utiles ne sont belles d'aucune, dit la jeune fille.

Complimenté par tout le monde, et même par son maître que sa fille avait forcé à se rendre à l'évidence; flatté par Cécile qui mêlait à ses louanges ces câlineries féminines qui exercent une si grande influence sur l'amour-propre, Zéphyr subissait pour la seconde fois dans cette journée l'assaut de l'orgueil. Pendant que Lazare expliquait au sabotier qu'il était nécessaire dans l'intérêt futur du jeune garçon qu'il vînt à Paris, ayant soin d'observer à Protat qu'il n'aurait aucune dépense à faire, l'apprenti, dont l'imagination allait en avant en attendant qu'il pût jouir des réalités, s'enivrait au son des paroles qui lui promettaient un avenir de gloire et de fortune. Pendant que Lazare causait avec le sabotier, Adeline regardait l'artiste dont le geste et la parole s'animaient toutes les fois qu'il parlait de sa profession ; et dans cette attention de sa jeune amie, Cécile, qui l'observait, crut bien remarquer que ce n'était pas seulement la curiosité qui rendait Adeline aussi attentive ; la jeune fille, en effet, était sous le charme de la voix de l'artiste.

Un fait puéril vint fixer les doutes que Cécile avait pu concevoir. Dans un moment où Adeline pensait n'être pas aperçue, elle jeta par-dessus son épaule le pelage d'un fruit resté dans son assiette, et presque en même temps se pencha avec vivacité vers le parquet, regardant avec une visible inquiétude l'espèce d'arabesque que cette pelure avait formée dans sa chute. Cet acte en apparence insignifiant avait un sens pour Cécile, instruite de cette superstition amoureuse que les jeunes filles emploient en province pour savoir si elles seront aimées de celui qu'elles aiment. L'oracle est favorable lorsque la pelure, en tombant, fac-simile par un certain arrangement de lignes, la première lettre du nom de la personne qui l'interroge. Alors c'est qu'on est aimé ou près de l'être. Si la configuration forme un autre caractère, il doit au contraire être considéré comme la première lettre du nom de celle qui occupe la pensée de celui auquel on a songé en consultant l'oracle, qui par ce moyen vous indique une rivale. En se livrant à ce jeu innocent, Adeline n'avait pas été heureuse à son désir. A sa question l'oracle n'avait pas répondu par un A, et toute pensive elle regardait machinalement la pelure de sa poire qui était retombée arrondie en forme de C. Cécile, qui avait observé tout ce petit manége d'Adeline sans paraître y prendre garde, surprit le double regard dont celle-ci l'enveloppa ainsi que Lazare. Elle ne dit rien, mais elle sourit. Adeline aperçut ce sourire et pâlit de nouveau. En ce moment Protat regardait sa fille, qui regardait fixement Lazare. Cécile marcha sur le pied d'Adeline par-dessous la table et posa en même temps un doigt sur sa bouche. La fille du sabotier pencha la tête, se sentit devinée, et murmura en elle-même : —

— Allons ! tout le monde sait mon secret... il n'y a que lui qui ne le devine pas. — Pendant toutes ces petites scènes muettes, Zéphyr se berçait dans ses espérances ambitieuses, alternant ses regards entre Adeline et le gâteau, ce fameux gâteau qui le préoccupait aussi vivement depuis qu'il l'avait vu mettre au four. Protat le tira brusquement de sa muette extase.

— Eh bien, mon garçon, lui dit-il, c'est convenu : puisque M. Lazare prétend que tu pourras y devenir quelque chose, tu iras à Paris. Tâche de faire un jour fortune avec tes petits talents, et si tu deviens plus tard un grand homme, rappelle-toi ton père adoptif qui t'aura appris un bon état.

— Comment donc ça ? fit Zéphyr ?

— Dame ! sans doute... n'es-tu pas mon élève.

Comme le dîner était achevé depuis longtemps, toute la

compagnie sortit pour prendre l'air dans le jardin. C'était la fin de l'un des jours les plus brûlants de l'année. L'air, attiédi par les haleines du soir et le voisinage de la rivière, s'imprégnait des aromes de certaines fleurs qui semblent conserver leur parfum pour la nuit, comme le rossignol qui réserve ses plus beaux chants pour l'heure des étoiles. Sur les eaux du Loing, claires, rapides et murmurantes, flottait une vapeur blanche et légère, diaphanisée par la naissante clarté du croissant de la lune. Dans les roseaux qui bordaient la rivière, les rainettes commençaient leur concert nocturne et monotone, et préludaient comme des musiciens qui se donnent l'accord. Les buissons qui clôturaient le jardin et les herbes qui bordaient les allées se constellaient de tremblottantes illuminations de vers luisants: Protat, appelé chez le notaire du pays pour un rendez-vous, était sorti à la fin du repas, laissant Lazare avec les deux femmes. L'artiste et ses compagnes demeurèrent pendant quelques minutes sous l'impression que leur causait le calme de cette soirée pacifique. Par discrétion, et pensant que les deux amies pouvaient avoir à causer, Lazare s'était retiré et fumait sur un banc éloigné. La voix de Cécile le rappela bientôt.

— Monsieur, lui dit-elle, il nous arrive de l'autre côté de l'eau une délicieuse odeur de foin. On a fauché la prairie qui est en face. Adeline et moi nous avons envie d'aller nous asseoir sur les meules. Auriez-vous la complaisance de nous passer de l'autre côté?

Lazare fit entrer les deux femmes dans le bachot, le détacha du pieu où il était amarré et commença à ramer. —

Je vous proposerais bien de faire une promenade, leur dit-il, mais la navigation est très-difficile, surtout dans cette partie, où la rivière est tellement obstruée par les herbes, que M. Protat assure qu'une anguille pourrait s'y noyer. — Et, comme pour justifier son dire, au même instant le bachot s'arrêta au milieu des herbages flottants, et Lazare éprouva quelque difficulté à dégager ses avirons embarrassés. — C'est là que Zéphyr a manqué se noyer, hier, et moi avec lui, dit-il.

Cécile sentit Adeline tressaillir auprès d'elle. — Quoi ! dit-elle après que Lazare, qu'elle avait interrogé à propos de cet accident, lui eut raconté la tentative de l'apprenti, si jeune, un enfant presque, il songeait à mourir ! Sait-on quelle raison a pu le pousser à cet acte de désespoir ?

— Zéphyr est un être très-singulier et très-mystérieux, répondit l'artiste : il ne dit pas ses secrets, même à ses amis.

— Ah ! s'écria Cécile en aidant Adeline à descendre sur le sable fin et blanc où le bachot venait d'aborder, pour un personnage aussi mystérieux, ce monsieur Zéphyr est bien étourdi, et s'il ne dit pas son secret, il aide au moins à le deviner.

— Comment cela? demanda Lazare étonné.

— Sans doute, continua Cécile, puisqu'il l'écrit. Et, au vif rayon de la lune, elle indiqua, au bout de son petit pied, des caractères formés par des cailloux rapprochés les uns des autres, de manière à composer très-visiblement deux noms : celui de *Zéphir* et celui d'*Adeline*.

Pour la seconde fois de cette journée, cette étrange manie venait de trahir le secret de l'apprenti.

— Ma foi, mignonne Adeline, dit Lazare à celle-ci demeurée toute pensive devant cette révélation soudaine, c'est la vérité, Zéphyr...

— Zéphyr est amoureux de toi, continua Cécile en serrant le bras de son amie.

— Quelle folie ! balbutia-t-elle pour dire quelque chose.

— Mais, ajouta la jeune femme, c'est à cause de cela qu'il voulait mourir sans doute ; et c'est avant d'accomplir son projet, qu'il écrivait ton nom sur le sable, à côté du sien, au bord de cette rivière où il aurait pu rester sans le dévouement de M. Lazare, qui a été à son secours. Et cela ne te touche pas un peu ?

— Ah ! dit Adeline naïvement, quand j'ai vu M. Lazare tomber au milieu de ces herbes dangereuses, ça m'a fait un bruit autour de la tête, comme si je m'étais noyée moi-même ; aussi, quand je l'ai vu reparaître... je lui ai été bien reconnaissante.

— De ce qu'il n'était pas mort en sauvant Zéphyr, lui glissa Cécile à l'oreille.

— Mademoiselle Adeline, interrompit l'artiste, vous savez le secret de cet enfant, mais feignez de l'ignorer et n'en parlez pas à votre père. J'ai quelque influence sur votre apprenti, j'essaierai de le guérir de cette folie ; d'ailleurs il va me suivre à Paris, et quand il ne vous verra plus auprès de lui tous les jours, il reviendra à des sentiments plus raisonnables : l'absence est un bon remède.

Mais intervint Cécile, qui se plut à taquiner un peu son amie, en même temps qu'elle voulait aussi pénétrer dans la pensée du jeune homme. — Qui sait, dit-elle, si Adeline souhaite être oubliée? Zéphyr est bien jeune, mais il cessera de l'être ; il possède déjà un talent qui pourra grandir également. Le soin de son avenir va vous être confié, monsieur Lazare. Si Adeline, qui ne dit rien parce qu'elle n'ose pas parler peut-être, vous disait : « Au lieu de me faire oublier, faites au contraire qu'il pense à moi ; entretenez dans le cœur de Zéphyr cet amour, dont il m'a déjà donné une si grande preuve ; faites qu'il devienne le mobile de son ambition, et, quand il sera un homme, qu'il vienne me demander à mon père. »

— Quant à moi, je ne m'y refuserai pas, madame, répondit Lazare avec une grande franchise, ceci est entre nous. Mais si mademoiselle Adeline veut endosser les paroles que vous venez de dire, j'aurai le plus grand plaisir à m'y conformer, d'autant plus, ajouta-t-il en riant, que j'avais la même intention, et qu'en découvrant ce matin le talent de ce garçon, en même temps que je découvrais son amour, — car c'est une vraie passion qu'il éprouve, — je m'étais intéressé doublement à lui, et je m'étais proposé de le servir dans ces deux ambitions. Mignonne Adeline, consultez votre petit cœur : vous êtes une adorable enfant, toute remplie d'excellentes qualités ; personne ne vous aimera mieux que cet être, pour qui vous avez été une révélation de la bonté humaine, pour qui vous avez été une raison de vivre et une raison de mourir. Voulez-vous que je travaille et le fasse travailler à faire disparaître toutes les inégalités qui vous séparent, et voulez-vous que je le rapproche de vous par l'intelligence, comme il s'est déjà rapproché lui-même par le cœur? Enfin voulez-vous me répéter ce que madame disait à l'instant : — Rendez-le digne de moi ? — Je vous jure que j'aurai pour Zéphyr les soins et l'amitié qu'on a pour un frère, ne serait-ce que pour acquérir un jour le droit de vous aimer vous-même comme une sœur.

Pendant que Lazare parlait ainsi, Cécile, qui tenait la main d'Adeline dans la sienne, s'aperçut que cette main devenait glacée.

— Taisez-vous, monsieur, dit Cécile à voix basse, elle va se trouver mal. — Et la jeune femme entraîna avec elle son amie toute chancelante.

— Brute, double brute que je suis ! murmura Lazare quand il se trouva seul ; j'avais oublié que cette petite m'aime ; chacune de mes paroles a dû lui faire une blessure au cœur. Allons, décidément, — ajouta-t-il en se laissant tomber paresseusement sur une meule de foin, — je commence à craindre que le mariage de Zéphyr ne reste à l'état d'utopie.

Lazare était doué d'une organisation nerveuse ; mais, possédant une grande puissance de volonté, il était parvenu à dominer ses émotions. Toute sensation vive, pensait-il, est un amoindrissement de l'intelligence, et un artiste doit commander à ses impressions, ou ne s'abandonner qu'à celles qui peuvent servir à l'étude. — Ce système qu'il n'avait pas inventé, Lazare l'avait au moins exagéré en vivant réfugié dans l'égoïsme de l'art, passion unique, seule préoccupation qu'il ait eue, et qui lui avait fait sacrifier, non pas sans peine d'abord, les plaisirs et les jouissances de la jeunesse. Par suite de cette habitude, il refoulait sans effort toutes les aspirations étrangères à cet art, dans lequel savait, par conpensation, trouver un dédommagement aux privations volontaires qu'il s'imposait. La vue d'un beau site, la contemplation d'un chef-d'œuvre le jetaient dans des ravissements qui se prolongeaient pendant des jours entiers; la sensation qu'il avait éprouvée se répercutait comme un son reproduit par les mille bouches de l'écho. S'il avait pu dompter la nature, il lui avait été impossible de la vaincre entièrement, et quand ces rébellions se produisaient, selon le hasard de quelque influence imprévue, il devenait d'autant plus accessible à l'émotion, qu'il ne s'y abandonnait point familièrement. Quelle que fût la nature de ses impressions, elles étaient d'autant plus vives, qu'elles avaient été contenues. Ces accidents, qu'il ne regrettait pas, renouvelaient pour ainsi dire l'atmosphère de sa pensée; c'est pourquoi sans doute il appelait cela « donner de l'air à son cœur, qui sentait le renfermé. » Déjà, depuis quelques instants, il avait ressenti des symptômes avant-coureurs d'une de ces sortes de crises; cela lui était facile à remarquer par la brusque séparation qui s'établissait alors entre l'homme et l'artiste. Ainsi, en admirant ce coin de paysage baigné dans une ombre transparente, il ne lui était pas venu à l'idée de chercher dans cet effet un point de rapport avec tel ou tel tableau, telle ou telle école; il s'était livré simplement au charme de l'heure et du lieu. A cette disposition sentimentale, vint se mêler ensuite un long enivrement, causé par les pénétrantes odeurs qui se dégagent du foin nouvellement fauché, et, selon les natures, provoquent des irritations soudaines, ou causent un état de langueur qui, sans que l'on sache pourquoi, amène les larmes aux yeux.

Cet enivrement, Lazare commença à en sentir les effets. Comme il était déjà trop tard pour qu'il pût s'y soustraire, il s'en allait malgré lui sur la pente d'une rêverie douce, pleine de tableaux confus, peuplée d'apparitions rapides, — vieux souvenirs, jeunes espérances ; — mais dans tous ces tableaux, dans toutes ces apparitions, qui se succédaient, un tableau se reproduisait obstinément, une figure reparaissait sans cesse. Lazare se voyait dans son atelier, auprès de son chevalet ; par sa fenêtre ouverte, il apercevait ce paysage des bords du Loing, tel qu'on le voyait des fenêtres du père Protat. Dans cette même prairie où il faisait ce rêve, il voyait Adeline comme il pouvait la voir en réalité dans ce même instant, assise auprès de cette meule ; elle lui faisait signe de loin, et lui montrait un petit enfant qui se roulait dans le foin en poussant des cris joyeux.

— C'est extraordinaire ! s'écria Lazare en se levant tout à coup ; mais il ne m'en arrive jamais d'autres avec ces diables de meules. Je ne peux pas respirer deux minutes une poignée de ces herbes sans que cela me donne sur les nerfs.

Comme il faisait cette remarque, il aperçut Adeline qui s'avançait d'un autre côté au bras de Cécile. — Parbleu ! pensa Lazare, Zéphyr a décidément bon goût. Adeline est gentille au soleil, charmante à la lampe, mais elle est ravissante au clair de lune.

La fille du sabotier, pressée par son amie et prise d'un soudain besoin d'épanchement, venait de lui faire ses confidences à propos de Lazare. En écoutant ce récit, Cécile s'était intéressée à cet amour et semblait s'étonner que

Lazare, qui avait dû s'en apercevoir, s'y montrât aussi indifférent. — Après cela, pensait-elle intérieurement, c'est un honnête homme, et ne voulant pas d'Adeline pour femme, il ne veut pas, heureusement pour elle, y songer autrement.

— Et ton père sait ton inclination ! avait repris Cécile; mais alors c'est très-imprudent à lui de conserver ce pensionnaire, il aurait dû trouver un prétexte pour l'éloigner.

— Ton arrivée lui a fourni ce prétexte, répondit Adeline tristement. Voilà déjà M. Lazare hors de la maison.

— Ce n'est point être dehors que de pouvoir y venir tous les jours, comme il va continuer à le faire, et d'ailleurs, quand je serai partie, il reprendra sa chambre. Il faudra que je parle à ton père à ce propos.

— Oh ! non, je t'en prie, fit Adeline avec supplication. Quel danger y a-t-il à ce que M. Lazare reste chez nous, puisqu'il ne m'aime pas et ne pense à moi que pour me souhaiter la femme d'un autre ?

— Mais, reprit Cécile, à propos de cet autre, tu aurais dû tout à l'heure faire une expérience sur M. Lazare. Qui sait ? Il ne t'aime pas peut-être parce qu'il ignore que tu l'aimes !

— Quelle expérience? demanda Adeline.

— Écoute, lui dit Cécile, il n'est pas trop tard pour tenter cette épreuve. M. Lazare te demandait tout à l'heure si tu voulais qu'il se chargeât de rendre un jour Zéphyr digne d'être ton mari : va-t'en lui dire que oui, et fais-lui comprendre que, si tu n'as pas répondu tout de suite, c'est que tu étais gênée par moi. Va, je t'attendrai. Observe l'effet que tes paroles produiront sur M. Lazare; tu m'en rendras compte. Tu ne comprends rien à cette manœuvre, innocente que tu es! C'est ce qu'on appelle de la coquetterie. Ou M. Lazare sait que tu l'aimes...

— Comment le saurait-il? demanda Adeline. Je ne le lui ai jamais dit.

— Eh! ma chère! s'écria Cécile, tu embaumes l'amour. Et elle poussa son amie dans la direction où elle avait aperçu Lazare. Adeline était partie, résolue à suivre ce conseil; mais, arrivée devant Lazare, elle manqua de courage.

— Tiens! c'est vous, mignonne Adeline! lui dit l'artiste, assez étonné de la voir toute seule. Où donc est votre amie?

— Je l'ai quittée un instant exprès pour venir vous parler, dit la jeune fille.

— A moi? fit l'artiste.

— Monsieur Lazare, continua Adeline très-vite, vous êtes parti ce matin sans mettre vos guêtres de cuir pour aller en forêt; c'est bien imprudent. Comme il a fait très-chaud cette année, il y a beaucoup de vipères. La semaine passée, il y a encore eu un fendeur de lattes piqué; il a failli en mourir. Prenez donc bien garde. Songez donc! s'il vous arrivait un malheur...

Et il y avait tant d'inquiétude dans cette recommandation faite d'une voix tremblante eû pour révéler le sentiment qui la dictait, si Lazare n'en avait point été instruit.

— Merci, chère fille, dit-il à Adeline en la prenant familièrement par la taille, comme il avait l'habitude de le faire.

Il allait l'embrasser sur le front, mais il s'arrêta tout à coup, et, portant doucement à ses lèvres la main de la jeune fille, il lui dit : — Je ne veux point que vous soyez inquiète à cause de moi, Adeline, et je prendrai des précautions... Merci.

Adeline s'échappa et retourna auprès de Cécile.

— Eh bien! lui demanda celle-ci, et notre épreuve?

— Ah! fit Adeline, qui n'y songeait déjà plus ; puis, affectant un air triste, elle répondit: Eh bien! il n'a pas eu l'air étonné du tout.

— Mais il m'a semblé qu'il te baisait la main ; est-ce une habitude entre vous ?

— Non, fit Adeline ; quand il m'embrasse, c'est devant mon père, et sur le front, comme les enfants.

— Eh bien! ma chère, en te baisant la main, il t'a traitée comme une femme ; c'est déjà un changement. Fais semblant de t'occuper de Zéphyr, tu en verras sans doute bien d'autres.

En parlant ainsi, elles allèrent ensemble rejoindre l'artiste, qui était debout sur le rivage, regardant l'eau couler, occupé machinalement à compter les étoiles qui s'y reflétaient, tandis que sa pensée retournait en souvenir à ce rêve singulier qu'il avait fait dans le foin.

— Nous allons rentrer, dit Cécile en se dirigeant vers le bateau, dans lequel elle fut s'asseoir avec sa compagne.

Un brusque mouvement de Lazare fit un instant incliner l'embarcation ; c'était justement près de l'endroit qu'il avait désigné en parlant du sauvetage de l'apprenti.

— Prenez garde, vous allez nous noyer, fit Cécile. Et,

15.

après avoir sauvé le futur, vous ne pourrez peut-être pas sauver la fiancée !

— Pardon, dit Lazare, je ne comprends pas.

— Mais, continua Cécile, Adeline ne vous a donc rien dit tout à l'heure ? Elle m'avait cependant quittée pour aller vous annoncer qu'elle acceptait vos propositions relativement au jeune sculpteur.

— Hein ? fit l'artiste étonné ; c'est vrai, mignonne, vous consentez ?

— Mais parle donc ! dit Cécile tout bas à Adeline.

— Dame ! reprit celle-ci, si ce pauvre garçon m'aime tant que ça !

— Tu as raison, ma fille, il faut aimer qui nous aime, dit son amie.

Comme Adeline allait répondre. Lazare imprima une si brusque impulsion à son aviron, que le taquet se brisa, et la rame lui échappa des mains pour s'en aller à la dérive.

— Au diable ! s'écria l'artiste avec un accent d'humeur.

— Tu vois, tu vois, murmura Cécile à l'oreille de son amie, il est fâché de la nouvelle.

— Est-ce que nous allons rester au milieu de l'eau ? Je vais appeler le gamin, dit Lazare avec impatience ; il viendra nous rejoindre dans le bachot du voisin.

— Quel gamin ? demanda Cécile.

— Eh ! parbleu, Zéphyr.

— C'est juste, continua l'amie d'Adeline ; c'est bien le moins qu'il se dérange pour sa femme.

— Ce n'est pas la peine, fit Adeline rendue joyeuse par la mauvaise humeur de Lazare. La gaffe est dans le bateau.

— Nous voilà tout à l'heure dans le courant, reprit le jeune homme, du même ton bourru ; nous n'en sortirons qu'à la rame.

— Ah ! fit Adeline en riant, je suis un peu marinière, moi. — Et, s'emparant de la gaffe, elle repoussa doucement Lazare en lui disant : — Allez vous asseoir, je vais vous ramener au port, et en deux minutes.

En effet, elle avait fait atterrir le bachot au pied du jardin de son père. L'apprenti se trouvait précisément au débarcadère.

— Donne-moi la main, lui-dit Adeline, que je descende. — Et elle serra doucement et visiblement la main que Zéphyr lui avait tendue.

— Monsieur Lazare, dit le jeune garçon à l'oreille de l'artiste en l'arrêtant au passage, vous ne savez pas une chose ? mademoiselle Adeline vient de me caresser !

— Va-t-en au diable ! répondit le peintre. — Après avoir rapidement souhaité le bonsoir au sabotier, revenu de son rendez-vous, Lazare se retira sans adresser une seule parole à Adeline, que ce brusque départ, en dehors des habitudes du pensionnaire, rendit à la fois heureuse et fâchée.

— Parbleu ! murmurait l'artiste en regagnant son nouveau domicile, on a bien raison de dire que le cœur des femmes est le royaume du caprice. Cette girouette aux yeux noirs a-t-elle assez vite tourné du *non* au *oui ?* Bah ! qu'elle épouse ou non Zéphyr, le principal était qu'elle ne songeât plus à moi ; elle commence à m'oublier, il faut l'aider à finir.

XIV

Les propos de village.

Comme il entrait à la *Maison-Blanche*, auberge qui sert en même temps de café, la salle était encore pleine de monde, et Lazare remarqua qu'en le voyant paraître, les groupes rassemblés autour des tables chargées de pichets arrêtaient leur conversation, qui semblait très-animée. Cette interruption fut de courte durée. Lazare ayant pris sa clef et son flambeau, quitta la salle pour monter à sa chambre. Dès qu'il eut disparu, les buveurs recommencèrent à arroser d'une aigre piquette les aigres propos que faisait naître la chronique scandaleuse du village.

L'intérieur de la maison Protat était particulièrement sur le tapis. Malgré les précautions prises pour assurer le mystère des événements dont cette maison, la veille, avait été le théâtre, la malignité publique, ayant trouvé un texte à glose dans la tentative de Zéphyr, n'avait point voulu croire entièrement aux rapports des parties intéressées à réduire cet événement aux simples proportions d'un accident. C'est chose rare, du reste, qu'on puisse dépister les soupçons d'une meute de curieux et d'oisifs qui flairent la prochaine curée d'un scandale. On avait donc secoué la tête dans le village, lorsque Madelon avait essayé de donner le change à ceux qui l'interrogeaient. Un détail rapporté par le garçon de la mairie, qui avait porté chez M. Protat la boîte de secours pour les asphyxiés, vint d'ailleurs combattre les dénégations de la servante du sabotier. L'employé avait remarqué autour des jambes de l'apprenti le cercle tracé par les cordes auxquelles Zéphyr avait attaché les deux grosses pierres qui avaient rendu son sauvetage aussi difficile. Ce témoin avait en outre ajouté qu'en arrivant sur les lieux, il avait trouvé tous les gens qui entouraient le noyé, — et particulièrement le père Protat et le désigneux — très-bouleversés. Quant à la demoiselle (c'est le nom que les gens de Montigny donnaient à Adeline), elle était quasiment comme morte. Cette inquiétude si naturelle que le danger couru par l'apprenti avait fait naître, les méchantes langues la détournaient du sens naturel. Le suicide prémédité ne fut plus même contesté, et les conjectures commencèrent à se grouper autour de cet événement.

Pendant toute la journée, on n'avait parlé que de cela dans le village, les hommes aux champs, les femmes au lavoir. Protat n'était pas aimé dans le pays, peut-être parce qu'il était de tous les habitants celui qui possédait le plus de bien, et qu'il s'en montrait un peu vain. Sa fierté paternelle n'était pas non plus étrangère à cet éloignement qui ne laissait point passer une occasion pour se manifester par une petite hostilité.

Quant à Adeline, c'était véritablement de la haine que la pauvre enfant avait fait naître, sans s'en douter, depuis son retour dans le village. Toutes les commères du village savaient aussi bien qu'elle-même le compte des robes de soie qu'elle avait dans sa commode. On connaissait le nombre de ses bijoux, on citait la finesse de son linge, qui excitait à la fois l'admiration et l'envie, quand Madelon venait le battre au lavoir; et il n'y avait point de railleries dont elle ne fût l'objet, à cause de la dentelle qui bordait ses oreillers. Plus que tout le reste, ce luxe innocent amenait sourdement sur sa tête une haine envieuse, absurde et brutale, qui n'attendait qu'un prétexte pour éclater.

La tentative de l'apprenti fit luire le premier éclair de cet orage qui menaçait Protat et sa fille. Au moment où Lazare venait de rentrer, les gens rassemblés à la *Maison-Blanche* devisaient bruyamment, comme nous l'avons dit, à propos de cet événement. Zéphyr, comme on l'a pu voir ailleurs, n'avait jamais excité grande sympathie dans le village. A l'époque où Protat l'avait adopté, au lieu de lui savoir gré de cette action charitable, on l'avait quasiment raillé; un plaisant avait même dit, en faisant allusion au vilain museau de l'orphelin, que Protat l'avait sans doute recueilli pour aller le montrer dans les foires, comme un animal curieux. Aussi, le brutal système d'éducation employé par le sabotier avec son apprenti, n'avait jamais encouru le blâme; on trouvait cela tout naturel qu'il le battît pour le faire travailler. Seulement, quand on entendait Zéphyr pousser des cris sous une correction un peu vive, les femmes du village disaient à leurs enfants : Si tu n'es pas sage, on va t'envoyer chez le père Protat ; aussi le sabotier avait-il, parmi les marmots, une réputation de croquemitaine. Un enfant ne l'eût pas approché à vingt pas dans la rue, eût-il eu d'ailleurs les mains pleines de morceaux de sucre. Mais, dans les circonstances actuelles, une réaction s'opérait en faveur de l'apprenti, que son suicide rendait intéressant. Les craintes manifestées la veille par le père d'Adeline commençaient à se réaliser. Ceux qui s'étaient commis les juges instructeurs de l'accident tombèrent d'accord que les mauvais traitements qu'il endurait dans cette maison avaient poussé Zéphyr au désespoir, et pour appuyer cette opinion, mille révélations mensongères vinrent l'une après l'autre transformer en persécution préméditée, en tortures de tous les jours et de toutes les heures, l'existence de ce pauvre infortuné. L'un assurait que l'apprenti couchait dans une cave, sur de la paille qu'on ne lui changeait que tous les ans. Un autre disait qu'on ne lui donnait pas à manger tous les jours, et que sa nourriture était tellement immonde, que le cochon du père Protat n'en aurait pas voulu. Un autre affirmait avoir entendu le sabotier menacer son apprenti de le tuer ; c'était le même que Protat avait failli étrangler quinze ans auparavant, pour avoir dit qu'il n'aimait pas sa fille. Tous ces mensonges étaient d'autant plus dangereux, qu'ils étaient présentés avec une perfidie qui avait des apparences de vérité, et qu'au nombre de ces témoignages, la malveillance évoquait des faits dont quelques-uns, exagérés avec art, avaient cependant en eux-mêmes un principe d'exactitude.

Au milieu de la soirée, l'enquête villageoise avait idéalisé Zéphyr en victime. On le comparait à Gaspard Hauser, dont la complainte était collée sur l'un des murs de la *Maison-Blanche*. Quant à Protat, parmi les termes que sa conduite inspira au chorus d'indignation, plus feinte que sincère, cette qualification de bourreau d'enfants, qu'il avait redoutée, ne lui fut point ménagée. Une version encore plus malveillante que tout ce qui avait été dit jusque-là, fut introduite, dans le groupe irrité, par un jeune homme qui venait d'achever une partie de billard et vint se mêler aux buveurs. C'était un clerc du notaire de Montigny, que son patron avait renvoyé tout récemment. Ce garçon, espèce de beau fils campagnard, était le point de mire de toutes les coquetteries villageoises. Il avait remarqué Adeline à l'église, où il allait le dimanche exprès pour elle, aux fêtes des villages des environs où le sabotier conduisait sa fille, et il avait essayé assez grossièrement de faire comprendre à celle-ci qu'il la remarquait. Adeline n'avait pas compris ou n'avait pas voulu comprendre. Cependant le clerc, qui s'appelait M. Julien, — on disait le beau M. Julien dans tout le pays, — ne s'était point désespéré. Adeline était dans le village la seule fille qui eut l'air d'une demoiselle ; il était, lui, le seul homme ayant apparence d'un *monsieur*. Dans l'imagination du clerc, son castor blanc et son habit noir devaient être une irrésistible attraction pour le chapeau de paille et la robe de soie d'Adeline.

Plusieurs fois il s'était présenté chez Protat, dont son patron faisait les affaires, pour demander un renseignement ou une signature. Mais, comme il avait soin de choisir pour faire ces visites le moment où le sabotier était hors de sa maison, il avait rencontré Adeline seule et avait essayé vainement de la captiver par quelques madrigaux *à l'instar* des bals de Paris. Un jour, c'était à la fête de Montigny, M. Julien vint inviter Adeline à danser. Malgré la répugnance que le clerc lui inspirait, la jeune fille avait accepté; mais, comme le beau clerc s'était permis de lui serrer la taille et de lui presser les mains plus qu'il n'était besoin pour les nécessités de la figure, elle l'avait laissé au milieu du bal achevant parmi les quolibets du quadrille les fioritures un peu aventurées de son pas de cavalier seul. En outre, comme ses attentions pour la fille du sabotier avaient blessé les autres jeunes filles auxquelles il ne prenait plus garde, le beau M. Julien ne put trouver une seule danseuse. Cette mortification publique avait fort irrité son amour-propre, et il avait conservé rancune à Adeline. Tel était le personnage qui vint subitement se mêler aux récriminations que le sabotier était en train de soulever.

— Hé! dit M. Julien en s'asseyant familièrement parmi les buveurs, il y a bien d'autres choses qui se passent dans la maison du bord de l'eau ! et il paraît que l'aventure de *l'abruti* (on désignait quelquefois Zéphyr sous ce nom) se rattache à celle de la *demoiselle*.

Cette simple préface avait resserré le groupe des auditeurs autour de M. Julien, qui se mit à narrer, avec toutes sortes de restrictions encore plus compromettantes que des affirmations, une de ces fables dans lesquelles celui qui parle met dans la bouche d'un *on* anonyme tous les propos dont il ne veut point endosser la responsabilité. Cette fable, habilement tissée, donnait à entendre que le petit Zéphyr avait découvert une intrigue entre la *demoiselle* et le désigneux qui, depuis deux ans, venait passer les étés à Montigny, et que, pour se venger de la fille du sabotier, qui était aussi dure qu'elle était arrogante et méprisante pour tout le monde, *l'abruti* avait dénoncé au sabotier le secret qu'il avait découvert. Mais Protat, au lieu de s'en prendre aux deux coupables, avait fait éclater toute sa colère sur leur dénonciateur. Pour empêcher *l'abruti* d'aller jaser, il lui avait fait de telles menaces que celui-ci, croyant que son maître voulait le tuer, s'était sauvé dans le jardin, où Protat l'avait poursuivi, et c'était alors qu'il était tombé dans l'eau.

— Mais, interrompit quelqu'un, on prétend qu'il avait des pierres aux jambes quand on l'a tiré de l'eau, ce qui indique que c'est par exprès qu'il s'est noyé.

Ce détail semblait faire avorter l'anecdote racontée par le clerc, mais il tourna la difficulté. — Puisque le petit s'est jeté dans l'eau pour échapper aux coups de bâton, c'est bien comme un suicide. Et d'ailleurs, ajouta-t-il, je répète ce qu'on dit. N'ai-je pas entendu répéter tout à l'heure que le sabotier, que son pensionnaire et la Madelon elle-même étaient comme des fous quand ils ont cru que le petit garçon était mort? La *demoiselle* n'était-elle point sans connaissance? Eh bien! est-ce que tout cela ne se rapporte pas avec ce *qu'on dit*, et n'est-ce pas une confirmation de l'aventure que ce brusque changement de logis du *désigneux*, qui arrive d'hier seulement dans sa maison du bord de l'eau, plie bagage et s'en vient demeurer à l'auberge.

— Mais ce monsieur n'est pas en pension ici, dit le propriétaire de la *Maison-Blanche*; il ne doit qu'y coucher. Il a cédé sa chambre de là-bas à une dame qui est descendue chez Protat.

— Parbleu! continua le clerc, c'est un prétexte; il y a bien assez de logement chez le sabotier; mais il a pensé que le départ de son pensionnaire ferait taire les propos, au cas où l'aventure s'ébruiterait, ce qui ne peut pas manquer d'arriver, ajouta-t-il avec conviction en regardant ses auditeurs qui n'en étaient déjà plus à discuter la vraisemblance de ces insinuations.

— Tout ça, dit l'un, tout ça pourrait bien devenir du vilain.

— Eh! fit le clerc, tel que ça est, ce n'est déjà pas beau.

— Toutes ces mijaurées-là, ajouta un autre en parlant d'Adeline, finissent mal. Avec ses manières et ses toilettes de princesse, on devait bien se douter que le premier qui lui en conterait...

— Oui, — reprit un troisième, père d'une fille idiote et difforme,— l'esprit qu'on donne aux filles ne sert qu'à leur faire faire des bêtises.

— Ah ça, il ne voyait donc pas clair, le père Protat?

— Eh! fit le clerc, il n'y a, comme dit le proverbe, de pire aveugle que celui qui ne veut pas voir, d'ailleurs c'est un homme dur au gain. Il n'est déjà pas trop chrétien, mais il se ferait juif pour un écu de cent sous. Je l'ai vu à l'étude se disputer comme un chien avec mon patron pour le prix des actes ; il trouvait le moyen de faire réduire le tarif. Il gagnait gros chaque année avec le *désigneux* ; car vous pensez bien que celui-ci ne marchandait pas.

— Parbleu ! interrompit l'un des buveurs avec un rire cynique, on lui donnait de bons morceaux. C'est qu'elle est bien tournée, la *demoiselle*, quoiqu'elle soit pâle et mignonne comme un Jésus de cire.

— Et d'ailleurs, reprit le clerc en continuant à souffler sur sa mèche, en supposant que le bonhomme ait voulu se fâcher, la *demoiselle*, qui le fait tourner comme un *tonton*, aurait bien su l'en empêcher.

— Ça, c'est vrai, dit une voix ; c'est honteux qu'une fille fasse aller son père comme celle-là fait aller le sien. Ma foi, elle lui dirait d'aller chercher la lune, je crois bien qu'il se mettrait en route.

— Elle ne lui aura pas demandé tant hier, poursuivit M. Julien ; Protat voulait que le pensionnaire quittât la maison tout à fait, mais elle exigea que son amant continuât à venir y prendre ses repas.

— Elle ne craint donc pas de se compromettre ?

— Elle sait qu'elle est riche, et trouvera toujours un mari pour son argent.

— C'est vrai ; elle doit avoir de quoi : le sabotier est bien dans ses affaires et s'agrandit tous les jours.

— Dame, reprit M. Julien en portant le dernier coup, Protat est d'autant mieux dans ses affaires que vous êtes mal dans les vôtres, et qu'il s'agrandit au fur et à mesure que vous vous amoindrissez. Ainsi, sans que vous vous en doutiez, il y aura plus d'un de vos écus, dans la dot de sa fille ; c'est pour cela qu'elle est si insolente avec les vôtres. — Et M. Julien révéla aux paysans les mystères de l'étude de son patron ; il leur expliqua que tels emprunts contractés par eux dans des instants de gêne avaient été fournis par des prête-noms du sabotier, qui employait des tiers pour se montrer plus dur à l'intérêt, et plus impitoyable quand le défaut de remboursement autorisait des poursuites qui amenaient des expropriations.

— Vous vous étonniez, continua le clerc, que c'était toujours Protat qui rachetait vos terres ; cela n'était pas surprenant, il les rachetait à lui-même, puisque vos prêteurs, Mortelet, de Nemours, et Campiaigne, de Fontainebleau, étaient ses prête-noms. Et vous savez combien de temps ces messieurs mettaient entre un non remboursement et un protêt...

— Pas cinq minutes de plus que la loi accorde, dit un paysan dans les vignes duquel le sabotier récoltait son raisin. Et comme il faisait monter l'intérêt, quand il consentait un renouvellement !

— Ah ! oui, reprit un autre, la rente aurait pu manger le capital.

Ces révélations, mensongères comme tout le reste, contenaient cependant une certaine dose de vérité. Protat, tourmenté, par le besoin de s'agrandir, comme tous les paysans qui trouvent toujours que la récolte est meilleure dans le champ du voisin que dans le leur, avait deux ou trois fois, pour mettre une borne à sa marque à quelque vigne d'un bon rapport, fait prêter des sommes à son propriétaire, sachant que l'hypothèque deviendrait plus tard son bien. L'hostilité des gens de Montigny contre le sabotier n'avait guère jusque-là d'autre cause que la jalousie que leur inspirait sa prospérité, comparée à leur gêne. Mais les récits de M. Julien transformèrent ces mauvaises dispositions demeurées passives en une haine qui se trouva justifiée à leurs yeux en apprenant que la fortune du sabotier était faite de leur ruine. Le clerc devina que cette malveillance, habilement envenimée, ne demanderait pas mieux, si l'occasion était offerte, de devenir active. Après avoir irrité les bas instincts de la jalousie, mêlant avec beaucoup d'adresse la médisance à la calomnie, il poursuivit en irritant la passion la plus vive et la plus brutale de ces hommes qu'il méditait de faire les instruments de sa rancune contre Adeline, il éveilla leur intérêt. — Parbleu! dit-il en s'adressant à deux ou trois de ceux qui se croyaient plus particulièrement victimes des spéculations du sabotier, c'est malheureux pour vous, que vos terres soient devenues la propriété de Protat : d'ici à quelque temps, il y aura un beau coup à faire. — Il leur expliqua alors qu'il était question, secrètement encore, d'un embranchement de chemin de fer, qui devait traverser la vallée du Loing, et, exagérant les prix que la compagnie concessionnaire accorderait pour les terrains compris dans le tracé, il redoubla leurs regrets de n'être plus possesseurs de ces terrains, et leur haine pour Protat qui allait profiter de ce bénéfice. — Vous devriez essayer de racheter au sabotier, leur dit-il : il ne se doute de rien et voudrait se débarrasser de ces pièces du *Petit-Bar-*

rau, qui sont d'un pauvre rapport. Depuis quelque temps, les capitaux abandonnent le sol pour retourner dans l'industrie, d'où les événements politiques les avaient éloignés. Il est vrai que Protat, qui n'est pas pressé, tiendra la dragée haute : je sais qu'il a déjà refusé de vendre, ne trouvant pas un bon prix : c'est un obstiné qui ne se déciderait à perdre que s'il était pressé par quelque circonstance.

— Comment ça ? dit un des paysans en s'accoudant sur la table.

— Oui, demanda un autre, qu'est-ce qui pourrait, lui qui est si dur, le rendre coulant au contrat ?

— Dame, continua négligemment M. Julien, je ne sais pas au juste, moi : une circonstance majeure qui lui forcerait la main, un événement imprévu, qui l'obligerait à quitter le pays.

— Pourquoi s'en irait-il ? tout son bien est par ici.

— Il y a des cas où l'intérêt est obligé de céder devant la nécessité.

— Supposons, par exemple, — je prends celui-là, parce que nous l'avons sur la main, que l'aventure de la *demoiselle* avec le *désigneux*...

— Mais est-elle bien sûre cette histoire-là ? interrompit l'un des paysans pris soudainement d'un doute.

— Laisse donc aller M. Julien, reprit l'autre qui, plus rusé que son compagnon, *voyait* sans doute *venir* le clerc.

— Je ne m'engage pas à prouver l'histoire, moi, reprit M. Julien. Les affaires de la demoiselle ne me regardent pas, vraie ou fausse ; j'envisage seulement le résultat qu'un éclat pourrait avoir. Si mademoiselle Protat se trouvait compromise, c'est une personne trop fière pour rester dans le pays, et elle forcerait sans doute son père à le quitter. Dans ce cas-là, le sabotier, qui ne pourrait pas emporter sa maison et ses terres avec sa honte, serait obligé de vendre, et, se trouvant pressé de réaliser, il pourrait, comme vous disiez tout à l'heure, se montrer plus coulant au contrat.

— Et vous dites, monsieur Julien, reprit l'un des paysans, que l'embranchement doit passer dans mes pommes de terre ?

— Dans vos anciennes pommes de terre, répondit le clerc. — Mais, ajouta-t-il, vous comprenez que si Protat est forcé de vendre mal, au moins ne vendra-t-il qu'au comptant.

— J'entends bien. Voilà précisément le guignon; je n'ai pas le sou.

— Pourquoi n'emprunteriez-vous pas à votre cousin le maréchal-ferrant de Sorques ? Vous pourriez lui promettre une part dans le bénéfice de l'affaire du Petit-Barau.

— Eh ! répondit le paysan, vous savez bien que mon cousin a été forcé de quitter Sorques à cause d'un charivari que les jeunes gens ont donné à sa fille qui s'était laissée séduire par un militaire.

— C'est vrai, répliqua tranquillement M. Julien en frisant sa moustache, je l'avais oublié.

— Eh mais ! s'écria tout à coup le cousin du maréchal, il en pend autant au nez du père Protat quand on saura dans le pays le déshonneur de sa fille. Avec ça qu'elle n'est pas aimée, la demoiselle. Je vais vendre mes seigles du chemin de Larchant pour être prêt à racheter mes trois arpents du *Petit-Barau* quand le sabotier prendra ses *cliques* et ses *claques*.

Les deux autres villageois trouvèrent une autre combinaison pour arriver au même but.

— Permettez, permettez, reprit alors M. Julien, sachant que sa meute était trop bien lancée pour revenir sur ses pas. Vous allez vite en besogne. Les malins propos qu'on fait courir sur le compte de la demoiselle n'ont peut-être aucun fondement.

— Ah bath ! reprit l'un des paysans, c'est une bégueule *finie*, qui met des dentelles à ses oreillers et même à ses torchons, quand nos filles vont en loques.

— On peut être coquette et être honnête, continua le clerc, la demoiselle a le moyen de paraître.

— Tiens, avec nos écus. Son père est un gredin qui nous a ruinés ; vous-même, vous en êtes convenu.

— Halte-là, fit M. Julien avec une certaine hauteur, j'ai dit que Protat vous prêtait sur hypothèque, comme tous les prêteurs, et que, son argent ne lui revenant pas, il avait retenu les garanties ; c'est parfaitement légal.

Comme un trait qui s'échappe sans bruit de l'arc qui l'a lancé, tout ce qui avait précédé avait été dit de cette demi-voix basse doucereusement sifflante et persuasive qui est l'organe de la calomnie. Chacune de ces paroles, enveloppées de restrictions sournoises, M. Julien les avait détachées lentement, une à une, sans que rien dans son attitude pût inspirer le soupçon d'un ressentiment personnel. En entreprenant la justification des personnes contre les-

quelles il venait d'exciter l'irritation, la colère et la haine, il changea brusquement de façons et parla haut, ostensiblement, comme pour se préparer des témoignages auxquels il en appellerait pour s'isoler de toute participation malveiljante aux projets de vengeance qu'il venait d'indiquer. Une fois la mine chargée, et sûr de l'explosion qu'elle ferait un jour ou l'autre, le clerc prenait ses précautions pour se mettre à l'abri des résultats. Si grossière que fût cette manœuvre, elle avait été opérée avec assez de subtilité pour échapper aux remarques des hôtes de la *Maison-Blanche*, qui oublièrent le rôle de dénonciateur que M. Julien venait de jouer auprès d'eux, pour ne plus voir en lui qu'un défenseur de Protat et de sa fille. Aussi le clerc se retira-t-il de l'assemblée en mordant sa moustache avec satisfaction, et jetant avant de sortir un regard sur la nombreuse batterie de cuisine de la *Maison-Blanche*, il murmura à voix basse:
— Voilà des instruments qui ne se doutent pas que je leur ai préparé de la besogne pour un de ces jours.

XV

La vipère.

Pendant que cette conspiration se tramait contre eux sans qu'ils s'en doutassent, Lazare et Adeline, qui ne dormaient ni l'un ni l'autre, voyaient obstinément passer et repasser dans leur pensée tous les détails des petites scènes dont la prairie aux foins avait été le théâtre pendant la soirée. La découverte de son nom tracé sur le sable auprès de celui de Zéphyr n'aurait peut-être point suffi, en d'autres circonstances pour faire croire à la jeune fille que l'apprenti était amoureux d'elle; mais la révélation de Lazare ne lui laissait aucune incertitude. Elle s'expliquait ainsi le suicide de l'apprenti et la visite domiciliaire qu'un pressentiment jaloux l'avait poussé à faire dans ses tiroirs. Cependant sa pensée, trop pressée d'aller en avant, s'arrêta à peine sur cet amour de Zéphyr. Elle ne trouvait pour lui dans son cœur que cette sympathie fraternelle qui avait fait naître l'amour du jeune garçon. Un peu de pitié se mêlait peut-être à cette sympathie, lorsqu'elle songeait que l'apprenti souffrait les maux que lui faisait souffrir à elle-même sa passion méconnue ; puis, en se rappelant l'avenir nouveau qui allait prochainement se préparer pour Zéphyr, elle pensa que son amour, né de l'isolement, s'éteindrait dans les agitations d'une existence où toute chose deviendrait pour lui une distraction. C'était là tout ce qu'elle lui accordait, à cette heure même où l'apprenti était encore ému par le serrement de main d'Adeline. On sait quelle inquiétude causait à la fille de Protat, la veille même, la crainte que l'artiste ne fût instruit des sentiments qu'elle éprouvait pour lui. L'intimité qui semblait exister entre le peintre et l'apprenti ne lui permettait plus d'avoir de doute. En révélant son amour à Lazare, Zéphyr avait dû nécessairement révéler tout ce qu'il avait découvert de son secret à elle, qui d'heure en heure, depuis deux jours, devenait le secret de tout le monde. Cependant la crainte d'avoir été pénétrée par l'artiste alarmait déjà moins Adeline. Cela lui faisait une situation plus nette vis-à-vis de lui. Les circonstances qui avaient fait connaître à tous ceux qui l'entouraient sa passion pour le pensionnaire la délivraient du pénible soin qu'elle prenait constamment de veiller sur elle-même, et de plus elle gagnait des confidents ; déjà même, elle trouvait des auxiliaires : n'était-ce point en suivant les avis de Cécile qu'elle avait amené l'artiste à manifester une mauvaise humeur qui, selon son amie, était un indice favorable pour sa passion ?

Pendant qu'Adeline cherchait en vain le sommeil, Lazare éprouvait lui-même de la difficulté à trouver du repos. Quand il fermait les yeux, c'était pour recommencer le rêve qu'il avait fait le soir dans la prairie aux foins. Avec l'obstination particulière aux songes nés sous l'empire d'une idée qui vous préoccupe vivement, ces visions se reproduisaient fidèles et précises, évoquant les mêmes tableaux où se projetait toujours le doux visage d'Adeline. Lorsque Lazare se réveillait, malgré lui, son imagination ressaisissait les images qui avaient semblé lui échapper dans le sommeil. C'était comme un livre qui se rouvrait de lui-même au chapitre interrompu. Il y eut dans cette nuit un instant où l'artiste confondit les impressions du rêve avec celles de la réalité. Troublé par le chant d'un coq voisin, il se surprit à dire, en se dressant sur son lit : — Il faudra que je recommande à la Madelon de bien fermer le poulailler ; ce maudit oiseau empêche mon Adeline de dormir. — Et s'apercevant alors qu'il était seul dans une chambre de la *Maison-Blanche*, il s'emporta violemment contre les lits d'auberge dans lesquels on ne peut pas dormir, et surtout contre les meules de foin qui vous font rêver de sottises.

Le lendemain, pour chasser toutes ces idées, qui commençaient à le dépiter contre lui-même, il sortit de la *Maison-Blanche* avec l'intention de travailler toute la journée. Après son déjeuner, il se mit en route pour la forêt, un peu contrarié que l'on eût envoyé Zéphyr en commission à Fontainebleau, ce qui le mettait dans la nécessité de porter lui-même tous ses ustensiles. — Au moins, dit-il à la Madelon, quand il reviendra, envoyez-le me retrouver ; je resterai toute la journée à la *Mare-aux-Fées* ou dans les environs.

Pendant tout le temps que le déjeuner avait duré, Lazare avait remarqué que madame de Livry était restée sérieuse, Adeline pensive, et que le père Protat n'avait ni bu, ni mangé, ni parlé autant qu'à son habitude. Au moment où il franchissait le seuil de la porte, il se trouva en face d'Adeline. Comme il lui avait peu parlé pendant le repas, et qu'il la voyait toute triste, il pensa que son silence était la cause de sa tristesse. Il lui dit en passant un petit mot d'amitié, qu'il accompagna d'une caresse familière; mais la jeune fille parut l'écouter sans plaisir. Lazare remarqua qu'elle avait jeté un rapide regard sur son costume, et que cet examen l'avait davantage attristée. L'artiste eut sur-le-champ l'intuition de ce qui préoccupait Adeline. — Je n'ai pas oublié votre recommandation, mignonne, lui dit-il en frappant sur son sac; mes grandes guêtres sont là-dedans, et je les mettrai dès que j'entrerai en forêt.

— Vous y avez songé? dit Adeline, rouge de plaisir.

— Ma foi, répondit simplement Lazare, je pense beaucoup à vous depuis hier, mignonne. — Et il partit, la laissant tout heureuse de ce mot, que son imagination commença à commenter, et à qui elle faisait dire tout ce qu'elle aurait souhaité entendre.

Lazare avait traversé rapidement le pays, sans remarquer que son passage dans la grande rue de Montigny faisait mettre sur leur porte tous les gens qui n'étaient pas aux champs, et qui, se le montrant les uns aux autres, se réunissaient en groupe pour causer à voix basse. Il ne prit point même attention à la façon singulière dont l'avait salué M. Julien, qu'il rencontra à la porte de la *Maison-Blanche*. Comme il était arrivé à la mare et traversait le plateau pour descendre dans la *Gorge-au-Loup*, où la veille il avait remarqué un beau motif d'étude, l'un des paysagistes qu'il avait déjà vus la veille, le propriétaire de la chienne Lydie, salua Lazare, qui passait auprès de lui ; celui-ci s'arrêta, et ils échangèrent quelques mots. Tout en parlant, Lazare avait jeté un regard curieux sur l'étude du paysagiste. Son premier mouvement fut de se frotter les yeux et de regarder autour de lui. On comprendra en effet l'étonnement que dut lui causer la singulière métamorphose que le paysagiste faisait subir au site qu'il avait choisi pour modèle. A l'exception des premiers plans, tout s'était modifié sous le pinceau de *l'élève d'après nature*. Là où croissaient les grands chênes du *dormoir*, il avait mis des pins d'Italie, ouvrant leur parasol ; les ronces du *Buisson-aux-Vipères* s'étaient métamorphosées en aloës et en cactus ; les vaches qui pâturaient dans le voisinage s'étaient transformées en buffles et en grands bœufs blancs hautement encornés, — comme on en trouve dans les provinces du midi. Les tranquilles horizons de la Brie champenoise s'étaient enrichis, dans ce tableau, d'une foule de monuments où l'architecture grecque découpait l'azur du ciel entre les colonnades de ses temples.

— Voilà un beau lieu et une grande nature, dit Lazare à son confrère. Et il étendit la main pour désigner le paysage au centre duquel ils se trouvaient.

— Sans doute, répliqua le jeune homme très-sérieusement ; mais cela manque d'élégance ; les lignes se heurtent, se brisent, se confondent sans grâce, et puis les horizons sont pauvres. Aussi j'ai fait, comme vous voyez, quelques heureuses additions.

— En effet, dit Lazare, vous avez mis la Madeleine dans le fond.

— Non, c'est le temple de Minerve. Ce portique ajoute beaucoup de noblesse au paysage.

— Oui ; mais, continua Lazare, cela nuit à l'exactitude, qui est bien quelque chose, et, par exemple, cette carrière que l'on aperçoit d'ici est, telle qu'elle est, une belle chose à copier. Voyez-vous ce prodigieux coup de soleil qui fait brèche dans le massif de chênes, et pénètre à toute vigueur dans ces éboulements de pavés que vomit la montagne éventrée. Les rayons qui tombent d'aplomb sur la pierre blanche ressemblent à une pluie de javelots lumineux qui se viendraient briser sur une cuirasse d'acier, et vont mettre le feu aux bruyères, roussies et roses ; ma foi, c'est très-beau, et surtout c'est à sa place.

— J'ai remarqué l'effet, dit le paysagiste ; mais des pavés, c'est bien vulgaire ; de la bruyère, c'est bien commun ; aussi je compte remplacer cela par des ruines antiques avec des lauriers-roses.

Lazare salua rapidement son confrère, et continua sa route. Comme il descendait, s'aidant de son bâton ferré, l'une des pentes ravineuses qui conduisent dans la gorge voisine, il aperçut un autre peintre qui émondait avec une serpe les bas rejetons d'un grand chêne posé en travers du chemin, au-dessus duquel son feuillage s'étendait comme un pont de verdure. — Que diable fait donc ce monsieur avec sa serpe? se demanda Lazare. Est-ce qu'il échenille les arbres? — Au même instant, il entendit un craquement dans la membrure du chêne, et une branche détachée du tronc roula sur le sol avec fracas. — Est-ce assez comme cela? criait le peintre à la serpe en se tournant du côté où l'un de ses confrères, une main abaissée sur les yeux, semblait de loin examiner l'effet produit par cette taille.

— C'est assez, répondit-il.

Lazare, qui s'était approché de lui, demanda naïvement la raison de cette mutilation dont il ne comprenait pas le motif.

— Ce chêne est d'un très-beau style, comme vous pouvez le voir, répondit le paysagiste ; mais il y avait une branche d'un dessin malheureux. C'était comme un membre cassé qui pendait le long du corps. Nous l'avons amputé; aussi vous voyez comme il a gagné. On dirait un des hôtes majestueux de la forêt de Dodone.

— Mais, monsieur, lui dit Lazare, nous sommes dans la forêt de Fontainebleau et pas à Dodone. Si cette branche vous déplaisait, il fallait ne point la couper et la laisser pour les autres.—Une dernière surprise l'attendait à l'endroit même où il fut s'installer. Deux autres élèves de cette école grecque étaient occupés à faire la toilette d'une masse de rochers. L'un armé d'une petite raclette, enlevait les végétations moussues, si riches de couleur quand le soleil les a brûlées, et qui étincellent comme des écrins lorsque la pluie les arrose. A l'aide d'un petit balai, le second paysagiste repoussait au loin les débris de cette tonte. Lorsque les deux rochers apparurent aux regards, privés de leur épaisse et verte fourrure, avec leur couleur grise et leurs angles nus, les deux paysagistes se frottèrent les mains avec une satisfaction apparente. Lazare s'informa auprès d'eux de la raison qui les avait fait agir ainsi. On lui répondit que c'était pour mieux apprécier le style des blocs qui disparaissait sous la mousse. Cette raison partait du même principe : c'était le dédain absolu de la variété et de la vérité dans la nature, sacrifiées à la recherche d'une forme exclusive.

— Mais, dit Lazare à ses deux voisins, tout à l'heure vous aviez des rochers? maintenant ce ne sont plus que des pierres de taille.

Cependant, ses deux voisins s'étaient mis à leur besogne en même temps qu'il se mettait à la sienne. A la brusque façon dont il attaqua son ébauche, ses confrères s'aperçurent bien vite qu'il n'appartenait pas à leur école ; et comme ils avaient prononcé le nom de leur maître, Lazare ne put s'empêcher de s'écrier :

— Votre maître a pourtant du talent et a produit de beaux ouvrages. Comment se fait-il?...

Lazare s'aperçut qu'il avait une sottise au bout de la langue, et la rentra.

Tout en travaillant, les deux paysagistes entamèrent une conversation à propos des peintres modernes, et, parlant avec cette sécurité convaincue qui n'appartient qu'à l'ignorance, il n'était sorte de mépris dont ils n'accablassent tous les maîtres dont la manière s'éloignait de celle du leur.

— Dire que dans tous les arts c'est la même chose, pensait Lazare. Il arrive un homme avec un système à lui, nouveau ou renouvelé. Il possède tout ce qui fait l'artiste : l'inspiration qui crée, le labeur qui fonde. Aussitôt se mettent en bande les impuissants et les désœuvrés, ceux qui n'aperçoivent que ce que les autres ont découvert, et qui encore le voient tout de travers. Au fur et à mesure que le maître marche en avant, allant du bien au mieux, les élèves ramassent les vieux procédés qu'il abandonne, et vont du mauvais au pire, insultant l'art, d'abord en voulant en faire, et niant l'existence de tout ce qui n'est pas eux. Heureusement que l'art est grand, et que ces messieurs sont petits.

Mais cette boutade, échappée à un moment de colère sincère que Lazare avait oubliée, il la regretta bientôt, quand il apprit par la conversation des deux autres paysagistes, qu'il n'avait point affaire à des artistes de profession, mais à des amateurs, pour qui l'étude d'après nature n'était qu'une occasion de promenade et un prétexte à s'habiller en gentilshommes artistes.

Comme Lazare travaillait depuis environ deux heures, il entendit un de ses voisins qui s'écriait : — Tiens! du monde.

— Des dames! ajouta l'autre. Et il passa rapidement une main dans les boucles de ses cheveux, l'autre dans le nœud de sa cravate, et secoua avec son mouchoir la poussière qui couvrait ses escarpins vernis; son camarade l'imita entièrement.

— Gageons qu'ils vont mettre des gants, murmura Lazare, qui ne s'était point détourné du côté où ses voisins venaient de signaler l'arrivée des dames. Mais tout à coup il releva la tête en s'entendant appeler. Il aperçut alors en haut du ravin, qu'elles commençaient à descendre, deux femmes qu'il ne reconnut pas d'abord, car leur visage était caché par leur ombrelle ; mais devant elles, et paraissant les guider, marchait un petit personnage qui faisait des signaux et continuait à crier : — Monsieur Lazare, c'est nous, c'est moi.

— Parbleu ! fit Lazare quand Zéphyr fut à sa portée, tu fais bien de le dire, je ne m'en serais pas douté.

En effet, Zéphyr était devenu méconnaissable, et voici pourquoi. Envoyé le matin en commission à Fontainebleau, il avait mis à exécution une idée qui depuis la veille au soir lui trottait dans la cervelle. Rentré en possession des quatre-vingts francs que le bonhomme Protat lui avait restitués quand la source en avait été expliquée, Zéphyr avait employé cet argent à l'achat d'un habillement de *monsieur*. Ses mauvais habits d'apprenti sabotier lui avaient paru incompatibles avec sa profession future. Traité, la veille au soir, favorablement par Adeline, il avait songé qu'elle prendrait encore mieux garde à lui, s'il apportait dans le soin de sa personne une recherche à laquelle il n'avait jamais songé jusque-là. Vidant sur le comptoir d'une friperie de Fontainebleau ses économies entières, on l'avait équipé, de pied en cap, d'un costume citadin qui lui allait tant bien que mal, — plutôt mal que bien. — Il avait même acheté des gants ; mais n'ayant jamais pu parvenir à les entrer dans ses mains, et ne voulant point, d'un autre côté, que ce détail de toilette fût perdu, il avait passé ses gants dans le cordon de son chapeau. Il était certainement embarrassé dans cette élégance improvisée, mais il aurait pu paraître encore plus ridicule. Enfin, les gens qui ne le connaissaient pas ne se seraient point retournés pour le voir. Il avait même éprouvé un certain dépit de cette indifférence en traversant les rues de Fontainebleau. Mais il fut bien récompensé par la curiosité et l'admiration qu'il excita sur son passage en revenant à Montigny.

On l'arrêtait à chaque porte.

— Est-ce que c'est le père Protat qui t'habille comme ça, pour faire des sabots ? lui demandait-on.

— C'est moi tout seul, avec mon argent, répondit Zéphyr en relevant négligemment le bas de son pantalon pour que l'on pût apercevoir la tige rouge de sa botte vernie.

— Et où prends-tu de l'argent? continuaient les curieux.

— Ah ! voilà le secret. Et il ajoutait en clignant les yeux : Il y a bien du nouveau depuis deux jours.

Chacune de ses réponses était longuement commentée. La malignité publique, qui avait mis la maison Protat sous la surveillance d'une police habilement déguisée, tirait une induction de tous les faits qui arrivaient à sa connaissance; Zéphyr, ayant été rencontré par M. Julien, avait été soumis à un véritable interrogatoire. Il avait, entre autres choses, déclaré au clerc qu'il allait s'en aller à Paris, avec son ami M. Lazare.

L'entrée de Zéphyr dans la maison du sabotier fut un coup de théâtre véritable : la Madelon l'avait appelé *monsieur*. Heureusement pour l'apprenti, le sabotier était absent ; dans le premier moment, il aurait peut-être mis en lambeaux ce fringant costume. Cécile avait ri comme une folle ; Adeline avait seulement souri. Les beaux habits de Zéphyr semblaient au reste arriver à propos. Adeline elle-même, pour complaire à une fantaisie de son amie, avait revêtu les vêtements qu'elle portait jadis dans la maison de Bellerie, et, du brodequin au chapeau, dans son gentil équipage de demoiselle châtelaine, défiait la critique d'une femme même. Le retour de Zéphyr arrivait à point pour mettre fin à l'incertitude des deux jeunes femmes. Adeline, sachant que Cécile ne connaissait point les parties de la forêt qui avoisinent Montigny, lui avait proposé de lui servir de guide. Cécile n'avait pas eu l'air de comprendre le véritable motif de cette insinuation. Ce qui les embarrassait, c'était de sortir seules.

— Qui sait! avait dit Cécile, nous rencontrerons peut être M. Lazare ; il nous accompagnera pour revenir.

— Oui, ajouta Adeline en rougissant, mais pour aller... et puis nous ne savons où trouver M. Lazare.

— Je sais bien où il est, moi, intervint Zéphyr. Il a chargé Madelon de m'envoyer à lui à la mare.

— Si vous allez si loin, dit à son tour la servante, faut louer des ânes ; vous pourrez faire un bon tour sans vous fatiguer, et Zéphyr vous conduira.

La proposition agréa à tout le monde, et particulièrement à l'apprenti, qui se voyait pour le retour débarrassé des ustensiles du peintre. On s'était mis en route pour la promenade que la fille du sabotier avait dirigée tout droit au véritable but qui la lui avait fait désirer.

C'est ainsi que ces trois personnes étaient arrivées à la mare, où Zéphyr avait attaché à un arbre les rustiques montures, qu'on ne pouvait aventurer dans les ravins de la *Gorge-au-Loup.*

En reconnaissant Adeline et son amie, Lazare s'était levé, accueillant les deux femmes avec une politesse également cérémonieuse. Quant à ses voisins, ils avaient sur-le-champ offert leur siége de campagne pour que les deux dames pussent s'asseoir, et épuisaient dans leur attitude le vocabulaire des salutations. Sans qu'il se rendît compte de ce sentiment, Lazare sut gré à ces jeunes gens, qui, dans leur politesse indiscrète, témoignaient une déférence égale à ses deux visiteuses; eux-mêmes semblèrent avoir pour lui une apparence de considération restée jusque-là anonyme, et l'un d'eux lui fit tout haut le plus vif éloge à propos de son étude. De ces louanges Lazare se souciait peu; mais comme son confrère les lui adressait en parlant à Adeline, et entrecoupait chaque phrase d'une respectueuse inclination, il éprouvait du plaisir à voir la fille du sabotier prise pour une demoiselle du monde par des gens du monde. Quant à Zéphyr, les artistes gentilshommes ne s'étaient point mépris et avaient échangé un sourire; ils avaient même essayé une plaisanterie, qui fut entendue par Lazare. Il en prit habilement texte, pour présenter l'apprenti comme un confrère. En deux mots il leur raconta l'histoire de Zéphyr.

— C'est un garçon naïf, leur dit-il, que l'art est venu trouver dans la solitude; il n'a de science aucune et de maître aucun : il est devenu sculpteur comme Giotto devint peintre, et c'est moi que le hasard a fait son Cimabuë. Je l'emmène à Paris. S'il travaille et persévère dans la voie où la nature l'a mis, il acquierra un talent plus qu'ordinaire, et peut-être un jour aura l'honneur de mêler son nom aux vôtres dans le livret du *salon*.

Cette apologie de l'apprenti avait été faite au milieu d'un groupe formé par tous les artistes dispersés dans les environs, qui s'étaient rapprochés des deux voisins de Lazare, leurs amis, afin d'avoir une occasion de se rapprocher des dames.

Parmi les nouveaux venus, il s'en trouvait deux ou trois qui avaient acheté à Fontainebleau des ouvrages de l'artiste rustique. Ils exagérèrent encore sur ce que Lazare venait de dire à propos de son talent. Ils l'invitèrent à venir les voir quand il serait à Paris. Ils le présenteraient dans les salons et le mettraient en rapport avec la société qui consacre les réputations, et dont l'influence abrège les lenteurs qui retiennent souvent le mérite dans l'obscurité, et ils remirent à Zéphyr leurs cartes, dont la plupart étaient titrées.

— Remercie ces messieurs de leurs bonnes intentions, dit Lazare à Zéphyr, devenu cramoisi d'orgueil en voyant que des marquis et des vicomtes lui offraient leur amitié; mais quand tu seras à Paris, souviens-toi de ceci, c'est que dans les arts il y a deux choses qui, mal employées, sont plus nuisibles que salutaires : c'est trop de chance et trop de louanges. Quand on commence, trop de facilités émoussent le talent.

— Nierez-vous, monsieur, que, dans les arts comme dans tout, un peu d'aide ne fasse grand bien?

— Ce n'est pas un peu qui peut nuire, c'est trop, répliqua l'artiste ; et il vaut mieux, en tous cas, arriver par soi-même, sans autre secours que ceux qu'on emprunte à son propre fonds. Le requérir ailleurs, c'est constater sa faiblesse.

— Mais c'est la théorie de l'orgueil que vous faites-là, reprit un autre.

— Orgueil sain, qui préserve de la vanité, continua Lazare. Je veux mettre ce jeune garçon en garde contre les précoces séductions de la vogue, — une maladie du talent qui menace tous les débutants. — S'il a de la patience et de la volonté, il pourra faire venir à lui comme à un artiste, sans aller aux autres comme une curiosité. Mais sera-t-il patient ?

— J'en doute, murmura Cécile à l'oreille de Lazare ; voyez comme il se gonfle.

— Et voyez comme Adeline le regarde, ajouta Lazare avec dépit.

— C'est bien naturel, répliqua la jeune femme ; elle est fière de son fiancé, en attendant qu'elle soit glorieuse de son mari.

— Ils seront bien ensemble alors, aussi orgueilleux l'un que l'autre.

En écoutant tout ce qui venait d'être dit à propos de Zéphyr, et en voyant cinq ou six jeunes gens confirmer ce qu'elle avait déjà entendu dire du talent de l'apprenti, Adeline en effet le regardait avec des yeux étonnés, et ne dissimulait pas la joie qu'elle éprouvait du soudain changement de fortune de celui à qui elle portait l'intérêt d'une bonne sœur.

— Venez donc nous montrer la *Gorge-au-Loup* dans tous

ses détails, dit Cécile à Lazare, dont elle prit le bras avant même qu'il eût osé le lui offrir.

Et elle se mit à marcher devant, tandis qu'Adeline, avertie par un regard de son amie, prenait de son côté le bras de Zéphyr.

Dans cette promenade, où ils suivaient, à travers ronces et broussailles, les sinueux détours du chemin dit de *l'amateur*, tracé de façon à mettre tour à tour le promeneur devant tous les aspects du paysage, Lazare avait continué à donner à sa compagne des preuves visibles d'un dépit qui perçait dans tous ses propos. A chaque instant, il se retournait pour regarder derrière lui Adeline, qui semblait engagée avec Zéphyr dans un entretien très-intime; mais cette causerie n'avait cependant que les apparences de l'intimité, et Zéphyr ne comprenait pas un mot des propos interrompus que lui tenait la jeune fille, en réalité fort préoccupée du couple qui marchait devant elle. Lazare, croyant que la fille du sabotier causait très-sérieusement avec Zéphyr, s'était mis lui-même à causer de très-près avec sa compagne. Devinant sans doute le motif qui portait Lazare, jusque-là si réservé avec elle, à agir ainsi, madame de Livry donnait assez franchement la réplique à un marivaudage qui l'amusait. L'artiste, en dix minutes de promenade, fit avec elle plus de frais de galanterie qu'il n'en avait jusquelà dépensé avec aucune femme. Il la soutenait pour franchir les crevasses du sol, il se portait au-devant d'elle, courbant les branches qui faisaient obstacle à son passage; il l'avait débarrassée de son ombrelle, de son châle et de son chapeau, qu'il portait avec une maladresse incroyable, et, tout en cheminant, allaient de part et d'autre les petits mots et les petites mines, de telle sorte que Lazare commençait à se dire : — Voilà une petite dame qui est bien légère ! — Tout ce manége n'échappait point à Adeline, qui était de la part de Zéphyr l'objet de soins absolument pareils à ceux que l'artiste semblait avoir pour son amie, car l'apprenti copiait servilement Lazare dans ses moindres mouvements, et il écartait machinalement des branches qui n'existaient pas, et forçait la jeune fille à lui donner la main pour franchir des crevasses absentes. Tout à coup Lazare se retourna et aperçut Zéphyr qui prenait sa compagne par la taille : elle avait glissé sur un amas d'aiguilles de pin, et l'apprenti l'avait retenue.

— Zéphyr, lui cria Lazare, descends un peu là-bas ranger mes affaires, et file à Montigny; nous te rattraperons.

— Mais, répondit l'apprenti, je n'ai pas besoin de me charger, puisqu'il y a des ânes qui nous attendent.

— Alors, répliqua l'artiste, va charger les ânes, et amènc-les sous le dormoir.

Zéphyr descendit dans la gorge visiblement contrarié. Quant à Lazare, il feignit de ne plus songer à Adeline restée toute seule, et, sans l'attendre, continua sa route avec Cécile, un peu embarrassée des assiduités de son compagnon.

Le même accident qui venait d'arriver à Adeline se renouvela pour Cécile. Elle rencontra les aiguilles de pin qui rendent les chutes si fréquentes dans ces chemins, et elle s'inclinait déjà pour tomber, lorsque Lazare, qui cette fois copiait Zéphyr, l'entoura vivement dans son bras, et, dans le mouvement qu'il fit pour lui rendre l'équilibre, la serra contre lui peut-être un peu plus qu'il n'était nécessaire. Cécile rougit, Lazare allait peut-être en faire autant; mais au même instant arrivait Adeline toute pâle, elle, et si tremblante, qu'elle s'appuya un moment contre un rocher.

— Vous me laissez seule, dit-elle avec un sourire qui était tout un reproche adressé aux deux jeunes gens qui ne purent s'empêcher de le partager d'un regard.

— Je pensais que vous aviez accompagné Zéphyr, répondit Lazare froidement.

— Vous ne m'aviez pas dit de le suivre, murmura doucement Adeline.

Lazare fut ému; il quitta le bras de Cécile, qui le remercia par un signe de tête, en même temps que Lazare lui demandait du regard pardon du rôle qu'il avait exigé de sa complaisance. Ce muet et rapide échange de pensées fut coupé par un cri terrible que venait de pousser Adeline. Voici ce qui était arrivé : distraite par d'autres idées, la fille du sabotier venait seulement de s'apercevoir que Lazare n'avait pas tenu la promesse qu'il lui avait faite en partant pour la forêt. En effet, quoiqu'il eût débouclé son sac pour se mettre au travail, il n'avait point pensé à mettre ses grandes guêtres. Dans la même seconde, où elle constatait cet oubli, Adeline aperçut sur le grès du sentier, à deux pas de Lazare et dans la direction qu'elle suivait, quelque chose de noir qui se mouvait en rampant.

— Ah! Lazare, retirez-vous, vite... une vipère!

Lazare, effrayé par ce cri et ne sachant dans quel sens

venait le reptile, se porta, au contraire, en avant. Mais au même instant Adeline, plus prompte que lui, mettait son pied sur l'animal avant qu'il ait pu y poser le sien. Soudain, Cécile la vit pâlir et mettre la main sur sa poitrine comme pour contenir un cri de douleur. C'était sur la queue de la bête qu'elle avait marché ; et celle-ci, ayant redressé sa tête, avait roulé la partie supérieure de son corps autour de la jambe de la jeune fille, qui s'était sentie légèrement piquée. Un double cri de terreur sortit en même temps de la bouche de Cécile et de Lazare. Et celui-ci, s'étant rapidement baissé, avait pris le reptile par le milieu du corps, et, avant qu'il eût pu être piqué à son tour, lui avait brisé la tête entre sa botte et la terre.

— Mon Dieu ! mon Dieu ! que faire ? Pauvre enfant, s'écriait Cécile en regardant Adeline que l'effroi rendait immobile.

— Ne perdons ni la tête ni le temps, dit Lazare qui était calme, mais pâle comme sa chemise. Et tirant de sa poche un couteau de campagne, qui renfermait une petite paire de ciseaux, il les donna à Cécile, qui faisait respirer des sels à son amie.

— Laissez-la évanouie, continua l'artiste ; cela vaut mieux pour l'opération que je vais faire. Prenez mes ciseaux et coupez son bas. Moi, je vais examiner l'animal. Je ne sais si c'est réellement une vipère ou une couleuvre, disait l'artiste en baissant la tête.

— Mais Adeline est piquée ! voyez... dit Cécile en montrant sur la jambe de son amie un petit point rouge d'où sortait une goutte de sang.

17.

— Aussi vais-je prendre des précautions, reprit Lazare en tirant de sa poche un petit flacon fermé à l'émeri. Il le remit à Cécile. Quand je vous dirai : versez, vous répandrez cela sur la blessure que je vais faire. C'est de l'alcali. Nous en avons toujours sur nous, et vous voyez que c'est utile.

Et Lazare, s'agenouillant auprès d'Adeline, lui maintint la jambe d'une main, tandis que de l'autre il ouvrait le bistouri contenu dans son couteau.

— C'est pourtant singulier, dit-il. Le point laissé par la piqûre ne s'élargit pas ; il n'y a point le cercle bleuâtre par où commence l'extravasement du sang ; il n'y a aucune inflammation.

— Vous hésitez, fit Cécile agenouillée auprès de lui, le flacon à la main.

— Oui, j'hésite à la faire souffrir.

Mais tout à coup une contraction troubla la figure d'Adeline, jusque-là immobile, mais calme, et Lazare crut remarquer que sa pâleur augmentait.

— Ah ! s'écria-t-il, le poison !...

Et en deux coups de bistouri il ouvrit une légère incision cruciale sur la jambe de la jeune fille. Comme le sang s'échappait, Cécile laissait tomber l'alcali que Lazare faisait pénétrer dans la blessure. Le froid de l'acier et la douleur que lui avait causée l'incision rendirent à Adeline l'usage de ses sens.

— Tu es sauvée ! lui dit Cécile.

Adeline, revenue entièrement au sentiment de sa situation, jeta son premier regard sur l'artiste, occupé à lui bander la jambe avec son mouchoir.

— Je n'éprouve aucun mal, dit-elle.

— Vous avez souffert, pauvre mignonne, et pourtant il va falloir souffrir encore.

— Comment? demanda Cécile.

— Ceci n'est qu'une précaution, dit Lazare. Il faut gagner une maison où nous pourrons cautériser la plaie.

Comme tout ceci s'était passé en moins de trois minutes, le vacher qui était encore au dormoir, ayant entendu des cris, était accouru.

— Qu'est-ce qu'il y a donc? demanda-t-il en voyant le groupe formé par Lazare et les deux femmes.

L'artiste l'instruisit de l'événement.

— Si vous avez tué la vipère, faites-m'en cadeau ; je dirai à l'adjoint que c'est moi qui l'ai détruite, il me donnera cinq sous.

Lazare lui indiqua l'animal.

— Ah bien! oui, mais il y a un malheur, fit le vacher en examinant l'animal, c'est que ce n'est pas une vipère.

— C'est une couleuvre, s'écria joyeusement Lazare.

— Si c'était *encore* une couleuvre, ça vaudrait deux sous, dit le vacher en secouant la tête.

— Qu'est-ce donc ? demanda Cécile.

— C'est un *lanveau*; ça ne vaut rien, ces bêtes-là.

— C'est donc venimeux ?

— *Hélas!* non, monsieur ; aussi la mairie ne paie point pour qu'on les détruise.

Un sourire de joie courut en même temps sur les lèvres d'Adeline, de Lazare et de Cécile.

— Comment donc que vous n'avez pas vu que c'était une

bête innocente? continua le vacher, qui retournait l'animal au bout de son bâton.

— Mais mademoiselle a été piquée, et nous avons eu peur.

— C'est pourtant bien facile à reconnaître, ces animaux-là; et quoique la tête de celui-ci soit broyée, on voit bien qu'il n'a pas d'yeux. — Et il jeta le reptile dans un buisson.

— Quelle peur vous m'aviez faite, mignonne! dit Lazare à voix basse, en se rapprochant d'Adeline.

— Vous me disiez que vous pensiez à moi, répondit de même la jeune fille. Vous voyez bien que non : si vous y aviez pensé, vous auriez mis vos guêtres, et si vous les aviez eues, je n'aurais pas eu peur, et si je n'avais pas eu peur, je n'aurais pas crié en voyant l'aspic.

— Mais puisque vous l'aviez aperçu, pourquoi avez-vous marché?...

— *Tiens*! répondit Adeline, vous alliez mettre le pied dessus... vous !...

En entendant ce mot dit d'une manière si simple, et qui révélait tant de dévouement et d'amour, Lazare tomba aux genoux d'Adeline, et, les voyant ainsi, Cécile se détourna comme pour observer l'effet du soleil couchant.

Un quart d'heure après, la caravane était en route. Zéphyr avait voulu reprendre ses fonctions de cavalier servant auprès d'Adeline; mais il trouva la place prise : Lazare menait par la bride l'âne qui portait la fille du sabotier et le dirigeait dans sa marche. L'apprenti se consola par l'abandon que Cécile lui fit de la seconde monture, sur laquelle il fit à Montigny une nouvelle entrée triomphale. Ce retour en commun, avec le pensionnaire du bonhomme Protat, excita encore de nouveaux murmures parmi tous les habitants, qui prenaient le frais sur leur porte.

XVI

Le charivari.

Comme les promeneurs entraient dans la maison du sabotier, Madelon s'avança au-devant d'eux. La vieille servante paraissait affligée.

— Tu ne sais pas, Madelon, lui dit Adeline, j'ai cru que j'avais été piquée par une vipère dans la forêt. — Et elle lui fit le récit de l'aventure.

— Oh ! ma pauvre fille, dit la Madelon, tu ne t'es trompée que dans le nombre : ce n'est pas une vipère qui t'a mordue, c'est vingt, c'est cent. — Et elle entraîna dans sa chambre sa jeune maîtresse, tout effrayée de ces étranges paroles.

Au moment où Lazare, qui entrait le dernier, pénétrait dans la salle à manger, il aperçut Protat qui se tenait appuyé sur la table, le front dans ses mains. Quand il releva la tête, ayant reconnu le pas de son pensionnaire, celui-ci s'aperçut que le visage du sabotier était baigné de larmes et qu'il semblait vieilli d'une année.

— Qu'y a-t-il, père Protat ? s'écria Lazare, vraiment inquiet.

— Il y a, s'écria la Madelon, qui venait d'entrer soudainement, qu'on dit dans le pays... que vous êtes...

— Mais quoi donc encore? s'écria Lazare impatienté.

— L'amant de ma pauvre fille ! dit le bonhomme Protat.

Après le premier mouvement de surprise indignée que lui causa cette révélation, Lazare demanda des explications. Résumant dans sa pensée sa conduite antérieure avec Adeline, depuis qu'il connaissait cette jeune fille, il ne pouvait y trouver aucun fait dont la malveillance la plus audacieuse pût s'armer.

— C'est impossible, s'écria-t-il, on n'a point dit cela, ce n'est point cela qu'on a voulu dire ! Vous vous alarmez trop vite, c'est un malentendu, un propos isolé d'une jalousie anonyme, excitée par un ruban de plus ou un bout de dentelle. Vos gens de village sont envieux ; un coup de langue est vite donné. Cela n'est pas plus dangereux que la piqûre du *lanveau* qui nous a tant alarmés dans la forêt, et dont il ne reste plus de trace maintenant.

Mais, en écoutant le récit de l'accident arrivé à sa fille, Protat, qui avait laissé paraître une certaine émotion, répondit avec un accent dont la conviction effraya Lazare :

— Mieux vaudrait peut-être que le *lanveau* eût été une véritable vipère.

— Oh! murmura la Madelon, que cette réponse avait fait frissonner, pensez-vous qu'il souffre, le pauvre homme, pour dire des choses pareilles! Et, s'il l'a dit, c'est qu'il les pense, allez!

— Eh quoi! monsieur Protat, s'écria Lazare, véritablement épouvanté par ce vœu, mais votre fille serait morte à l'heure qu'il est!

L'attitude, le regard et le silence du père d'Adeline semblèrent confirmer que ce terrible souhait était bien l'expression de sa pensée.

— Mais, reprit Lazare, on pourra découvrir celui ou celle qui ont répandu cette abominable calomnie; on les démasquera, l'innocence de votre fille sera reconnue, proclamée.

— Malheureusement, ce n'est ni à un ni à une que nous avons affaire, c'est à tous, interrompit la servante.

Madelon raconta à Lazare comment elle avait appris les propos qui couraient sur le compte de sa jeune maîtresse. C'était au *lavoir*, pendant qu'Adeline et Cécile étaient en promenade. Les mêmes discours qui s'étaient tenus la veille dans le cabaret de la *Maison-Blanche* avaient trouvé un écho parmi les commères qui venaient battre leur linge, et toutes ces perfides insinuations s'étaient encore envenimées en passant dans la bouche des femmes. Madelon avait voulu défendre son maître, et surtout sa jeune maîtresse. Elle avait rappelé sa vie isolée, on lui avait répondu: orgueil; elle avait rappelé sa piété, on lui avait répondu: hypocrisie; elle avait cité son amour pour son père, on lui avait répondu: mensonge, et plus elle avait essayé de protester contre ces accusations, plus elles étaient devenues irritées et menaçantes. C'est alors qu'elle était rentrée pour avertir Protat de ce qui se passait dans le village. — *Ça sent mauvais* pour nous dans l'air, ajouta Madelon en achevant son récit. Avec ça que j'ai vu trois pies se poser sur la cheminée de la maison !

— *Superstition!* dit Lazare.

La servante secoua la tête. — Si un danger menaçait ma maîtresse, qui donc pourrait la défendre, continua-t-elle, maintenant que son père est abîmé par le chagrin et qu'on ne peut rien tirer de lui, sinon des larmes ?

— Et moi ! s'écria Lazare, ne suis-je pas là ?

— Vous, monsieur Lazare, dit Protat en se levant, il faut que vous quittiez le pays, et tout de suite ! ajouta le sabotier avec colère.

Puis, voyant le mouvement qui était échappé à l'artiste, il ajouta d'une voix suppliante :

— Pardonnez-moi, je n'ai rien à vous dire. Ce n'est pas votre faute, tout ce qui arrive. Vous êtes venu dans notre pays pour faire votre état. Pourvu que vous trouviez des arbres et des rochers, vous ne pensez pas à autre chose. Eh bien ! alors, ça ne fait rien, n'est-ce pas? d'aller d'un autre côté, — à Chailly ou à Barbizon. — Les arbres sont bien plus beaux là que chez nous. Il y a là le *Bas-Bréau*. Si vous n'y allez pas cet été, vous ne le trouverez plus debout l'an prochain. Vous vous logerez chez le père Ganne ; tous ces messieurs y vont. Vous rencontrerez des amis. Ce sera bien plus amusant que Montigny. Et puis, le vin est meilleur chez le père Ganne. C'est du bourgogne ; moi je ne vous donne que du gâtinais... mauvaise récolte..., et la pension est moins chère que chez moi.

Lazare se sentait profondément ému en voyant ce pauvre homme qui, au milieu de sa douleur, cherchait encore des subterfuges pour l'éloigner. Il apprécia ses précautions, mais il en fut blessé. Protat le traitait comme un étranger qu'un hôte éloigne de sa maison, menacée d'un désastre domestique.

— Mais, s'écria-t-il, vous croyez donc que je partirais tranquillement? Vous pensez donc que tout ce que j'entends dire ne me révolte pas autant que vous? Vous ne jugez donc pas que je puisse vous être utile?

— Utile! fit le sabotier avec amertume.

— Oui, reprit Lazare, de cette accusation, la moitié pèse sur moi : j'ai à me défendre.

— Oh! dit Protat, les jeunes gens n'ont jamais à souffrir de ces choses-là. Quand le mal est fait, ils n'ont qu'à en rire, s'ils sont méchants,... ou à plaindre celle qui reste victime, quand ils sont honnêtes comme vous.

— Railler ou plaindre, c'est là tout ce que vous voyez à faire? dit Lazare.

Protat n'entra point dans le courant d'idées que cette réponse semblait lui ouvrir, et de nouveau il supplia Lazare de quitter Montigny. Sa parole était bien une prière; mais l'accent impératif qui l'accompagnait en faisait pour ainsi dire un ordre. Lazare demeura un moment irrésolu, vit Madelon qui levait les bras, et le père d'Adeline qui, retombé dans son immobilité désolée, semblait exprimer, ainsi qu'il avait dit, son dernier mot. L'artiste se retira brusquement.

Comme il regagnait la *Maison-Blanche* en suivant le cours du Loing, il rencontra devant le presbytère le curé de Montigny, qui fermait la porte de son jardin. Lazare avait eu souvent occasion de voir le prêtre dans la maison de son hôte. En passant auprès du curé, l'artiste le salua ; mais il remarqua que l'abbé lui rendait son salut avec la stricte mesure de civilité. Cette raideur n'était point dans les habitudes de l'abbé, qui ne refusait pas un bout de conversation ; mais, comme s'il eût paru se repentir de sa réserve, le prêtre fit un mouvement pour se rapprocher de l'artiste. Lazare sembla deviner sa pensée et marcha au-devant de lui.

— Monsieur l'abbé, lui dit-il respectueusement, j'ai à vous parler.

— Et moi aussi, monsieur, répondit le prêtre comme un écho.

Puis, rouvrant la porte de son jardin, il fit entrer Lazare derrière lui. Sans préambule, l'artiste raconta tout ce qui se passait dans la maison du bord de l'eau.

— Je le savais, répondit le prêtre. Tantôt, de mon jardin qui donne sur la rivière, j'ai entendu la conversation du lavoir.

Aux premiers mots de justification qu'il avait tentés, le prêtre avait arrêté Lazare.

— Je n'ai pas à vous juger, ni vous, ni cette enfant qui pleure sans doute, que j'allais consoler quand vous m'avez rencontré, et que j'absoudrais d'avance au tribunal de la pénitence. Votre présence dans cette maison y a répandu le deuil ; mais vous êtes étranger au mal que vous avez causé : ceux qui en souffrent n'ont aucun reproche à vous faire, et vous-même ne pouvez que les plaindre.

Cette répétition des paroles du père d'Adeline, qu'il retrouva dans la bouche de l'abbé, frappa Lazare.

— Quoi ! se dit-il, j'ai interrogé le cœur d'un père, j'ai interrogé le cœur d'un prêtre, et l'un dans sa douleur, l'autre dans sa charité, ne trouvent à me conseiller que la plainte, ce vœu stérile de l'égoïsme ! Derrière moi, je laisse une enfant perdue à cause de l'amour qu'elle a pour moi. Tous les deux connaissent cet amour. Protat l'a deviné j'en suis sûr ; le curé en est instruit comme confesseur, je le sens, et tous les deux me disent : Partez ! — Mais monsieur, s'écria Lazare, partir ! faire oublier ! cela est tôt dit ; oublierai-je moi-même cette pauvre fille calomniée, menacée par un péril que je sens instinctivement se mouvoir autour d'elle ? Dois-je abandonner Adeline, dont le nom passe à cette heure d'une bouche à l'autre, attaché à une injure, quand c'est à cause de moi que ces injures se répètent, quand c'est à cause de moi que ce danger la menace ? Est-ce mon rôle de fuir comme si j'étais coupable ? Mon innocence devient-elle une raison de lâcheté ? Je vous le demande à vous, parole de Dieu ! voix d'honnête homme !

— Votre présence l'accuserait davantage, et vous n'avez aucun droit pour protéger cette jeune fille, répondit le prêtre, un peu ébranlé et cherchant à lire dans les yeux du jeune homme de quel nom il devait appeler l'émotion à laquelle Lazare était en proie. La réponse de celui-ci lui enleva tous ses doutes.

— J'aime Adeline, monsieur ! s'écria Lazare.

— Vous l'aimez, dit le prêtre, dont le visage refléta une joie contenue, et vous me demandez conseil ! ajouta-t-il en joignant les mains ; mais, pour faire taire toutes ces mauvaises rumeurs qui mettent une tache à son nom, vous n'avez qu'un mot à dire à son père, qui vous enverra tous les deux le répéter devant moi, à l'autel de ma pauvre église.

— Puis, quand il vit que Lazare devenait silencieux, la physionomie du curé redevint grave. — Vous ne répondez pas ? lui demanda-t-il.

— Il faut d'abord que vous m'écoutiez, — fit l'artiste. Et dans un récit rapide, empreint de cette franche vérité qui va au-devant de toutes les questions et de tous les doutes, il raconta sa vie tout entière, ce qu'il avait été, ce qu'il souhaitait devenir. Le passé, c'était le courage uni à beaucoup de travail ; le présent, c'était le travail encore et l'espérance déjà ; l'avenir, c'était le travail toujours et un peu de fortune peut-être. — J'ai vécu la vie des jeunes gens de mon âge et de ma profession, dit Lazare ; mais depuis dix ans je me suis gardé le cœur vide, comme si j'avais la prévision de cet amour qui le remplit aujourd'hui. J'aime Adeline, et si j'hésite à la demander pour femme, vous le comprenez, c'est que l'avenir est encore loin, — qu'aujourd'hui il est pauvre, — et qu'Adeline est riche.

— Eh bien ? demanda naïvement le prêtre.

— Eh bien, si peu qu'il vaille, en offrant mon nom à la fille de M. Protat et dans les circonstances actuelles, je n'aurais pas l'air de le lui donner, mais de le lui vendre, et quand on nous verrait arriver au contrat elle avec sa dot et moi la main vide, Dieu sait ce qu'on dirait !

— Laissez dire en bas, mon enfant, reprit le prêtre ; c'est là haut qu'on écoute.— Et, prenant son chapeau, il se disposa à sortir.— Je vais voir Protat, dit-il ensuite, et d'abord sa fille.

— Dites-lui..., s'écria Lazare, puis il s'arrêta tout à coup.

— Si vous ne le lui avez pas encore dit, répliqua le curé, je lui ferai connaître que vous l'aimez : si étonné qu'il sera de se trouver sur mes lèvres, c'est avec joie que je me charge de ce message, parti d'un cœur honnête pour être redit à une oreille chaste.

En sortant du jardin où cet entretien avait eu lieu, l'abbé se dirigea vers la maison du sabotier, tandis que Lazare allait l'attendre dans cette même prairie aux foins, où la veille il avait fait ce rêve dont le curé allait hâter la réalisation.

Comme Lazare traversait le petit pont suspendu qui joint les deux rives du Loing, il fut arrêté brusquement par un bruit singulier au milieu duquel il distinguait d'étranges sonorités métalliques que dominaient de grossissantes clameurs, déchirées de temps en temps par des sifflets aigus. S'étant rapproché du lieu où mugissait cet épouvantable concert, l'artiste crut deviner que les exécutants étaient réunis sous les fenêtres de la maison de Protat. Alarmé, et sans rien comprendre à ce qui se passait, Lazare revint sur ses pas. Au fur et à mesure qu'il se rapprochait, le bruit redoublait, et après un vigoureux ensemble de clameurs où les voix et les instruments se réunissaient dans un désaccord prémédité, — comme des choristes qui sont restés en retard, des bouches avinées vomissaient une injure solitaire.

C'était l'explosion de la mine préparée la veille par M. Julien à la *Maison-Blanche*. Les trois paysans dont il avait fait des meneurs en excitant leur convoitise, avaient embauché tous les mauvais sujets du pays, et, au nom de la morale, en avaient fait les auxiliaires de leur projet de vengeance.

On donnait un charivari à Adeline. Comme tous les chefs, M. Julien se tenait par derrière. — Des chaudrons et des cris tant que vous voudrez, disait-il, mais pas de voies de fait, et tenez-vous dans la rue.

— Soyons *légaux !*

Mais la bande, irritée par le silence dédaigneux qui régnait dans la maison du sabotier, méconnaissait les ordres prudents de son chef, et déjà les pierres commençaient à voler dans les vitres. Au milieu de ce tumulte, les vitres s'éclairèrent dans la chambre de Protat, et la fenêtre s'ouvrit aussitôt. Les chaudrons recommencèrent leur épouvantable charivari, accompagnant une bordée d'injures. Tout à coup, dans la partie éclairée de la croisée et comme au centre d'un cadre lumineux, parut le curé de Montigny tenant Adeline entre ses bras, le visage penché sur sa poitrine.

— Ne jetez plus de pierres, dit le prêtre à voix haute ; vous avez failli tuer une mourante.

Les assaillants reculèrent, terrifiés par cette apparition.

— Mon enfant, continua l'abbé en s'adressant à Adeline et en lui désignant la foule, Dieu a commandé l'oubli des injures : pardonnez à ces malheureux comme moi-même je vous bénis.

Et pendant que la jeune fille se prosternait, comme pour demander grâce à ses ennemis, le curé étendait ses mains sur son front.

Un grand silence s'était fait, et beaucoup de ceux qui s'étaient montrés les plus furieux tombèrent à genoux. Ce fut alors que la fenêtre inférieure s'ouvrit brusquement, donnant passage au sabotier, qui venait de sauter dans la rue. Protat était terrible, et faisait tournoyer au-dessus de sa tête un merlin dont il était armé. Cent cris de terreur accueillirent cette apparition.

— Criez, dit Protat, criez, mais j'en tuerai un, je l'ai dit !

Et au même instant où il empoignait au collet le premier assaillant qui lui était tombé sous la main, il sentit son bras arrêté par un poignet vigoureux.

— Pas avant moi, lui dit une voix.

— Monsieur Lazare, s'écria le sabotier, allez-vous-en ! J'ai un malheur dans la main, il pourrait tomber sur vous. Je suis père, il faut que je venge ma fille !

— Un mari, dit Lazare, est le premier protecteur de sa femme.

Pendant ce colloque, le paysan que Protat venait de menacer s'était échappé, et la rue était restée vide. En voyant le sabotier paraître, le curé avait deviné son dessein, et était descendu pour empêcher une scène sanglante.

— M. Lazare, dit-il au jeune homme, montez là-haut donner à cette pauvre enfant le courage de son bonheur.

— Et vous, Protat, ajouta le prêtre, qui n'avait pas encore eu le temps de révéler au sabotier le but de sa visite, écoutez-moi. — Et il lui raconta tout ce qui s'était passé entre lui et l'artiste dans le jardin du presbytère.

XVII

Conclusion.

Quatre ou cinq jours après les événements que nous venons de raconter, tous les personnages de ce récit, moins Zéphyr, étaient présents dans la salle à manger. C'était à la fin du repas. Tout à coup parut sur le seuil l'apprenti, que depuis quatre jours on n'avait pas vu. Zéphyr s'était facilement laissé accaparer par les jeunes paysagistes gentilshommes de l'académie de Marlotte. L'un d'eux, qui connaissait le propriétaire du château de Bourron, y avait présenté l'apprenti, venu là chargé de tous les ouvrages qu'il avait montrés à Lazare dans la grotte des Longs-Rochers. Tous ces objets avaient été vendus par lui des prix fous. Retenu comme une curiosité au milieu de l'élégante société parisienne qui habitait alors le château de Bourron, abusé par les éloges qu'il entendait à chaque instant murmurer à ses oreilles, caressé par de jolies dames pour l'oisiveté desquelles il était un amusement, Zéphyr était sorti de cette maison le cœur plein d'orgueil et les poches pleines d'or. Pendant quatre jours, il n'avait pensé ni à Adeline, ni à Lazare, ni à l'amour, ni à la reconnaissance : la vanité l'étouffait. Il ne voulait plus attendre l'artiste pour aller à Paris. Quant à ses leçons, on lui avait dit au château qu'il n'avait pas de leçons à recevoir, mais qu'il pouvait déjà en donner. Zéphyr en avait conclu que sa fortune n'était pas à faire, comme l'artiste le lui avait dit, mais qu'elle était faite.

Tel fut le récit qu'il vint faire aux hôtes de Montigny. En le voyant paraître, Lazare avait éprouvé un mouvement d'embarras ; mais dans le discours, dans l'attitude de l'apprenti, Lazare avait vu la préface d'un égoïste et d'un ingrat.

— Alors, dit le père Protat à son apprenti, nous n'aurons pas l'honneur de t'avoir au mariage d'Adeline ?

Comme l'artiste lui confirmait cette nouvelle, Zéphyr devint très-pâle ; il ne répondit rien et parut écouter un bruit qui s'avançait dans la rue : c'était la cornemuse du vacher ramenant le troupeau aux étables.

— Est-ce Magister ou Cadet qui revient des herbes ? demanda négligemment l'apprenti.

— Tu ne reconnais pas les *sons* de Magister ? C'est lui qui relaie Cadet, dit la Madelon.

L'apprenti s'approcha de la fenêtre qui donnait sur la rue et regarda un instant en murmurant : — C'est lui, je le reconnais... — Puis, après une brusque salutation qui étonna tout le monde, il disparut en emportant sous sa redingote un petit châle rouge qu'Adeline avait accroché à l'espagnolette de la croisée. Comme on s'étonnait de la brusque sortie de l'apprenti, des cris se firent entendre sous la croisée.

— Prends donc garde! disait une voix, tu sais qu'il est méchant!

Lazare et Cécile, Adeline et son père coururent à la fenêtre. Au moment où ils paraissaient, ils aperçurent Zéphyr, qui s'avançait au-devant du taureau qui précédait le troupeau, en agitant le petit châle rouge qu'il avait emporté. L'animal, cité dans le pays pour sa méchanceté et excité par la couleur du châle, se rua sur l'apprenti, qui roula à quatre pas, l'épaule fracassée par un coup de corne. En tombant, il avait regardé Adeline.

Cet événement, qui excita de nouveaux commentaires, obligea Lazare à reculer son mariage. Étant venu plus tard à Paris pour une affaire, il rencontra Zéphyr dans l'atelier d'un sculpteur de ses amis. Après quelques questions sur son travail, Lazare lui demanda amicalement s'il ne se ressentait plus de sa blessure.

— Guéri de l'épaule, dit laconiquement Zéphyr, — mais pas de là, ajouta-t-il en montrant son cœur.

FIN.

TABLE

		PAGES.
I	— Le désigneux.	1
II	— La mère Madelon.	19
III	— Caporal.	31
IV	— Un mauvais père.	50
V	— La fille adoptive.	63
VI	— Querelles domestiques.	91
VII	— Le secret d'Adeline.	118
VIII	— Les finesses d'Adeline.	139
IX	— La diplomatie de Lazare.	155
X	— La mare aux Fées.	178
XI	— La confession de Zéphyr.	198
XII	— L'atelier de Zéphyr.	215
XIII	— Cécile.	236
XIV	— Les propos de village.	264
XV	— La vipère.	279
XVI	— Le charivari.	302
XVII	— Conclusion.	314

LAGNY. — Imprimerie de VIALAT et Cie.

COLLECTION MICHEL LÉVY

VOLUMES PARUS ET A PARAITRE
Format grand in-18, à 1 franc

	vol.
A. DE LAMARTINE	
Les Confidences..	1
THÉOPHILE GAUTIER	
Les Beaux-Arts en Europe...	2
Constantinople.	1
L'Art moderne.	1
GEORGE SAND	
La Mare au Diable.	} 1
André, etc..	
La Petite Fadette.	1
La Marquise — Mouny-Robin.	
Mauprat — Métella..	1
GÉRARD DE NERVAL	
La Bohème galante.	1
Les Filles du Feu.	1
EUGÈNE SCRIBE	
Théâtre, tomes 1 à 5..	5
Nouvelles.	1
Historiettes et Proverbes...	1
HENRY MURGER	
Le Dernier Rendez-Vous...	1
Le Pays Latin.	1
Scènes de Campagne.	1
ÉMILE AUGIER	
Poésies complètes.	1
Mme BEECHER STOWE	
Traduction E. Forcade	
Souvenirs heureux.	2
ALPHONSE KARR	
Les Femmes.	1
Agathe et Cécile.	1
Mme ÉMILE DE GIRARDIN	
Marguerite, ou Deux Amours.	1
PAUL MEURICE	
Scènes du Foyer.	1

	vol.
CHARLES DE BERNARD	
Le Nœud gordien.	1
Un Homme sérieux.	1
HOFFMANN	
Traduction Champfleury	
Contes posthumes.	1
ALEX. DUMAS FILS	
Aventures de quatre Femmes..	1
La Vie a vingt ans.	1
F. PONSARD	
Études antiques.	1
EDGAR POE	
Traduction Ch. Baudelaire	
Histoires extraordinaires.	1
A. VACQUERIE	
Profils et Grimaces.	1
A. DE PONTMARTIN	
Contes et Nouvelles.	1
DE STENDHAL	
(H. Beyle)	
De l'Amour.	1
Le Rouge et le Noir.	1
La Chartreuse de Parme.	1
CHAMPFLEURY	
Les Premiers Beaux Jours.	1
ROGER DE BEAUVOIR	
Le Chevalier de Saint-Georges..	1
Aventurières et Courtisanes.	1
MARC FOURNIER	
Le Monde et la Comédie.	1
JULES SANDEAU	
Sacs et Parchemins.	1
MÉRY	
Les Nuits anglaises.	1

PARIS. — IMPRIMERIE SIMON RAÇON ET COMP., RUE D'ERFURTH, 1.

www.ingramcontent.com/pod-product-compliance
Lightning Source LLC
Chambersburg PA
CBHW060657170426
43199CB00012B/1830